# Teamgeist

Jörg Zeyringer · Adi Hütter

# Teamgeist

## Wie man ein Meisterteam entwickelt

 Springer

Jörg Zeyringer
Seekirchen am Wallersee
Österreich

Adi Hütter
Seekirchen am Wallersee
Österreich

ISBN 978-3-662-59522-0          ISBN 978-3-662-59523-7    (eBook)
https://doi.org/10.1007/978-3-662-59523-7

Die Deutsche Nationalbibliothek verzeichnet diese Publikation in der Deutschen Nationalbibliografie; detaillierte bibliografische Daten sind im Internet über http://dnb.d-nb.de abrufbar.

Coverabbildung: © Herkert/Hübner
Planung/Lektorat: Marion Krämer

Springer ist ein Imprint der eingetragenen Gesellschaft Springer-Verlag GmbH, DE und ist ein Teil von Springer Nature.
Die Anschrift der Gesellschaft ist: Heidelberger Platz 3, 14197 Berlin, Germany

# Inhaltsverzeichnis

# Über die Autoren

**Jörg Zeyringer** ist promovierter Motivationspsychologe, Kommunikationswissenschaftler und Mentaltrainer sowie einer der renommiertesten Coaches Österreichs. Seit 1993 betreut er Manager und Teams aus der Wirtschaft und dem Gesundheitswesen sowie Spieler und Trainer im Profisport. Zudem ist er ein gefragter Interviewpartner und Redner bei Kongressen. Als Autor hat er bisher folgende Bücher veröffentlicht: *Der Treppenläufer* (2003), *Balance als Führungsstrategie* (2010), *Der neue Treppenläufer* (2010), *Wie Geld wirkt* (2014) und *Vom Traum zum sportlichen Erfolg* (gemeinsam mit Martin Hettegger 2016).

**Adi Hüter** ist mehrmaliger österreichischer Fußballmeister und Cupsieger sowie National-spieler. Als Trainer steigt er mit dem SV Grödig in die erste Bundesliga auf, mit Red Bull Salz-burg schafft er das Double und mit Young Boys Bern gewinnt er den Schweizer Meistertitel. Seit Sommer 2018 ist er Cheftrainer von Eintracht Frankfurt, die er ins Halbfinale der Europa League führt. Die deutsche Spielergewerk-schaft wählt ihn zum Trainer der Saison 2018/2019.

Jörg Zeyringer und Adi Hütter verbindet eine mehr als 25 Jahre anhaltende Freundschaft und Zusammenarbeit. *Teamgeist* ist nach *Die 11 Gesetze der Motivation im Spitzenfußball* (2006) ihr zweites gemeinsames Buch.

# 1

# Wie es mit diesem Buch begann

## 1.1 Eine lange Nacht – die Idee

Samstag, der 28. April 2018, spät abends. Es ist geschafft! Unglaublich, einfach phantastisch. Selbst routinierte Hollywood-Regisseure hätten sich keine brisantere und aufregendere Dramaturgie einfallen lassen können. Knapp vor 21 Uhr steht fest: Young Boys Bern ist Schweizer Fußballmeister. Vier Runden vor Ende der Meisterschaft und erstmals seit 1986. Schon 32 Jahre lang warten Verein und Fans mit zunehmender Sehnsucht auf diesen Erfolg.

In einem an Spannung kaum zu überbietenden Match siegt YB („I-Bey") im Stade de Suisse gegen den FC Luzern mit 2:1. Viele der 32.000 Zuseher mögen sich an das Führungstor des FC Luzern durch Christian Schneuwly in der 47. Minute erinnern sowie an den Ausgleich per Elfmeter fünf Minuten danach durch YB-Goalgetter Guillaume Hoarau. Was aber dann passiert, wird

© Springer-Verlag GmbH Deutschland, ein Teil von Springer Nature 2019
J. Zeyringer und A. Hütter, *Teamgeist*,
https://doi.org/10.1007/978-3-662-59523-7_1

gewiss ewig fest in den Köpfen des Publikums bleiben; zumindest in jenen der YB-Fans.

In der 75. Minute entscheidet Schiedsrichter Stephan Klossner wieder auf Elfmeter. Diesmal jedoch für den FC Luzern. Es gibt keine Diskussionen. Es steht alles auf dem Spiel. Valerian Gvilia läuft an und knallt den Ball auf das Tor. YB-Goali Marco Wölfli hechtet in die von ihm aus gesehen linke Ecke. Der Ball fliegt jedoch ziemlich gerade in die Mitte des Tores. Da, plötzlich, ein unglaublicher Reflex von Wölfli. Er schafft es im Sprung gerade noch, seine rechte Hand auszustrecken. Sie scheint länger und länger zu werden. Er erwischt den Ball mit den Fingerspitzen und lenkt ihn an die Latte. Noch immer den Ball im Blick ist der Goali sofort wieder auf den Beinen. Der Ball kommt von der Latte zurück und fällt, als ob es Bestimmung wäre, direkt in die Arme des Keepers. YB ist noch im Spiel.

Nun geht es drunter und drüber. Die Fans spüren, dass YB den Titel in diesem Match fixieren will. Die Spannung ist auf dem Höhepunkt, die Stimmung im Stade de Suisse fantastisch. In der 78. Minuten bleibt den YB-Fans der Torschrei in der Kehle stecken, als Jean-Pierre Nsamé den Ball über das leere Tor jagt.

Eine Minute vor Ende der regulären Spielzeit verwandelt sich das Stadion endgültig in einen Hexenkessel. Man versteht sein eigenes Wort nicht mehr. Es ist beeindruckend, einfach gewaltig. Jean-Pierre Nsamé erzielt das verdiente 2:1 für die Young Boys. Kurz darauf ist Schluss. Alle Dämme brechen, die Fans stürmen das Feld. Es verwandelt sich von einem grünen Kunstrasen in ein gelbschwarzes Meer aus Menschen. Die Spieler werden als Helden gefeiert, Elferkiller Marco Wölfli sogar auf Händen getragen. Überall sieht man Menschen jubeln und vor Freude weinen. Die Emotionen sind überwältigend. Die Medien werden in den nächsten Tagen wieder von einem

„Wunder von Bern" sprechen – und vom „Vater" dieses Wunders, von Chefcoach Adi Hütter.

Ein paar Stunden nach dem Match sitzen wir in Adis Wohnung in Muri bei Bern. Es ist mitten in der Nacht. Wie so oft in den vielen Jahren unserer Zusammenarbeit versuchen wir zu reflektieren, was geschehen ist. Es sind viele verschiedene Elemente, die zu einem so großen Erfolg beitragen, und sie zu erklären, fällt nicht immer leicht. Darin sind wir uns einig. Das ist 2013 so, als Adi Hütter mit dem „Dorfclub" SV Grödig Meister wird und in die österreichische Bundesliga aufsteigt; ein Jahr später ebenso, als er diesen Club auf Platz 3 der Liga und in die Europa-League-Qualifikation führt. Auch für den Gewinn des Doubles mit Red Bull Salzburg 2015 sind mehrere Erfolgskriterien verantwortlich. Und diesmal, beim lang-ersehnten Titelgewinn der Berner Young Boys, sind es ebenfalls viele unterschiedliche Faktoren, die diesen Erfolg möglich gemacht haben.

Trotzdem taucht ein Element immer wieder auf; öfter als alle anderen: Teamgeist. Der Zusammenhalt von Spielern, Trainern und Funktionären, beeinflusst vom Führungsverhalten des Teamchefs. Dieser besondere Spirit, den Adi seinen Spielern vorlebt und vermittelt. Also reden wir über das Thema „Team". Lange und intensiv. Wir diskutieren, wie ein Team zusammenfindet, vor welchen Herausforderungen es steht, wie man ein Team führt, welch große Möglichkeiten sich eröffnen, wenn eine Mannschaft sich tatsächlich als Team sieht, und vieles mehr. Wir erinnern uns an Interventionen, die Jörg vorgeschlagen und Adi umgesetzt hat, sprechen über Erfolge und darüber, wie wir Teams entwickelt haben.

Bei anbrechendem Morgen beschließen wir, auf die Terrasse, an die Luft zu gehen. Uns bietet sich ein beeindruckender Blick in die Bergwelt des Berner Oberlandes. Da es langsam hell wird, können wir auch die Konturen des 3970 m hohen Gipfels des Eiger erkennen und erinnern uns an eine faszinierende Geschichte, die zu unserem Gesprächsthema passt. Es ist die dramatische Erstbesteigung der Eiger-Nordwand 1938.

## 1.2    Eiger-Nordwand – wie ein Team entsteht

Zum ersten Mal steht 1858 ein Mensch auf dem Eiger, bis 1932 wird der Berg auf allen möglichen Routen bestiegen – bis auf eine: die Wand. Sie gilt als „absolut unbezwingbar" und „unmöglich" [1]. Viele erfahrene und hervorragende Bergsteiger, die oft in Zweierseilschaften versuchen, die Nordwand zu bezwingen, bezahlen diesen Mut mit ihrem Leben. Die ersten, die in der Wand bleiben, sind die beiden Münchner Alpinisten Karl Mehringer und Max Sedelmayr. Ihr Vorhaben missglückt im August 1935.

Danach scheitern immer wieder Zweierseilschaften, die sich nicht selten zur gleichen Zeit in der Wand befinden. Trotzdem operiert jedes Duo alleine, „hat seine eigenen Gedanken, Pläne und Trainingsmethoden". Und selbstverständlich gibt es eine stille Rivalität zwischen den einzelnen Seilschaften, „eine persönliche und nationale", schreibt Heinrich Harrer in seinem Buch *Die weiße Spinne.*

In der Wand ereignen sich Tragödien. Das wohl furchtbarste Drama spielt sich im Juli 1936 ab, als Andreas Hinterstoisser und Toni Kurz sowie Edi Rainer und Willi Angerer am Berg sterben. Trotzdem versuchen es immer wieder wagemutige Alpinisten. Im Juli 1938 sind es Fritz Kasparek und Heinrich Harrer. Zur gleichen Zeit steigen auch Rudi Fraißl und Leo Brankowsky in die Wand, in der sich bereits Anderl Heckmair und Wiggerl Vörg befinden.

Heinrich Harrer schreibt über diese Konstellation, dass jeder der Kletterer seine Enttäuschung über die Anwesenheit der anderen mit Fairness und Kameradschaftlichkeit zu überspielen versucht. Sechs sind zu viel in der Wand, so der Tenor von Heckmair und Vörg, die absteigen und den anderen den Weg auf den Gipfel überlassen.

Wenig später geraten Fraißl und Brankowsky in einen Steinschlag. Einer der beiden verletzt sich am Kopf, sie müssen absteigen. Kasparek und Harrer sind nun alleine in der Wand und klettern mutig weiter.

Nach der ersten Nacht und dem „schlechtesten Biwak" geht Heinrich Harrer als Zweiter. Immer wieder blickt er zurück. Zwischen dem zweiten und dritten Eisfeld entdeckt er zwei Gestalten, die flott näherkommen. Heckmair und Vörg haben beobachtet, wie Fraißl und Brankosky umgedreht haben, sind früh morgens wieder in die Wand eingestiegen und haben nun aufgeschlossen. Es entsteht eine neue Situation. „Natürlich gehen wir noch in zwei getrennten Seilschaften", schreibt Harrer, aber über den weiteren Weg gibt es volle Übereinstimmung. Dadurch, dass die vier miteinander aufsteigen, fühlen sie sich mittags bereits „zusammengehörig". Sie haben sich ohne viele Worte darauf geeinigt, das große Ziel gemeinsam zu erreichen.

Heinrich Harrer verwendet in seinen Aufzeichnungen hier zum ersten Mal den Begriff „Gruppe": „Aber wenn ich meine Gefährten betrachte, den Fritz, den Anderl und den Wiggerl, so scheint mir, dass jede Stelle, die überhaupt überwindbar ist, von unserer Gruppe bewältigt werden kann". So verschmelzen zwei getrennte Seilschaften nach und nach zu einem Team. Noch steigen sie aber separat auf. In der sogenannten „Weißen Spinne" lösen sich plötzlich mehrere Lawinen. Es bleibt nicht viel Zeit, um Vorkehrungen zu treffen. Die Bergsteiger sind in Lebensgefahr. Lawinen aus Steinen, Eisbrocken und Schnee sausen, begleitet von einem Zischen und Poltern, in die Tiefe, die nächste noch wuchtiger als die vorherige. Heinrich Harrer ist zu diesem Zeitpunkt davon überzeugt, dass „die Lawine uns aus der Spinne schleudern wird, die riesige Wand hinunter". Er wehrt sich nur, weil „man sich wehrt, so lange man lebt". So gut es geht, sichern sich die Vier gegenseitig. Viel können sie jedoch nicht tun.

Dann ist plötzlich Stille. Die Wand gibt Ruhe. Erst jetzt können sich die Gefährten wieder sehen und erkennen, wie knapp sie mit dem Leben davongekommen sind. Als sie dies realisieren, löst das ein „überwältigendes Glücksgefühl" aus. Die Lawinen in der Spinne konnten die Männer nicht aus der Wand fegen. Aber sie haben den letzten Rest von persönlicher Eitelkeit und eigensüchtigem Ehrgeiz fortgeschwemmt, so Heinrich Harrer. Die Männer beschließen, als eine geeinte Seilschaft zusammenzubleiben; Anderl Heckmair soll sie anführen – und zwar bis zum Gipfel. „Die Freundschaft allein hat Bestand vor dieser großen Wand, der Wille und die Gewissheit, dass jeder einzelne sein Bestes gibt".

Die vier klettern von nun an nicht nur gemeinsam, sondern kümmern sich umeinander. Jeder schaut auf den anderen; jeder übernimmt eine Aufgabe und „jeder ist für das Leben der anderen verantwortlich". In den bangen Augenblicken in der Spinne ist ein gemeinsamer Gedanke, ein verbindender Geist, entstanden: „Und daraus wächst die Sicherheit, dass wir aus der Wand über den Gipfel wieder den Weg ins Tal zu den Menschen finden werden."

Am Nachmittag des 24. Juli 1938 erreichen Fritz Kasparek, Heinrich Harrer, Anderl Heckmair und Wiggerl Vörg jenen Grat, der zum Gipfel führt. Sie sind die ersten, die die Nordwand des Eiger durchstiegen haben.

Als wir uns an diese außergewöhnliche Geschichte erinnern und sie uns in beinahe kindlichem Übermut erzählen, beschließen wir, dass sie am Beginn unseres Buches stehen soll. Sie verdeutlicht, was wir mit „Teamgeist" meinen und hebt besondere Herausforderungen eines jeden Teams hervor:

1. Die gemeinsame Zielsetzung und das Verschmelzen individueller mit kollektiver Vorstellung,
2. die Schaffung eines positiven Klimas, zu dem jedes Teammitglied aktiv beiträgt und dabei für die anderen einsteht,
3. das Übernehmen von Verantwortung jedes einzelnen Teammitglieds; nicht nur für seine Aufgaben, Tätigkeiten und das eigene Verhalten, sondern für das große Gesamte, und
4. die aktive Führung, die mutig und gemeinsam mit den Teammitgliedern eine erfolgsversprechende Strategie entwickelt.

Wir beschreiben auf den folgenden Seiten unsere Überzeugungen und Grundsätze, unsere Vorstellungen und Sichtweisen von guter Teamarbeit. Wir erzählen Ihnen anhand konkreter Beispiele aus dem Sport, der Wirtschaft und dem Gesundheitswesen, wie wir mit Teams arbeiten und diese führen. Dabei greifen wir einerseits auf Bewährtes zurück, möchten Ihnen aber andererseits auch neue Gedanken und Ansätze präsentieren, die sich in vielen Jahren unserer Zusammenarbeit als erfolgreich herausgestellt haben. So wechseln sich Geschichten von verschiedenen Teams aus unterschiedlichen Bereichen mit theoretischen Inputs ab.

Wir wenden uns mit diesem Buch zum einen an alle, die Menschen in Gruppen, Mannschaften und Teams führen, und die neugierig sind, wie man das angehen kann, unabhängig von der jeweiligen Branche. Zum anderen soll es jene ansprechen, die in diesen Gruppen, Mannschaften und Teams arbeiten – und schließlich auch Leserinnen und Leser, die sich für soziale Verhaltensweisen interessieren.

Obwohl wir Frauen und Männer gleichermaßen ansprechen und in den meisten Teams eine Durchmischung der Geschlechter zu finden ist, haben wir uns zunächst entschlossen, im generischen Maskulin zu schreiben – obwohl das Gender-Thema für uns mehr ist, als nur unterschiedliche Worte zu gebrauchen. Es ist für uns eine wichtige innere Haltung, die wir in unseren Familien besprechen. Natürlich erzählen wir von unserem Entschluss und erhalten eine Reaktion, die uns anregt nachzudenken: Unsere Ehefrauen und Töchter möchten sich im Buch als Frauen angesprochen sehen. Ein Wunsch den wir einerseits gut verstehen. Andererseits befürchten wir, dass unser Text nicht mehr flüssig und schön zu lesen ist. Wir stehen vor einem Dilemma – und entscheiden uns für eine typisch österreichische Lösung: für einen klaren Zwischenweg. An manchen, besonderen Stellen, haben wir – meist intuitiv – gendersensibel formuliert, an vielen anderen, der guten Lesbarkeit wegen, nicht. Selbstverständlich sind in diesen Passagen beide Geschlechter gemeint.

Diese kurze Geschichte bietet bereits einen Vorgeschmack, worum es in Teams geht: um Geben und Nehmen, um Kompromisse, um Durchsetzen und Harmonie und manchmal eben um einen klaren Zwischenweg.

Wir sehen unser Buch zudem als eine Antwort auf die Ergebnisse einer Studie des österreichischen Meinungsforschungsinstituts IMAS aus dem Frühjahr 2019, in der mit 47 % knapp die Hälfte der Befragten angeben, dass sich Leistung im Beruf nicht auszahle. Nur 48 % sehen das anders [2]. Das ist für uns höchst alarmierend. Wir sind der Überzeugung, dass es sich lohnt, im Beruf Leistung zu erbringen, weil

- es die Voraussetzung für Lernen und Entwicklung darstellt,
- es die Arbeitslust steigert, wenn man Aufgaben richtig gut ausführt, und
- sich gute Ergebnisse günstig auf das Selbstwertgefühl auswirken. Menschen wachsen, wenn sie Verpflichtungen und Herausforderungen angehen und meistern.

Freilich ist Leistung nicht der einzige Parameter für Erfolg in der Arbeitswelt. Umwelteinflüsse und Rahmenbedingungen spielen ebenso eine Rolle wie Konkurrenz oder Zufall. Da wir durch die drei Bereiche Wirtschaft, Gesundheitswesen und Profisport eine große Bandbreite bieten, sind wir überzeugt, dass unsere Ansätze, Teams zu entwickeln und zu führen, allgemein umsetzbar sind – auch wenn im Sport etwa die Leistung mit dem Ergebnis deutlicher zusammenhängt und in den meisten Fällen direkter gemessen werden kann.

Am 29. Mai 2019 titelt die *Frankfurter Allgemeine Zeitung:* „Wenn Teamgeist siegt". Selbst unserer Tage, da im Sport Mannschaften zusammengekauft werden und die Clubs aus der reichsten Liga die Champions League im Fußball beherrschen, vermag Teamgeist zu Höchstleistungen zu führen. Aber nicht nur finanzielle, sondern auch gruppendynamische Ressourcen erzielen nach wie vor größte Erfolge. Dies zeigt das finnische Eishockeyteam bei der WM 2019. Es tritt ohne seine Stars aus der Northamerican Hockey League an, sodass Kritiker vom „schlechtesten Kader der WM-Geschichte" sprechen. Doch mit seinem enormen Einsatz und unverwüstlichen Teamgeist erringt es den Weltmeistertitel.

Wir bieten ein Modell, das zeigt, wie man unsere Erfahrungen im Sport allgemein nutzen und diese besondere Mentalität in anderen Bereichen entwickeln kann. Materielle Ressourcen sind wohl ein wesentliches Kriterium für Erfolg, aber Teamgeist kann immer noch siegen, kann nach wie vor mächtiger als finanzielle Ausstattung sein.

Wir wünschen Ihnen ein großes Lesevergnügen, von dem sie in vielen Belangen profitieren mögen.

Jörg Zeyringer & Adi Hütter, Sommer 2019.

# 2

# Miteinander arbeiten – eine Frage des menschlichen Betriebssystems

Wir Menschen sind nicht die einzigen Lebewesen, die in Gruppen zusammenleben. Auch bei unseren nächsten Verwandten, den Schimpansen, ist das so. Sie leben in kleinen Einheiten und bilden ein funktionierendes Sozialsystem. Sie kümmern sich umeinander, pflegen Freundschaften und kämpfen gemeinsam gegen Feinde. Ihre Rudel sind hierarchisch organisiert und werden von einem „Alpha", meist einem Männchen, angeführt. Dieses setzt sich nicht deshalb an die Spitze der Gruppe, weil es etwa das stärkste Tier ist. Nein, es steht hierarchisch gesehen ganz oben, weil es ein großes und stabiles Netzwerk von Unterstützern aufgebaut hat.

Damit das Zusammenleben der Schimpansen gut funktioniert, darf die Gruppe nicht zu groß sein. Die einzelnen Tiere müssen sich kennen. Zwei Tiere, die sich noch nie gesehen, nie Seite an Seite gekämpft und sich noch nie gegenseitig Läuse aus dem Pelz gesucht haben, wissen nicht, ob sie sich über den Weg trauen können und ob

© Springer-Verlag GmbH Deutschland, ein Teil von Springer Nature 2019
J. Zeyringer und A. Hütter, *Teamgeist,*
https://doi.org/10.1007/978-3-662-59523-7_2

es sich lohnt, sich gegenseitig zu helfen. Je mehr Tiere in einer Gruppe leben, desto schwieriger wird es, die sozialen Bindungen aufrecht zu erhalten und desto schwächer werden sie. In der Natur bilden etwa 20 bis 50 Tiere eine typische Gruppe. Wird diese zu groß, dann spalten sich Subgruppen ab und ein neues Rudel entsteht. Verschiedene Gruppen von Schimpansen arbeiten eher selten zusammen. Viel eher konkurrieren sie um Gebietsansprüche und Futter oder sie bekämpfen sich [3].

Vielleicht denken Sie jetzt, dass dies auf uns Menschen in etwa ebenfalls zutrifft und die Gehirne von Schimpansen und Menschen sich ohnehin ähneln, da diese Tiere ja zu unseren nächsten Verwandten zählen. Da haben Sie Recht, noch also fehlt der entscheidende Unterschied. Worin liegt dieser nun?

Er liegt darin, dass sich im Laufe der Evolution das menschliche Gehirn anders entwickelte als jenes aller anderen Lebewesen. Damit ist nicht nur Größe oder Energiebedarf gemeint (im Ruhezustand bei Menschen 25 % der Körperenergie, bei Affen in etwa acht Prozent), sondern vor allem die allgemeine Funktionsweise. Im Laufe der Zeit etablierte sich eine Systematik, die wir im Sinne einer Analogie Betriebssystem [4] nennen.

Den Begriff „Betriebssystem" kennen Sie wahrscheinlich aus der Welt der Informationstechnologie. Ein Betriebssystem ist eine Zusammenstellung von Programmen, die die Ressourcen eines Computers verwalten und Anwendungsprogramme zur Verfügung stellen. Typische Aufgaben sind etwa die Benutzerkommunikation, das Laden, Ausführen und Beenden von Programmen, die Verwaltung des Speicherplatzes für Anwendungen, die Verwaltung und der Betrieb angeschlossener Geräte [5].

Ähnlich regelt das menschliche Betriebssystem die Art und Weise, wie wir kommunizieren. Es steuert die Programme, die unser Verhalten erklären und bestimmen, auf welche Inhalte wir bevorzugt reagieren. Dieses System hat sich im Laufe unserer Entwicklung bewährt, unser Überleben gesichert und uns an die Spitze der Nahrungskette gebracht.

Wie funktioniert nun das menschliche Betriebssystem? Wie hat uns die Evolution ausgestattet? Was ist die Basis für das Zusammenarbeiten von Menschen?

Im Großen und Ganzen besteht unser Betriebssystem aus drei verschiedenen Ebenen, die miteinander interagieren. Manches Mal unterstützen sie sich, manches Mal konkurrieren sie miteinander [6].

## 2.1 Das Antriebssystem – der Griff nach den Sternen

Zunächst finden wir in unserem Betriebssystem eine Ebene, die dafür sorgt, dass wir in der Lage sind, lebenswichtige Ressourcen aufzuspüren und Entwicklungen zu bewerkstelligen. Deshalb schaffen es unsere Vorfahren, Werkzeuge wie Faustkeile, Messer und Speerspitzen aus Stein herzustellen, sie entdecken das Feuer, erfinden das Rad, den Buchdruck, das Automobil und den Computer.

Die Evolution hat uns mit einem Antriebssystem im Sinne eines Effizienzstrebens ausgestattet. Es zeigt sich in der Neugier, die wir, insbesondere in der Kindheit, so vielen Dingen entgegenbringen. Durch dieses besondere Interesse sind wir in der Lage, Entdeckungen zu machen, Probleme zu lösen, Maschinen zu erfinden, die uns das Leben im Alltag erleichtern, zum Mond zu fliegen oder auch den Planeten Erde so auszubeuten, dass er unbewohnbar werden könnte.

Dieses Antriebssystem repräsentiert die Leistungsmotivation, die grundsätzlich jeden Menschen auszeichnet.

Sie ist dafür verantwortlich, dass wir uns einer Aufgabe voll verschreiben, darin aufgehen und mit dem Erreichten zwar zufrieden sind, es nach kurzer Zeit aber trotzdem überbieten wollen. Wer einen 4000 m hohen Berg bestiegen hat, der möchte als nächstes auf einen höheren, noch anspruchsvolleren Gipfel klettern. Wer nach einer Gehaltserhöhung 2500 EUR im Monat verdient, strebt nach einiger Zeit danach, mehr zu verdienen.

Dieses Prinzip sorgt dafür, dass wir nicht stehen bleiben; es treibt uns an, nach immer besseren, höheren Leistungen zu streben und manchmal eben nach den Sternen zu greifen. Erfolg gebiert Verlangen.

Dabei gibt es jedoch einen gewichtigen Haken. Das Antriebssystem ist in der Hauptsache in der Sachebene angesiedelt; es geht um Aufgaben und Themen. In Anlehnung an die Themenzentrierte Interaktion, ein Konzept zur Arbeit in Gruppen von Ruth Cohn, geben wir ihm den Beinamen *ES*. Damit dieses System aktiviert wird, braucht es eine Herausforderung, die in ein konkretes Ziel übersetzt wird, das je nach individuellem Anspruchsniveau immer wieder korrigiert, verändert und angepasst wird. Wer unter dem Einfluss dieses Systems steht, möchte bei der Realisierung des Vorhabens richtig gut sein, die Aufgabe erfolgreich lösen und dadurch noch besser werden.

Die Aktivitäten im Antriebssystem beziehen sich auf das Selbst des Handelnden. Andere Personen sind dafür nicht unbedingt nötig. Im Gegenteil, sie können sogar als störend empfunden werden, sodass eine soziale Distanz aufgebaut wird. Wer ein Kreuzworträtsel oder Sudoku löst, will das in der Regel alleine tun und nicht gestört werden. In der Welt des Theaters würde man von einem Einpersonenstück sprechen. Wer es schafft und sein Ziel erreicht, fühlt ein Erfolgserlebnis, das häufig von den

Emotionen Freude, Stolz und Zufriedenheit begleitet wird und zum nächsten Schwierigkeitslevel führt.

Auf dieser Ebene unseres Betriebssystems haben wir keine besonders gute Voraussetzung für Teamarbeit. Als ob jedoch die Evolution dieses Handicap ausgleichen wollte, hat sie uns zudem mit einem Beruhigungs- und Versöhnungssystem ausgestattet.

## 2.2 Das Beruhigungs- und Versöhnungssystem – der Wunsch nach Gemeinschaft

Als Menschen noch Jäger und Sammler sind, reichen einzelne, wenige Bezugspersonen für das Überleben nicht aus. Es muss unter anderem die Nahrung sichergestellt werden, es gilt Schutz und Hygiene zu gewährleisten sowie Geborgenheit und Sicherheit zu vermitteln. Eine Großfamilie, in der die Aufgaben gut verteilt sind, bietet dafür wesentlich bessere Chancen und hat einen Wettbewerbsvorteil. Dies ist aber nur ein Element des Beruhigungs- und Versöhnungssystems. Ein weiterer wesentlicher Aspekt besteht darin, dass wir Menschen schlichtweg emotionale Nähe brauchen, um uns zu entwickeln und um überleben zu können.

Jäger und Sammler sind schon in der Lage, in größeren Gruppen von Hunderten Menschen zusammenzuarbeiten, die einander nicht persönlich kennen. Diese Kooperation ist allerdings eher lose. Die verschiedenen Kleingruppen tauschen Informationen und begehrte Gegenstände aus und schließen sich zu religiösen Zeremonien und kriegerischen Allianzen zusammen. Den typischen Alltag verbringen sie jedoch in einer überschaubaren Gruppe.

Hinter dem Beruhigungs- und Versöhnungssystem verbirgt sich zum einen der Wunsch, positive Beziehungen zu anderen Menschen aufzunehmen, aufrechtzuerhalten und Teil einer sozialen Gruppe zu sein; zum anderen aber auch die Angst, alleine und einsam zu sein, zurückgewiesen oder verlassen zu werden. Es geht also darum, in Interaktion mit anderen Menschen zu treten, diesen näherzukommen, persönliche Begegnung sowie freundschaftliche Beziehungen aufzubauen und flexibel zu kooperieren. Durch Empathie, eine typische Fähigkeit dieser Ebene, schaffen wir es, uns in andere hineinzuversetzen, Mitgefühl zu zeigen, uns nach Konflikten wieder zu versöhnen und nach Auseinandersetzungen wieder zu beruhigen.

Das Gefühl, einer sozialen Gruppe anzugehören, ist für eine stabile und positive Identität wichtig. Der Gedanke „Ich gehöre dazu" oder „Ich bin ein Teil von …" vermittelt in der Regel Geborgenheit und Sicherheit, ist eng an Sympathie und Freude, Verbundenheit und Vertrauen gekoppelt. Studien deuten darauf hin, dass „ein befriedigendes Gruppenleben als soziales Heilmittel" gesehen werden kann, „das eine ebenso wichtige Rolle spielen sollte wie medizinische Versorgung, gesunde Ernährung und ausreichend Bewegung" [7]. Es scheint die Belastungen des Alltags sehr wirkungsvoll mindern zu können, wenn man in einer sozialen Einheit gegenseitige Hilfe und Vertrauen erfährt.

Das Beruhigungs- und Versöhnungssystem sorgt dafür, dass die Mitglieder einer Gruppe das Gefühl bekommen, die täglichen Herausforderungen des Lebens besser meistern und kontrollieren zu können. Ein Grund dafür ist, dass meist jeder weiß, man könne Probleme in einer Gruppe besser lösen als alleine. Dadurch entsteht jene Bindung zur eigenen Gruppe, die wir Loyalität nennen.

Das Beruhigungs- und Versöhnungssystem repräsentiert damit die Bindungs- und Anschlussmotivation, es

ist die Basis für Gefühle der Entspannung und des Wohl-
befindens. Im Gegensatz zum Antriebssystem sind hier
andere Personen zwingend notwendig; deshalb bezeichnen
wir dieses System als WIR.

Im Unterschied zum Antriebssystem finden wir hier
also eine günstige Voraussetzung für Teamarbeit – was
man von der dritten Ebene, dem Bedrohungssystem, nicht
unbedingt behaupten kann. Obwohl auch dabei andere
Personen eine bedeutende Rolle spielen, ist gerade dieses
System oftmals die Quelle von Problemen und Konflikten
in Gruppen.

## 2.3   Das Bedrohungssystem – der Weg zur Macht

Diese Ebene hat sich in der Evolution deshalb bewährt,
weil sie immer dann aktiviert wird, wenn wir bedroht sind
oder uns bedroht fühlen. Dabei spielt die Fähigkeit der
Intuition eine entscheidende Rolle. Denn nur, wenn unsere
Vorfahren es schaffen, Gefahren rechtzeitig zu spüren und
entsprechend darauf zu reagieren, überleben sie. Das erklärt
übrigens, warum wir in der Betrachtung unserer Umwelt,
die kritischen – die negativen und gefährlichen – Elemente
deutlicher wahrnehmen als die schönen und positiven. Wer
vor 15.000 Jahren vor einem Wildrosenstrauch verweilt,
sich an dessen Farbenpracht und wohlriechendem Duft
erfreut und dabei den Säbelzahntiger im dahinterliegenden
Gebüsch übersieht, hat keine günstige Lebenserwartung.
Wer hingegen im Kampf mit dem wilden Tier sein Leben
riskiert, stellt die anderen Jäger in den Schatten, sichert sich
womöglich die Gunst einer begehrten Frau im Stamm und
steigt in der Hierarchie auf.

Das Bedrohungssystem springt also dann an, wenn es darum geht, einer Bedrohung zu begegnen, sich zu behaupten und stark zu sein. Es geht darum, Situationen aber auch Menschen zu dominieren. Heute gibt es keine Säbelzahntiger mehr; andere Gefahrenquellen sind an deren Stelle getreten. Alleine die Fragen „Bin ich gut genug?", „Schaffe ich das?", „Erhalte ich jene Aufmerksamkeit, die ich mir wünsche?" und „Ist der andere für mich eine Gefahr?" können das Bedrohungssystem aktivieren. Unabhängig davon, ob diese Gefahren ausgesprochen werden oder nicht und ob diese Fragen bewusst gedacht werden oder im Unterbewusstsein herumgeistern.

Es geht aber nicht nur um Durchsetzung, sondern auch um Status. Gerade in Gruppen, in denen permanente soziale Vergleiche viel direkter möglich sind und noch leichter fallen als in anderen Settings, spielt das eine besondere Rolle. Die Frage nach der Rangfolge und der Position sind heiße Themen in vielen Gruppen. Nicht immer stellt es sich so einfach dar, wie für Fritz Kasparek, Heinrich Harrer und Wiggerl Vörg, die einstimmig beschließen, dass Anderl Heckmair sie zum Gipfel anführen solle.

Im Gegensatz zum Bedrohungssystem, das Tiere entwickelt haben, müssten wir nicht sofort und automatisch auf mögliche Gefahren reagieren. Unser weiterentwickeltes Gehirn würde es uns ermöglichen, eine Situation zunächst zu analysieren und zu beurteilen, ehe wir zuschlagen oder weglaufen. Es stellt sich also die Frage, weshalb dieses System trotzdem so oft die Führung im menschlichen Handeln übernimmt. Zum einen deshalb, weil Informationen in unserer emotionalen Welt viel schneller zur Verfügung stehen als in unserer rationalen, und zum anderen, weil Fühlen, Denken und Handeln untrennbar zusammenhängen. Wenn das Gefühl, bedroht zu sein, das Denken bestimmt, dann heizen genau diese Gedanken wiederum unsere Gefühle an – oft auch noch dann, wenn die Gefahr längst vorüber ist oder wenn gar keine tatsächliche Bedrohung vorliegt. Es genügt die Vorhersage einer Gefahr, und das Bedrohungssystem ist aktiviert. Wir sehen das im Sport, wenn die Konfrontation mit einem sogenannten „Angstgegner" bevorsteht. Spielerinnen und Athleten agieren dann nicht mehr frei und kreativ, sondern eingeschüchtert und ängstlich.

Dieses System repräsentiert somit unsere Machtmotivation. Wahrscheinlich kommen Ihnen zum Begriff „Macht" eher kritische bis negative als positive Gedanken in den Sinn. Dies liegt mit daran, weil die allermeisten von uns in ihrem persönlichen Umfeld oder durch Beobachtung bereits erlebt haben, wie Macht gegen andere gerichtet und missbraucht werden kann: Durchsetzen und dominieren, stark sein und gewinnen sind hier die Devisen.

Diese Ebene nennen wir ICH. Wir besitzen also ein Betriebssystem, das aus drei verschiedenen Ebenen besteht: Leistung, Bindung und Macht – ES, WIR und ICH (Abb. 2.1).

Freilich gilt es, einem möglichen Missverständnis vorzugreifen. Die drei Subsysteme sind bei den meisten von uns alles andere als annähernd gleich ausgeprägt oder gar in Balance. Beobachtet man die alltäglichen Handlungen eines Menschen, erkennt man bald, welche der drei Ebenen den Ton angibt. Jeder von uns tickt ein wenig anders. Jedes der drei Subsysteme ist dabei in einer anderen Intensität ausgeprägt. Ähnlich der Einzigartigkeit eines Fingerabdrucks ist auch unsere Motivation im Detail individuell gestaltet.

Deshalb spielt im Alltag eines Teams eine Ausgewogenheit von Antriebs-, Beruhigungs- und Versöhnungs- sowie Bedrohungssystem eine besonders große Rolle. Balance als

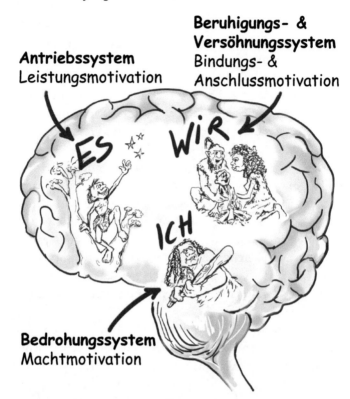

**Antriebssystem**
Leistungsmotivation

**Beruhigungs- &
Versöhnungssystem**
Bindungs- &
Anschlussmotivation

**Bedrohungssystem**
Machtmotivation

**Abb. 2.1**   Das menschliche Betriebssystem. (© Claudia Styrsky)

Führungsstrategie ist, wie wir sehen werden, ein wesentlicher Schlüssel für ein erfolgreiches Team.

## 2.4   Und noch eine menschliche Besonderheit

Neben dem Betriebssystem gibt es einen weiteren eklatanten Unterschied zu unseren engsten Verwandten, den Schimpansen, und zu allen anderen Lebewesen: unsere

Kommunikation. Sie wissen sicher, dass auch Schimpansen oder Delphine und andere Säugetiere miteinander kommunizieren. Der Unterschied liegt nicht darin; er liegt vielmehr darin, *wie* es geschieht.

Nur Menschen können nämlich über etwas sprechen, das gar nicht existiert. Der israelische Historiker Yuval Noah Harari schreibt dazu: „Einen Affen würden Sie jedenfalls nie im Leben dazu bringen, Ihnen eine Banane abzugeben, indem Sie ihm einen Affenhimmel ausmalen und grenzenlose Bananenschätze nach dem Tod versprechen" [8]. Weshalb aber ist es so wichtig, dies zu können?

Mit der „fiktiven Sprache" vermögen wir uns die verschiedensten Dinge auszumalen, Geschichten zu erfinden und zu erzählen. Der entscheidende Punkt dabei ist, dass wir uns diese Ideen und Entwürfe gemeinsam vorstellen und sie besprechen können.

Wenn uns jemand erzählt, dass es vor einiger Zeit Völker gab, die an Geister und Gespenster glaubten und bei jedem Vollmond um ein riesiges Feuer tanzten, dann nicken wir und denken vielleicht „ja, damals, da war das so …" oder ähnlich. Dabei übersehen wir, dass unsere aufgeklärte, moderne Gesellschaft nicht anders funktioniert. Wir erfinden Geschichten, die wir uns gegenseitig erzählen, an die wir glauben, die uns verbinden und zu einer Gemeinschaft machen können.

Geld zum Beispiel wirkt, weil wir Menschen es wirken lassen, weil wir daran glauben [9]. In den Religionen ist es dasselbe. Sie wirken, weil Menschen an sie glauben und miteinander darüber reden. Sie möchten weitere Beispiele? Die Nationen, die Europäische Union und die Vereinten Nationen oder die Menschenrechte und andere Gesetze – sie existieren vor allem in unserer kollektiven Vorstellung. Solange viele Menschen daran glauben, haben diese erfundenen Wirklichkeiten eine ganz reale Macht.

Genau dieses Phänomen gilt es zu nutzen, wenn Sie Ihre Gruppe zu einem Meisterteam entwickeln wollen. Diese besondere Fähigkeit, nur mit Worten eine gemeinsame Wirklichkeit zu erschaffen, macht es möglich, dass fremde Menschen bereit sind, sich kennenzulernen und anzunähern, dass sie sich in ein Kollektiv einordnen, sich gegenseitig vertrauen und zusammenarbeiten.

Aber auch in bestehenden Teams stellt diese einzigartige Kompetenz eine besondere Möglichkeit dar. Adi nutzt diese Kenntnis seit langem. Oft unmittelbar vor Spielen, ehe die Profis auf den Platz gehen. Vor jedem Match hält er eine kurze Ansprache, die das gleiche Ziel verfolgt: eine gemeinsame und verbindende, motivierende und kraftgebende Wirklichkeit und Überzeugung in die Köpfe der Spieler zu pflanzen.

### In der Kabine von Eintracht Frankfurt

Es ist Sonntag, der 11. November 2018. Eintracht Frankfurt gegen Schalke 04 ist die letzte Begegnung des elften Spieltages der deutschen Fußballbundesliga. Beide Clubs gewinnen zuvor ihre internationalen Matches. Schalke besiegt in der Champions League am 6. November Galatasaray Istanbul mit 2:0. Frankfurt gewinnt zwei Tage später im Rahmen der Europa League auf Zypern gegen Apollon Limassol 3:2. Den Kickern von Schalke 04 stehen vor der Partie in Frankfurt also zwei volle Regenerationstage mehr zur Verfügung.

Adis erste Ansprache erfolgt im Mannschaftshotel beim obligaten Teammeeting: „Jungs, schaut Euch die aktuelle Tabelle an." Er zeigt auf den großen Bildschirm, auf dem sie eingeblendet ist. „Erinnert Euch, wie wir in die Meisterschaft gestartet sind. Wir haben hart gearbeitet und uns selbst aus dem Sumpf gezogen. Mit der Art und Weise, wie wir jetzt Fußball spielen, begeistern wir. Wir werden wahrgenommen. Wir haben uns großen Respekt verschafft. Wenn wir heute gewinnen, Jungs, mit einem Sieg gegen Schalke sind wir unter den ersten Vier." Adi zeichnet auf der Tabelle einen roten Pfeil zum vierten Platz. „Das bedeutet Champions League und dort wollen wir hin. Wir sind auf dem Weg, eine Spitzenmannschaft zu sein. Und eine Spitzenmannschaft schlägt heute Schalke. Viel Glück und Erfolg!"

Danach geht es mit dem Bus ins Stadion. Unmittelbar bevor die Spieler zum Anpfiff auflaufen, folgt die zweite Ansprache. Sie stützt sich auf ein Ritual. Spieler und Betreuer bilden einen Kreis und legen die Arme auf die Schulter der Nebenmänner. Adi befindet sich in der Mitte und beginnt mit kräftiger, emotionsgeladener Stimme sein kurzes Statement: „Jungs, wir gehen jetzt raus und zeigen unser Spiel. Wir gehen sofort in die Zweikämpfe. Wir setzen läuferisch und taktisch Zeichen." Adis Blick geht in die Runde und erfasst jeden Einzelnen einmal. „Wir zeigen unser Spiel. Wir setzen den Gegner sofort unter Druck. Wir nehmen die Energie unserer Fans auf; sie gibt uns Kraft". Dann hält Adi kurz inne, alle Anwesenden wissen, was jetzt kommt. Adi wartet noch ein wenig, dann zählt er „eins". Schaut in die Runde, blickt in die Gesichter. „Zwei." Diesmal lauter. Erneut setzt er ab, sieht seine Spieler an, wartet noch einen Augenblick, ehe er sehr laut und positiv-emotional „drei" sagt. Darauf schreien alle kraftvoll und laut: „Sieg!" Das Team geht auf den Platz.

Zur Halbzeit steht es 0:0. Adi ist grundsätzlich mit dem Spiel zufrieden. Mit seinen Profis bespricht er einige taktische Ansätze, die zu besseren Lösungen führen. Er sagt, wie er sich vorstellt, Schalke zu schlagen, und verankert dieses Bild in den Köpfen der Spieler. Seine Jungs schickt er mit einer eindeutigen Botschaft aufs Feld: „Geht hinaus und kommt als Sieger zurück". Die besondere Wirkung entsteht durch die gewählten Worte, viel stärker jedoch durch die Art und Weise, *wie* diese gesprochen und mit körpersprachlichen Signalen untermauert werden. Am 11. November setzt die Mannschaft dies perfekt um und gewinnt durch zwei Tore von Luka Jović sowie einen Treffer von Sébastien Haller 3:0. Das Ziel, in der Tabelle auf Platz 4 vorzustoßen, ist geschafft.

Unter diesem Aspekt der fiktiven Sprache, die Ereignisse vorwegzunehmen vermag, steigt die Bedeutung eines übergeordneten Ziels und gemeinsamer Werte im Sinne einer Teamkultur erheblich. Diese außergewöhnliche menschliche Begabung macht es möglich, dass mehrere Personen Vorstellungen und einen Geist erschaffen, der eine Welt beschreibt, der sie gerne angehören wollen. Das ist jene Mentalität, die wir Teamgeist nennen.

# 3

## Team – so definieren wir es

Im Laufe der Zeit haben wir unsere eigene Definition entwickelt, die sowohl theoriebasiert als auch praxiserprobt ist. Jedes Team hat seinen Ursprung in einem gemeinsamen Merkmal, einer gemeinsamen Mitte. Dies können Zielsetzungen sein, wie die Geschichte der Erstdurchsteigung der Eiger-Nordwand zeigt, oder Überzeugungen und andere verbindende Merkmale.

## 3.1 22 Jungs im Robbers Cave Nationalpark

Wie schnell sich aus einer Gruppe ein Team zu formen vermag und welche Kriterien dabei eine Rolle spielen, zeigt folgende Geschichte. Das gemeinsame Merkmal besteht zunächst in der Tatsache, dass elf Jungen in einem Reisebus sitzen und in den Robbers Cave Nationalpark in Oklahoma unterwegs sind. Involviert sind insgesamt zwei

© Springer-Verlag GmbH Deutschland, ein Teil von Springer Nature 2019
J. Zeyringer und A. Hütter, *Teamgeist*,
https://doi.org/10.1007/978-3-662-59523-7_3

getrennte Gruppen, also 22 Buben, die Mitte der 1950er Jahre in zwei gleichgroßen Einheiten an einem Experiment des Sozialpsychologen Muzaffer Şerif teilnehmen [10]. Nur wissen das die Elf- bis Zwölfjährigen nicht. Zu Beginn scheint es ein ganz normales Ferienlager zu sein. Die Jungs beziehen ihre Unterkünfte, spielen miteinander und erkunden das umliegende Gelände. Alles entspricht ihrer Erwartung, alles erscheint ganz normal. Dass sich etwas entfernt ebenfalls eine Gruppe von weiteren elf Jungen befindet, wissen die Burschen ebenso wenig wie die Tatsache, dass sie sich mitten in einem Experiment befinden.

Für die Jugendlichen ergibt das Zusammenleben im Lager die neue gemeinsame Mitte, das verbindende Element. Schnell bilden sich soziale Strukturen. Es entstehen Hierarchien, die Jungs geben ihren Gruppen jeweils Namen – „Rattles" und „Eagles" –, fertigen Flaggen mit ihrem Gruppensymbol an und pflegen eigene Rituale. So entwickeln sie eine Identität und ein Zugehörigkeitsgefühl; in wenigen Tagen sind zwei Teams entstanden.

Dann startet die zweite Phase des Experiments. Diese sieht vor, dass sich die beiden Teams begegnen und dass sie durch verschiedene Wettkämpfe wie Tauziehen oder Baseball in eine Konkurrenzsituation geraten. Damit nicht genug, manipulieren Muzaffer Şerif und seine Helfer die Ergebnisse mancher Disziplinen und stacheln dadurch die schon vorhandenen Feindseligkeiten zusätzlich an.

Das führt dazu, dass der Zusammenhalt innerhalb beider Teams größer und die Aggressionen gegenüber den Anderen heftiger werden. Die Elf- bis Zwölfjährigen beschimpfen und verhöhnen einander – und es bleibt nicht bei solchen verbalen Auseinandersetzungen. Als die „Rattles" ihre Flagge auf einer Wiese zurücklassen, verbrennen die „Eagles" sie. Die Rache der Klapperschlangen lässt nicht lange auf sich warten. Sie überfallen und verwüsten die Unterkunft der Adler. Schließlich eskaliert der Konflikt. Die Jungen bewaffnen sich mit ihren Baseballschlägern, um gegen die anderen zu kämpfen. Dies alarmiert die Forscher rund um Muzaffer Şerif, sodass sie die dritte Phase dieses Experiments einleiten, die Versöhnung.

Die Kluft zwischen den „Rattles" und den „Eagles" ist inzwischen jedoch so tief, dass diese weder miteinander sprechen, noch gemeinsam essen wollen. Folglich sind die Wissenschaftler gefordert. Um eine Versöhnung der beiden verfeindeten Teams zu ermöglichen, braucht es eine neue gemeinsame Mitte, die beide Gruppen verbindet. Den 22 Jungs werden Aufgaben gestellt, die ein Team alleine nicht bewältigen kann. Die einen brauchen also die anderen, so die Idee dahinter.

Muzaffer Şerif und seine Gehilfen manipulieren die Trinkwasserversorgung des mittlerweile gemeinsamen Lagers. Sie erklären, dass das Zuleitungsrohr sabotiert wurde und die Jungs die Leitung deshalb absuchen und reparieren müssen. So entsteht ein gemeinsames Ziel, von dessen Realisierung alle etwas haben. Es funktioniert: „Rattles" und „Eagles" besprechen sich, arbeiten zusammen und leihen sich gegenseitig sogar ihre Werkzeuge. Ein erster Schritt ist getan.

Beim darauffolgenden Abendessen blitzt der alte Konflikt jedoch wieder auf. Die Klapperschlangen sitzen ebenso beieinander wie die Adler, es gibt kaum einen Austausch zwischen den beiden Gruppen. Also müssen weitere Merkmale gefunden und in den Mittelpunkt der Aufmerksamkeit und des Handelns gestellt werden. Dabei geht es jedes Mal darum, eine gemeinsame Mitte zu schaffen, um die sich die Jungen positionieren und mit der sich möglichst alle identifizieren. Es braucht neue Zielsetzungen, von denen alle profitieren und die nur gemeinsam realisiert werden können.

Den Jugendlichen wird ein Filmabend in Aussicht gestellt. Dabei gibt es jedoch ein Problem: die Leihgebühr für den Streifen. Sie ist so hoch, dass sie nur bezahlt werden kann, wenn sämtliche Jungs aus beiden Gruppen bereit sind zu bezahlen. Dafür müssen sich die Jugendlichen besprechen und organisieren. Und tatsächlich, es gelingt, die Mittel gemeinsam aufzubringen. Der Filmabend wird ein Erfolg; ein weiterer Schritt.

Am nächsten Tag wird bei einem Ausflug mit dem Bus eine Panne vorgetäuscht. Wieder müssen sich die 22 Jungs besprechen und überlegen, wie sie das Problem zu lösen vermögen. Mit vereinter Kraft schieben sie den Bus an und bringen ihn wieder zum Laufen – der nächste Schritt. Als dann bei einem Ausflug mit Übernachtung die Wissenschaftler die Ausrüstung manipulieren und die Jungs die Zelte nur aufzustellen vermögen, indem sie sich gegenseitig helfen und ihr Equipment den anderen zur Verfügung stellen, ist das Eis gebrochen. Nach und nach versöhnen sie sich. Als alle 22 am Abschlussabend um ein Lagerfeuer sitzen, das eine symbolische gemeinsame Mitte darstellt, und den Wunsch äußern, gemeinsam nach Hause zu fahren, wird sichtbar, dass ein neues Team entstanden ist.

Diese Geschichte zeigt, wie sich Teams entwickeln. In kurzer Zeit haben sich im Robbers Cave Nationalpark soziale und organisatorische Strukturen gebildet. Die Probanden haben Rituale gefunden und gepflegt, sie haben eine spezifische Kommunikation herausgebildet, die gemeinsame Werthaltungen zum Ausdruck bringt. So entstand in jedem Team im Laufe der Zeit ein eigener Spirit. Darin liegt die Kraft, die einer Gemeinschaft zur Verfügung steht. Diese Energie kann dazu verwendet werden, Herausforderungen und Ziele gemeinsam zu bewältigen. Sie kann aber auch, wie wir gesehen haben, gegen andere Gruppen gerichtet werden und die Wurzel von Feindseligkeiten und Konflikten bilden. Es ist ein elementares Bedürfnis von Teams, sich selbst besser dastehen zu lassen als andere Gruppen. Die psychologische Forschung nennt diese Erkenntnis „soziale Distinktheit". Diese Bevorzugung der eigenen Gruppe führt jedoch nicht notwendigerweise zu Konflikten mit anderen Teams.

Wir erzählen die Robbers-Cave-Geschichte nicht nur, um zu zeigen, wie sich ein Team bildet und welche Merkmale dahinter stehen, sondern auch aus einem weiteren Grund. Das Experiment von Muzaffer Şerif zeigt, dass Gruppen, die sich zunächst als Rivalen in Konfliktsituationen erleben und bereit sind, sich zu bekämpfen, die Chance haben, eine neue verbindende Mitte und dadurch eine gemeinsame Zukunft zu finden. Das ist für uns eine ebenso wichtige wie schöne Erkenntnis, die weit über unser Thema hinausreicht.

Was ist aber nun ein Team, welche besonderen Merkmale zeichnen es aus und worin bestehen die entscheidenden Unterschiede zu einer Gruppe?

## 3.2   Fünf Teammerkmale

Es sind fünf beobachtbare und überprüfbare Merkmale, auf die es uns ankommt und die Teams auszeichnen. Sind diese fünf Faktoren positiv besetzt beziehungsweise erfüllt, dann entwickeln sich gemeinsame Denkweisen und Vorstellungen, die in einem starken Teamgeist, einem spürbaren „Wir-Gefühl" zum Ausdruck kommen und die Möglichkeit schaffen, über sich hinauszuwachsen, Großartiges zu vollbringen. In der Psychologie spricht man von „Teamkohäsion". Gemeint ist damit die Summe aller Kräfte, die die Bindung an ein Team bewirken. Es stimmt zwar, dass jedes Team aus einer Gruppe von Menschen besteht; aber nicht jede Gruppe von Menschen ist zugleich ein Team.

Dieser besondere Zusammenhalt wird in unserem Verständnis durch folgende fünf Elemente hergestellt und gefördert.

---

## 》 Ein Team

- verfolgt ein gemeinsames und übergeordnetes Ziel, eine gemeinsame, große Idee (Vision),
- entwickelt einen starken Zusammenhalt und eine positive Kommunikation,
- besteht aus Mitgliedern, die Verantwortung übernehmen,
- vereinbart eine erfolgsversprechende Strategie, die auf das gemeinsame, übergeordnete Ziel, die gemeinsame große Idee ausgerichtet ist, und
- wird durch einen Leader aktiv geführt.

---

Vielleicht denken Sie nun, dass all dies auf Gruppen ebenfalls zutrifft. Dass dem nicht so ist, verdeutlicht folgendes Beispiel. Menschen, die an einer Haltestelle auf die nächste U-Bahn warten, bilden eine Gruppe. Diese Personen haben wohl dasselbe Ziel, nämlich in die nächste U-Bahn zu steigen und in die gleiche Richtung zu fahren. Sie können sogar wertschätzend kommunizieren, in dem sie sich gegenseitig den Vortritt beim Einsteigen lassen oder sich Sitzplätze anbieten. Sie sind aber weder organisiert, noch übernehmen sie füreinander Verantwortung oder werden von einem Leader angeführt. Zudem bestehen zwei weitere gewichtige Unterschiede zu einem Team. Erstens kommen die Menschen unabhängig voneinander auf den Bahnsteig und steigen an unterschiedlichen Stationen aus. Zweitens gibt es keine zahlenmäßige Unter- und Obergrenze an Fahrgästen; zumindest nicht auf dem Bahnsteig. Manchmal sind es vielleicht nur zwei, in Stoßzeiten können in Ballungszentren mehrere hundert Personen auf die nächste U-Bahn warten. Diese kommt bestimmt, egal wie viele Fahrgäste schon wie lange warten und wohin sie fahren wollen.

Teams entstehen jedoch, wenn sich Menschen bewusst dafür entscheiden, der Gemeinschaft angehören zu wollen, und sich auf eine gegenseitige Abhängigkeit einlassen. Das ist die Quelle für eine gemeinsame Identität. Im Gegensatz zur Gruppe am Bahnsteig ist ein Team zahlenmäßig definiert. Es gibt eine Unter- und eine Obergrenze.

Wenn zwei Personen erfolgreich handeln, hört man oft, diese seien eben ein tolles Team. Dabei handelt es sich jedoch um eine Dyade, ein Duo. Die Möglichkeiten der Interaktion sind bei zwei Personen eingeschränkt. Es können sich keine Mehrheiten gegen eine Minderheit bilden und es besteht keine Möglichkeit an wechselnden Beziehungen. In einem Duo gibt es nur die Möglichkeit, Kontakt zu haben oder nicht. Sobald jedoch drei Personen zusammenkommen, ergeben sich andere Möglichkeiten. Zwei können sich verbünden und den Dritten überstimmen. Mehrheitsbildungen sind möglich und es stehen mehrere Richtungen der Interaktion zur Verfügung. Deshalb sprechen wir erst dann von einem Team, wenn es sich um mindestens drei Personen handelt (Abb. 3.1).

Auch die Obergrenze eines Teams ergibt sich aus der kommunikationsrelevanten Überlegung, wie viele Interaktionsmöglichkeiten eine einzelne Person bewältigen kann. Stellen Sie sich beispielsweise eine Gruppe von

**Abb. 3.1** Ein Team braucht zumindest drei Personen. (© Claudia Styrsky)

50 Personen vor. Das entspricht der Kapazität eines durch-schnittlichen Reisebusses. Daraus ergeben sich 1225 Zweierbeziehungen und eine wahrscheinlich unüber-schaubare Anzahl an Dreiecks-, Vierecks- und anderen Über-Eck-Beziehungen [11]. Das würde die Kapazität jedes Einzelnen an ihre Grenzen bringen. Daher liegt die

Obergrenze eines Teams bei etwa 25 Mitgliedern. Das ist jene Anzahl, die für den Einzelnen noch gut überschaubar ist und die Möglichkeit bietet, mit allen anderen gute Beziehungen zu pflegen. Das gilt für den Teamleader, der ja zu jedem eine stabile und wertschätzende Beziehung herstellen und aufrechterhalten muss, in besonderem Maße. Wir beobachten jedoch, dass dieser Grundsatz im Gesundheitswesen und in der Wirtschaft immer wieder missachtet wird. Speziell von Führungskräften der mittleren und unteren Ebenen wird verlangt, Gruppen zu führen, die weit mehr als 25 Mitglieder haben. Eine große Herausforderung, die ab einer bestimmten Größe zur Überforderung wird und von allen Beteiligten ihren Tribut fordert.

Wenn Sie Ihr Meisterteam entwickeln wollen, dann lohnt es sich, die fünf Merkmale, die ein Team ausmachen, unter die Lupe zu nehmen und in diese zu investieren.

# 4

# Team – so entwickeln wir es

## 4.1 Ein gemeinsames, übergeordnetes Ziel, eine Vision für das Team erarbeiten

Die wohl größte Herausforderung in der Teamarbeit besteht darin, die vielen individuellen Vorstellungen zu verbinden. Zunächst handelt es sich bei jeder Gemeinschaft ja um Individuen, um einzelne *Ichs,* die zu einem *Wir* entwickelt werden sollen. Dafür braucht es die Bereitschaft jedes einzelnen Teammitglieds, die eigenen Ziele, Motive und Erwartungen in kollektive Vorstellungen einzubringen. Große Ziele und Ideen können in einem Team nur dann erreicht werden, wenn alle miteinander kooperieren.

In manchen Branchen befindet sich zwischen dem *Ich* und dem *Wir* eine zusätzliche Hürde, die es zu nehmen gilt: das Standesdenken verschiedener Berufsgruppen, das

© Springer-Verlag GmbH Deutschland, ein Teil von Springer Nature 2019
J. Zeyringer und A. Hütter, *Teamgeist,*
https://doi.org/10.1007/978-3-662-59523-7_4

ebenfalls ein „Eigenleben" hat. So stehen beispielsweise Abteilungen in Krankenhäusern, die sich zu einem Team entwickeln wollen, vor der Herausforderung, eben dieses Standesdenken der jeweiligen Berufsgruppen zu minimieren und in eine neue sowie gemeinsame Überzeugung einzubringen.

In unserer Arbeit mit Teams in der Wirtschaft, im Gesundheitswesen und im Sport hilft uns seit langem ein besonderer Gedanke, den wir immer wieder formulieren und beschwören: *Lasst uns etwas schaffen, das größer ist als jeder Einzelne von uns.* Wir wollen eine inspirierende Atmosphäre herstellen, in der die Teammitglieder ihr Bestes geben, weil sie sich wohlfühlen und ihr Potenzial voll einbringen.

Das ist für uns ein wunderbarer Einstieg in die Entwicklung eines positiven und starken Teamgeistes. Dieser Gedanke verdeutlicht, was wir mit einem gemeinsamen und übergeordneten Ziel meinen. Es geht um die große Idee, die Vision, die ein Team denkt und verfolgt. Ganz nach dem Motto „Was nicht durch eine anziehende Kraft zusammengeführt wird, findet nicht zueinander; und was nicht durch hinreichend starke Kräfte zusammengehalten wird, fällt wieder auseinander" [12]. Dabei spielt die Frage, wie realistisch das große Vorhaben ist, im Vergleich zur Frage, wie wichtig es den Beteiligten ist, eine eher untergeordnete Rolle.

Lassen Sie uns diese Gedanken anhand eines populären Beispiels verdeutlichen. Vielleicht kennen Sie die großartige Fantasy-Geschichte des britischen Schriftstellers J. R. R. Tolkien, *Herr der Ringe,* die Peter Jackson Anfang der 2000er-Jahre verfilmt hat. Im Kampf zwischen Gut und Böse spielt „Der eine Ring" eine besondere Bedeutung. Er besitzt magische Kräfte und verleiht seinem Träger große Macht. Der dunkle Herrscher Sauron, der den Ring geschmiedet und ihn im Kampf verloren hat, setzt alles daran, ihn zurückzubekommen und mithilfe von dessen magischer Macht die freien Völker Mittelerdes zu unterjochen oder auszulöschen. Die einzige Chance, dies zu verhindern, besteht darin, den Ring, der sich im Besitz des Hobbits Frodo befindet, in den Lavafluten des Schicksalsberges in Mordor zu vernichten.

Um diese Option zu nutzen, wird ein Rat der freien Völker Mittelerdes einberufen. Im Laufe der Debatten entsteht eine Gemeinschaft, die sich der Aufgabe annimmt: Da sind der Zauberer Gandalf, die vier Hobbits Frodo, Sam, Pippin und Merry, die beiden Menschen Aragorn und Boromir, der Elb Legolas sowie der Zwerg Gimli. Diese Neun bilden „die Gefährten", deren übergeordnetes, gemeinsames Ziel darin besteht, den Ring nach Mordor zu bringen, um ihn dort zu vernichten. Eine große Aufgabe, die das Denken und Handeln fortan bestimmt und der sich zunächst alle neun unterordnen.

Die große Idee beschreibt somit das *Warum,* das hinter dem Wirken der Gemeinschaft steht, folglich deren Sinn und Zweck. Sie aktiviert das Antriebssystem, das uns in die Lage versetzt, besondere Leistungen zu erbringen. Außerdem stellt die Vision die Verbindung zwischen allen Beteiligten her, es ist eben nicht nur das übergeordnete, sondern auch das gemeinsame Ziel.

Die Kunst besteht darin, das gemeinsame, übergeordnete Ziel eines Teams so zu formulieren, dass es motiviert und Kraft gibt. Denn speziell in herausfordernden und schwierigen Phasen taucht in den Köpfen der Teammitglieder möglicherweise die Frage auf „Warum tue ich mir das an?" Dann braucht es eine starke Vorstellung, die als Antwort zur Verfügung steht und zum Weitermachen animiert.

Abb. 4.1 verdeutlicht dies. Im Zentrum der konzentrischen Kreise befindet sich das gemeinsame, übergeordnete

**Abb. 4.1**  Ein Team entsteht um eine gemeinsame Mitte. (© Claudia Styrsky)

Ziel, um das sich die einzelnen Teammitglieder positionieren. Von jedem Teammitglied zeigt ein Vektor nach innen; das bedeutet, dass sich jeder mit der großen Idee identifiziert und dass er motiviert ist, seinen Beitrag zu leisten, die Vision zu realisieren. Alle Vektoren zeigen nach innen, das ist entscheidend. Weshalb aber weisen einige eine große Nähe, andere hingegen eine weitere Distanz zum Ziel auf?

Die verschiedenen Positionierungen entstehen, weil sich die gemeinsame große Idee für die Einzelnen trotzdem unterschiedlich attraktiv darstellt. Die Vektoren symbolisieren einerseits, wie stark sich die Person mit der Vision identifiziert, und andererseits, wie motiviert diese ist, zielgerichtete Handlungen zu setzen. Dabei verhalten sich die Vektoren umgekehrt proportional zu ihrer Länge. Je kürzer, also je näher der gemeinsamen Mitte, desto höher sind sowohl Identifikation als auch Motivation. Dadurch ergeben sich in einem Team unterschiedliche Positionen, die gruppendynamisch von Bedeutung sind (wie wir später sehen werden). Entscheidend für ein Team ist, dass sämtliche Vektoren nach innen zeigen, sich also alle Mitglieder engagiert in den Dienst des großen Zieles stellen.

Ob das der Fall ist, kann in einem Meeting mit einer einfachen Technik visualisiert und überprüft werden. Schreiben Sie das gemeinsame, übergeordnete Ziel in die Mitte eines großen Plakats (bspw. Flipchart oder Pinnwand) und zeichnen Sie anschließend konzentrische Kreise darum herum (Abb. 4.1).

Nun überlegt sich jedes Teammitglied, wie attraktiv die Vision ist, wie hoch es die Identifikation damit empfindet sowie die Motivation, sich dafür zu engagieren. Zum Ausdruck bringt das jede Person einerseits, indem sie einen Markierungspunkt in den passenden konzentrischen Kreis klebt und einen Vektor in Richtung Mitte zieht: je stärker, desto näher der Mitte; je schwächer, desto weiter außen. Begleitet wird dies andererseits durch ein verbales Statement, um die anderen zu informieren, welche Gedanken und Empfindungen mit dem gemeinsamen, übergeordneten Ziel assoziiert werden. Optimal läuft es, wenn jeder Einzelne eine hohe Identifikation empfindet und sich eindeutig für die große Idee verpflichtet. Werden hingegen mehrheitlich Bedenken geäußert oder stellt sich die Identifikation als eher gering dar, sollte das Team einen Schritt zurückgehen und nochmal über das große Vorhaben sprechen.

Studien belegen, dass die Motivationskraft einer Vision von ihrer Visualisierbarkeit abhängt [13]. Eine große Idee beflügelt dann, wenn sie folgenden vier Qualitätskriterien entspricht. Sie soll

1. möglichst einfach und verständlich formuliert sein, sodass sie gut zu verstehen und zu besprechen ist,
2. eine explizite Motivationskraft ausstrahlen, damit sie die Beteiligten antreibt und begeistert,
3. den Ehrgeiz und den Mut nach besonderen Taten wecken und
4. so formuliert sein, dass die Teammitglieder fest an deren Umsetzbarkeit glauben.

Wenn wir vor der Herausforderung stehen, mit einem Team das gemeinsame, übergeordnete Ziel zu erarbeiten, dann besetzen wir dieses daher mit möglichst vielen positiven Emotionen. Wir versuchen, dass jeder Einzelne seine individuelle Verbindung mit dem Ziel findet und es als attraktiv und erstrebenswert erachtet. Nur dann bringt jeder die Motivation auf, für das große Vorhaben alles zu geben. Jeder Einzelne soll spüren, wie es sich anfühlt, das Ziel auszusprechen, ihm näher zu kommen und vor allem, es erreicht zu haben. Wir erinnern uns an das menschliche Alleinstellungsmerkmal, gemeinsam über etwas zu sprechen, das (noch) nicht existiert. So prägt sich ein zutiefst positives und emotionales Bild ins Unterbewusstsein ein, das stets neue positive Handlungsimpulse bei den Teammitgliedern auslöst.

Sie fragen sich jetzt: Wie machen wir das? Wir arbeiten in der Hauptsache mit Bildern, die mit dem großen Ziel positiv gekoppelt sind und einen aktivierenden Charakter besitzen. Wir verknüpfen das Vorhaben mit bildhaften Vorstellungen: einerseits tatsächlich durch physische Bilder, andererseits dadurch, wie wir Visionen formulieren. Denn wenn wir uns etwas konkret vorstellen, aktivieren wir unser Sehsystem im Gehirn. Es ist dann so, als ob wir es wirklich sehen – nur etwas weniger intensiv [14]. Mit Adis Formulierung am Beginn des Sommertrainingslagers 2017 im Zillertal „Ich will mit euch Schweizer Meister werden und den *Chübel* (Pokal) in die Höhe stemmen" ist eine Vorstellung geschaffen, die für die Profis der Young Boys Bern schnell und einfach in ein Bild übersetzt werden kann und höchst motivierend ist. Metaphorisch gesprochen haben von diesem Zeitpunkt an sowohl die Trainer als auch die Spieler eine spezifisch eingefärbte, gelb-schwarze „YB-Meister-Brille" auf, die immer wieder neue Energie gibt und auf das Ziel fokussiert.

Wir übersetzen die große Idee eines Teams also in ein Bild, denn nur dann ist das übergeordnete, gemeinsame Ziel wirklich gut formuliert. Manchmal fordern wir die Teammitglieder auf, sich Bilder aus Zeitschriften oder dem Internet zu suchen. Manchmal stellen wir Bilder zur Verfügung. Ein anderes Mal animieren wir, selbst zu zeichnen. Entweder kreiert das gesamte Team ein gemeinsames Zielplakat oder jeder Einzelne zeichnet seine individuelle Version. Wie das in etwa aussehen kann, zeigen die beiden folgenden Geschichten.

### Der Untersberg – ein mächtiges Bild

Im Frühsommer 2012 präsentiert der SV Grödig, der die Saison 2011/2012 in der zweiten österreichischen Bundesliga auf dem sechsten Rang beendet, einen neuen Chefcoach: Adi Hütter. Er soll die Vision von Christian Haas, Manager des „Dorfclubs" nahe Salzburg, Wirklichkeit werden lassen. Immer wieder spricht Haas vom „grünen Bus", der auf dem Parkplatz des kleinen Stadions vorfahren werde. Er meint den Mannschaftsbus von Rekordmeister Rapid Wien und drückt damit aus, dass der Traditionsclub aus Österreichs Hauptstadt und der SV Grödig in derselben Bundesliga spielen. Von den allermeisten, die dies zu hören bekommen, erntet Christian

Haas bestenfalls ein Kopfschütteln. Seine große Idee wird als Spinnerei abgetan. Der Manager vertraut jedoch auf seinen neuen Trainer und die Mannschaft. Was sich dann in Grödig entwickelt, weiß heute jeder österreichische Fußballfan: der Aufstieg in die Bundesliga. Der „Dorfclub" beendet die Saison 2013/2014 sensationell auf dem dritten Platz, der zur Teilnahme an der Qualifikation zur Europa League berechtigt. Ein Element dieses großen Erfolgsweges ist ein Bild, das wir uns bei einem langen Spaziergang in Fischtaging am Wallersee während der Winterpause überlegen.

Die Heimstätte des SV Grödig befindet sich direkt am Fuße des Untersberges, des nördlichsten Massivs der Berchtesgadener Alpen, einer Landmarke am Alpenrand. Was also liegt näher, als den sagenumwobenen Gipfel mit der Teilnahme an der Qualifikation zur Europa League zu verbinden? Den Gipfel zu erreichen, ist ab nun metaphorisch gesprochen das große Ziel, das Adi gemeinsam mit seinen Spielern und Betreuern definiert. Es wird ein Plakat mit einem Foto des Untersberges angefertigt, auf dem die Wegstrecke des Aufstiegs eingezeichnet ist (Abb. 4.2). Jeder gewonnene Punkt bringt die Mannschaft weiter nach oben. Nach jedem Spiel zeichnet Adi ein, wie viel näher das Team dem Gipfel gekommen ist. Das Besondere an diesem Motiv ist, dass die Spieler bei jedem Heimmatch vom Feld aus diesen Gipfel sehen und so zumindest unbewusst mit dem großen, gemeinsamen Ziel und dem dazugehörigen Motto „Wir versetzen Berge" konfrontiert sind. Bei Auswärtspartien geht das Zielebild im Mannschaftsbus mit auf Reisen.

Andi Biritz, der in Grödig wie auch später in Bern als Physiotherapeut zu Adis Trainerstab gehört und in beiden Teams gute Beziehungen zu den Spielern aufbaut, erinnert sich an diese Episode. „Für uns war der Untersberg viel mehr als ein Bergmassiv. Für uns war er der ‚Magic

**Abb. 4.2** Das Ziel-Plakat des SV Grödig 2013/2014. (© Andy Biritz/Wolfgang Luisser)

Mountain', den wir sowohl vom Trainingszentrum in Rif als auch vom Stadion in Grödig aus gesehen haben. Wir haben aber nicht nur unser großes Ziel definiert, sondern jeder Spieler hat erarbeitet, wie er konkret dazu beitragen kann, unser gemeinsames Ziel zu erreichen. Außerdem haben wir mit unserem ‚Magic Mountain' drei besondere Fähigkeiten assoziiert: Kraft, Mut und Entschlossenheit, die von jedem Einzelnen verkörpert werden sollten. Wir haben uns dieses Bild im Verlaufe der Frühjahrsmeisterschaft immer wieder vor Augen geführt. Daraus ist ein wichtiges Ritual entstanden, das wir als Gemeinschaft als zusätzliche Motivations- und Kraftquelle nutzten, bis wir unser Ziel erreicht hatten."

Andi Biritz erklärt, dass es eine von Adis besonderen Stärken sei, sowohl Spieler als auch Betreuer für das gemeinsame, übergeordnete Ziel in die Verantwortung zu nehmen. „Er machte jeden Einzelnen zu einem wichtigen Bestandteil des gemeinsamen Ziels und ließ trotzdem so viel Freiraum, um sich individuell weiterentwickeln zu können, obwohl jeder sein Ego für die Gemeinschaft zurücknahm." Das ist eine der wesentlichen Voraussetzungen für das Realisieren großer Ideen und ein Merkmal wirklich guter Führung.

**Schweizer Profis zeichnen**

Die zweite Geschichte spielt vier Jahre später, im Januar 2018. Adi befindet sich mit den Young Boys Bern auf einem zehntägigen Trainingslager im südspanischen Jerez. Nach zwei zweiten Plätzen, jeweils hinter dem FC Basel, wollen es die Young Boys diesmal schaffen, den Meisterpokal nach 32 Jahren wieder in die Hauptstadt zu holen.

Erinnern Sie sich an die Ansage: „Ich will mit euch Schweizer Meister werden und den *Chübel* (Pokal) in die Höhe stemmen."

Mitte der ersten Woche versammeln sich alle Spieler und Trainer in einem Seminarraum des Hotels. Adi hält eine Ansprache, in der er das Ziel verstärkt, das er im Sommer zuvor im Zillertal ausgegeben hat. Er fordert seine Spieler auf zu zeichnen. Den Auftrag formuliert er so: „Zeichne Dein persönliches Bild, wie es aussieht, wenn wir Schweizer Meister sind."

Damit erzeugt Adi eine besondere Spannung. Einzelne Kicker staunen mit großen Augen, die meisten aber lächeln und greifen zu Papier und Bleistift. Man spürt eine gute Stimmung im Seminarraum. Die Spieler haben 45 min Zeit, um nachzudenken und ihr Bild zu zeichnen. Als alle wieder im Raum sind, präsentiert jeder sein Bild und formuliert die dazugehörigen Gedanken. Jeder erhält frenetischen Beifall; so auch Marco Wölfli, dessen Meisterbild Sie hier sehen (Abb. 4.3).

Die Bilder werden in Folie geschweißt und gehen mit nach Bern, wo sie in der Kabine an den Innentüren der Spinde der Spieler hängen. Das bietet den Vorteil, dass

**Abb. 4.3**  So stellte sich Marco Wölfli die Meisterfeier vor. Eine Party mit vielen Fans auf einer großen Bühne vor dem Bundesgebäude. (Zeichnung von Marco Wölfli im Januar 2018)

jeder, wenn er seinen öffnet, die bildhafte Übersetzung des übergeordneten, gemeinsamen Ziels vor Augen hat. Für die Heimspiele im Stade de Suisse lässt sich Adi zudem etwas Besonderes einfallen. Zehn Minuten vor Spielbeginn fordert er die Fußballer auf, zu ihren Spinden zu gehen und sich bewusst und konzentriert ihr Bild anzusehen. Anschließend versammelt er die gesamte Mannschaft zu einem Kreis und sagt: „Macht jetzt die Augen zu, holt Euch Eure Bilder vor Euer geistiges Auge und taucht ein in die Emotionen, die ihr damit verbindet." Mit diesen Eindrücken gehen danach alle aus der Kabine.

Bei Auswärtsspielen führen die Young Boys dasselbe Ritual durch; nur der Gang zu den Spinden entfällt.

Am 28. April 2018 ist das große Ziel erreicht, die Young Boys sind Schweizer Meister. In den Wochen danach finden mehrere Meisterfeiern statt – eine davon so, wie sich Marco Wölfli das Monate vorher vorgestellt hat: auf einer großen Bühne vor dem Bundesgebäude mitten in Bern gemeinsam mit vielen Fans (Abb. 4.4).

Unterstützend zu den Zielbildern setzen wir bei manchen Teams Armbänder ein (Abb. 4.5). Auf diesen ist eine zentrale Botschaft zu lesen, die ebenfalls positiv mit dem Ziel assoziiert wird. „Träumen fliegen lernen" steht beispielsweise auf einem roten Armband, wenn große Herausforderungen bevorstehen. Sämtliche Mitglieder des Teams tragen dieses Motto-Armband. Es ruft nicht nur die gemeinsame Vereinbarung in Erinnerung und löst entsprechende Handlungsimpulse aus, sondern demonstriert die Identifikation der Einzelnen mit dem Team.

In den vielen Jahren, in denen wir mit diesen Methoden arbeiten, haben wir die Erkenntnis gewonnen, dass übergeordnete Zielsetzungen dann eine starke Wirkung erzeugen, wenn alle Teammitglieder in den Prozess einbezogen sind. Selbst dann, wenn die große Idee bereits vorhanden und vorgegeben ist. In derartigen Settings

**Abb. 4.4** Die Meisterfeier am 20. Mai 2018 vor dem Bundesgebäude in Bern. (© Thomas Hodel)

Träumen fliegen lernen zeyr|nger

**Abb. 4.5** Motto-Armband für Teams. (© Jörg Zeyringer)

besprechen wir mit allen Beteiligten die Vision, zu der sie
ihren Assoziationen freien Lauf lassen sollen. Wir wollen
sichtbar machen und im Kollektiv besprechen, welche
Gefühle und Gedanken das Vorhaben auslöst und zu welchen Handlungsimpulsen diese führen.

Ist das große Ziel formuliert und die Beteiligten identifizieren sich damit, dann folgt der nächste Schritt, das
Vereinbaren einer Strategie (siehe Abschn. 4.4). Dieser
beschreibt den Weg, den das Team vor sich hat. Dabei
gilt es folgende Fragen zu beantworten: „Was wollen und
können wir tun, um unser Ziel zu erreichen?" und „Was
sind die wichtigsten Faktoren, auf die wir uns konzentrieren wollen?" Das Wort „müssen" vermeiden wir nach

Möglichkeit. Sie fragen sich weshalb? Zwei gewichtige Gründe spielen dabei eine Rolle, beide verdeutlichen, wie unser Gehirn funktioniert.

Jedes Mal, wenn Sie denken, dass Sie etwas tun *müssen,* setzen Sie sich unnötig unter Druck und geraten in Stress. Der zweite Grund liegt darin, dass mit jedem „Ich muss" Ihre Opferhaltung aktiviert und verfestigt wird. *Etwas* bewegt Sie zu handeln, zu reagieren. Das ist keine günstige Ausgangsposition. Wir setzen hingegen auf eine hohe Selbstwirksamkeit der einzelnen Teammitglieder, also auf die feste Überzeugung, die konkreten Vorhaben in eigener Kompetenz und Verantwortung umsetzen zu können: Das drückt sich in der Formulierung „Ich will und ich kann" aus. Aus eigenem Antrieb zu handeln, folglich selbst aktiv zu sein, führt unserer Erfahrung nach zu wesentlich besseren Ergebnissen.

Die große kollektive Idee in konkrete, individuelle Ziele zu übersetzen, fördert die Leistungsbereitschaft und beugt dem „Gimpel-Effekt" vor. Dieser beschreibt das Phänomen des sozialen Faullenzens beziehungsweise Trittbrettfahrens, das dann beobachtbar ist, wenn die individuellen Leistungen in einem Team nicht eindeutig identifizierbar oder deren Bedeutung für die Realisierung der Vision fraglich ist. Wird soziales Faullenzen bei einer Person wahrgenommen, besteht die Gefahr, dass auch andere Teammitglieder ihre Anstrengungen reduzieren, weil man nicht der „Dumme" sein und ausgenutzt werden möchte [15].

Wenn Sie Ihr Meisterteam entwickeln wollen, dann achten Sie aber nicht nur darauf, dass jede Person sinnvolle, individuelle Ziele verfolgt, sondern auch darauf, dass diese für alle anderen sichtbar sind. Sorgen Sie dafür, dass sich Ihre Teammitglieder sowohl zum gemeinsamen, übergeordneten, als auch zu den individuellen Zielen bekennen und verpflichten, und da macht es einen großen

Unterschied, ob jemand sagt, „Ich will und kann" oder „Ich muss".

Wie erarbeitet man dieses gemeinsame, übergeordnete Ziel? Wir stellen Ihnen jene Methode vor, die wir seit vielen Jahren erfolgreich einsetzen.

### Eine erfolgreiche Bank

Im Salzburger Pongau liegt das Kleinarltal. Die beiden Orte Wagrain und Kleinarl bilden die Zentren und sind zugleich das Marktgebiet der dort ansässigen Raiffeisenbank. Im Jahr 2012 initiieren der Geschäftsleiter Gerhard Bayer und der Vorstandsvorsitzende Felix Berger ein Organisationsprojekt, in dem eine Vision und ein Leitbild für die Bank erarbeitet werden sollen. Jörg trifft sich mit beiden zu einem ersten Meeting. Es wird besprochen, was eine große Idee zu leisten vermag und wie das Projekt strukturiert sowie terminiert werden könne. Um eine möglichst hohe Identifikation mit dem gemeinsamen, übergeordneten Ziel herzustellen, werden nicht nur die Mitarbeiter der Bank in das Projekt eingebunden, sondern auch die jeweils fünf Vorstände und Aufsichtsräte.

Einige Tage später treffen sich 32 Personen zum Visionsworkshop im Sporthotel in Wagrain. In den Gesichtern der Frauen und Männer erkennt man unterschiedliche Gefühlslagen; bei manchen sieht man eine leichte Anspannung, bei einzelnen eine Spur Skepsis, bei den meisten aber eine Vorfreude auf das, was kommt.

Zum Einstieg gibt es einige kurze Informationen über die aktuelle Lage der Bank, ehe wir klären, worum es sich bei einem gemeinsamen, übergeordneten Ziel handelt. Dabei legen wir Wert darauf darzustellen, dass eine Vision kein Zaubertrick aus Hogwarts Zauberschule der Harry-Potter-Welt ist, der die Mitarbeiter auf magische Weise von selbst zum Ziel führt und alle beglückt, sondern dass es sich vielmehr um eine erstrebenswerte, starke, positive, emotionale Vorstellung handelt, die den Wunsch und den Mut erzeugt, das Vorhaben anzugehen. Anschließend machen wir sichtbar, welche Erfahrungen und Gedanken die Einzelnen mit einer Vision verbinden: Jeder kommt zu Wort. Dann beginnen wir die Vision zu erarbeiten.

Im ersten Schritt erhält jeder Beteiligte den Auftrag, seine persönliche Version des gemeinsamen, übergeordneten Zieles für die Raiffeisenbank Wagrain-Kleinarl zu beschreiben. Durch diese Einzelarbeit stellen wir sicher, dass die Gedanken jedes Einzelnen erfasst werden. Ab dem zweiten Schritt lautet das Motto „verdoppeln" (Abb. 4.6); wir bilden sechzehn Duos. Diese haben die Aufgabe, aus den zwei individuellen Ansätzen eine gemeinsame Vision, die für beide erstrebenswert ist, zu erarbeiten. Danach

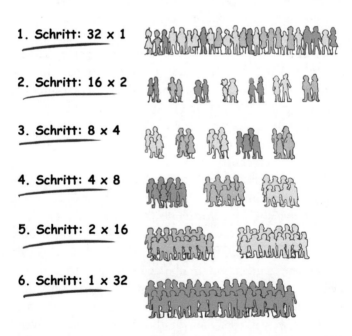

1. Schritt: 32 × 1

2. Schritt: 16 × 2

3. Schritt: 8 × 4

4. Schritt: 4 × 8

5. Schritt: 2 × 16

6. Schritt: 1 × 32

**Abb. 4.6** Doppeln – eine Methode zur Erarbeitung eines gemeinsamen, übergeordneten Zieles. (© Claudia Styrsky)

verdoppeln wir wieder; es entstehen acht Quartette. Der Auftrag ist wieder derselbe: Aus zwei mach eins. Die nächste Konstellation sieht vier Gruppen zu je acht Personen vor. Jeweils zwei Quartette schließen sich zusammen, erzählen ihre Versionen und erarbeiten wiederum eine gemeinsame Vision. Danach verdoppeln wir neuerlich; aus je zwei Achter-Gruppen bilden sich Halbgruppen zu je 16 Personen, die wiederum aus den beiden vorliegenden Versionen eine gemeinsame formulieren.

Mit diesen beiden Vorschlägen treffen sich dann nach intensiven Gesprächen alle 32 Beteiligten im Plenum und erarbeiten die Endfassung ihrer Vision: „Wir sind für alle Menschen in Wagrain und Kleinarl der unverzichtbare Partner für sämtliche wirtschaftliche Anliegen. Wir setzen Initiativen, übernehmen gesellschaftliche sowie soziale Verantwortung und sorgen für die nachhaltige Entwicklung der Lebensqualität in unserem Tal. Wir sind mehr als eine Bank" [16].

Als das Ergebnis dieses Prozesses via Beamer in großen Buchstaben auf einer Leinwand erscheint, fordern wir die Beteiligten auf, ihre Vision zu lesen, wirken zu lassen und zu erfassen, welche Gedanken und Gefühle sich dabei einstellen. Der Tenor ist eindeutig, die Einzelnen berichten, dass diese gemeinsame, übergeordnete Idee starke Bilder und positive Emotionen erzeugt. Wir sehen in den Gesichtern den Ehrgeiz, den Mut und den Stolz, diese besondere Herausforderung angehen zu wollen.

Zwei Wochen später folgt der zweite Teil des Prozesses. Wieder treffen sich die 32 Personen im Sporthotel zu einem Workshop. Diesmal wird erarbeitet, was die Mitarbeiterinnen und Mitarbeiter sowie die Vorstände und Aufsichtsräte zu tun bereit sind, damit sie sich der gemeinsamen Vision nähern. Im Fokus steht die Frage „Was wollen und können wir tun, um unsere Vision zum Leben zu erwecken?" Aus der Fülle der Ideen werden fünf

Schwerpunktthemen formuliert, die jeweils ein Projektteam bearbeitet. Dabei achten wir darauf, dass jede Person ihre individuellen Zielsetzungen und Aufträge erhält und alle anderen diese kennen. Jeder weiß, woran der andere arbeitet, und kann so Fortschritte erkennen und unterstützen. Dabei spielt das Verhalten des Teamleaders eine besondere Rolle. Es ist seine Aufgabe, jedem Einzelnen ausreichend Vertrauen entgegenzubringen und zu signalisieren: „Ich bin überzeugt, dass Du das schaffst."

Dadurch ist die Motivation der Beteiligten so hoch, dass sie die meisten Maßnahmen in den folgenden beiden Jahren erfolgreich umsetzen. Die Bank entwickelt sich einen Schritt weiter. Das bestätigen nicht nur Bilanzzahlen und Preise, die die Bank gewinnt, sondern vor allem die vielen positiven Rückmeldungen einer Kundenbefragung. Die Raiffeisenbank Wagrain-Kleinarl zählt seit Jahren zu den erfolgreichsten des Landes. Nicht nur wegen des gemeinsamen, übergeordnete Zieles, der Vision, sondern weil auch die anderen Teammerkmale positiv besetzt sind. Dem Teamleader, Gerhard Bayer, ist es gelungen, aus seiner Mannschaft ein Meisterteam zu formen.

> **Ein gemeinsames, übergeordnetes Ziel, eine Vision für das Team erschaffen – fünf wichtige Gedanken**
>
> 1. Erarbeiten Sie mit Ihrem Team die große Idee, die hinter Ihrem gesamten Wirken steht. Haben Sie den Mut, etwas zu beschreiben, das größer ist als jeder Einzelne von Ihnen.
> 2. Verknüpfen Sie Ihre Vision mit starken Bildern und verbinden sie diese mit positiven Emotionen. Lassen Sie Ihre Leute Bilder zeichnen oder Collagen erstellen.
> 3. Erarbeiten Sie jene konkreten Maßnahmen, die nötig sind, Ihre Vision zum Leben zu erwecken. Achten Sie darauf, dass jeder Einzelne genau weiß, welchen Auftrag er zu erfüllen hat.

4. Sorgen Sie dafür, dass alle anderen wissen, was das einzelne Teammitglied tut, und berichten Sie über die Fortschritte, die individuell und kollektiv gemacht werden.
5. Formulieren Sie diese individuellen Ziele mit „Ich will und ich kann" und zeigen Sie, dass Sie von der Umsetzung überzeugt sind.

## 4.2   Einen starken Zusammenhalt und eine positive Kommunikation entwickeln

Wir haben in den vielen Jahren, in denen wir mit Teams in verschiedenen Settings arbeiten, ein Erfolgsgeheimnis identifiziert und immer wieder erlebt. Es zeigt sich in einer Kultur des Zusammenhalts und Vertrauens. Teams sind dann besonders erfolgreich, wenn die Mitglieder sich verbunden fühlen und jeder bereit ist, sich für den anderen in Bewegung zu setzen. Dieser Zusammenhang von Leistungsstärke und Zusammenhalt eines Teams ist gut untersucht und oftmals belegt [17]. Zum Ausdruck kommt dies beispielsweise dann, wenn Teammitglieder bereit sind, den Fehler eines anderen auszubessern, ohne lange darüber zu diskutieren, oder wenn eine positive Kommunikation dafür sorgt, dass auch die Unsicheren im Team an Stabilität gewinnen. Beobachtbar ist diese Verbundenheit in jedem Team, unabhängig von der Branche. Besonders gut sichtbar ist der Zusammenhalt während eines Fußballspieles. Es ist für Zuschauer sowohl im Stadion als auch vor den Fernsehgeräten einfach zu erkennen, ob einzelne Spieler bereit sind, für andere zu laufen und punktuell deren Aufgaben zu übernehmen.

In Frankfurt ist das zurzeit der Fall, das erleben die Fans Woche für Woche. Natürlich berichten die Medien und sprechen die Fans über die Torschützen häufiger, aber für Adi haben die Stürmer keinen höheren Stellenwert. Für ihn sind Spieler wie der „Stratege" Makoto Hasebe, „Dauerbrenner" Filip Kostic, die „Abräumer" Gelson Fernandes und Sebastian Rode, die sich für die „Drecksarbeit" nicht zu schade sind, genauso wichtig für den Gesamterfolg, weil es das Mannschaftsgefüge ist, das entscheidet. Deshalb anerkennt und bespricht Adi sowohl die Tore seiner Stürmer, aber auch die vielen Sprints, die Danny da Costa auf der rechten Seite während eines Spiels abspult. Bei jeder Analyse hebt Adi die individuellen Leistungen hervor, die dafür sorgen, die Spielidee umzusetzen und weiterzuentwickeln. Dadurch setzt er den Anreiz, dass seine Profis eben diese Fähigkeiten in ihren Fokus stellen und sie weiter zu entwickeln vermögen.

Wie Ziele und Herausforderungen das Antriebssystem in unserem Betriebssystem aktivieren, so regeln der Umgang miteinander und die kollektive Verbundenheit das Beruhigungs- und Versöhnungssystem. Die menschlichen Motivationssysteme schalten ab, wenn keine Möglichkeit auf soziale Zuwendung besteht, und springen an, wenn Vertrauen und Respekt, Unterstützung und Anerkennung den Alltag beherrschen. Treffend drückt es Philip Streit, einer der Vordenker der Positiven Psychologie im deutschsprachigen Raum, aus: „Wenn's da guat geht, dann bringst mehr z'amm."

Dies ist freilich keine neue Erkenntnis, sind es doch zwei Ebenen, die für gelingende Interaktionen zwischen Menschen verantwortlich sind. Auf der Sachebene laufen dabei die bewussten Denkprozesse. Hier geht es vor allem um das „Was wollen wir?" oder um das „Worum geht es?", also um die inhaltlichen Aspekte. Diese können in Worten recht einfach mitgeteilt werden. In diese Ebene gehört das gemeinsame, übergeordnete Ziel, die Vision eines Teams.

Das ist die eine Seite der Medaille. Die zweite regelt den Umgang miteinander. Auf der Beziehungsebene geht es um die emotionalen Informationen. Hier findet das Fühlen statt, das weniger mit Worten als vielmehr über die Körpersprache und den Tonfall unserer Stimme ausgedrückt wird. Deshalb beobachtet Adi seine Spieler in den Besprechungen aufmerksam. Er achtet darauf, wie sie seinen Worten folgen, auf Blick, Mimik und Körperspannung.

Die Fragen „Wie gehen wir miteinander um?" oder „Wie stehen wir zueinander?" treten in den Vordergrund. Die Art und Weise, wie in einem Kollektiv miteinander umgegangen wird, ist deshalb so wichtig, weil das Gefühl, unfair behandelt, zurückgewiesen oder gar übersehen zu werden, bei den Betroffenen Schmerzen verursacht und sich negativ auf deren Leistungsbereitschaft und Leistungsfähigkeit auswirkt. Die Fokussierung auf das Ziel ist gestört und kann sogar verlorengehen. Erleben Menschen jedoch ernstgemeinte Unterstützung, indem man sich gegenseitig ermutigt und beisteht, dann gewinnen sie Lust am Tun und schaffen die Voraussetzung, um über sich selbst hinauszuwachsen.

Diese Ebene ist für die Identifikation und die Motivation in einem Team zumindest ebenso wichtig wie das gemeinsame, übergeordnete Ziel. Je stabiler und vertrauter, offener und reflektierter die Beziehungen der einzelnen Mitglieder sind, desto tatkräftiger ist ein Team. So schaffen es die Gefährten in *Herr der Ringe* tatsächlich, den Ring zu vernichten, und es entwickeln sich zusehends freundschaftliche Beziehungen, so unterschiedlich die Charaktere zunächst erscheinen mögen. Deshalb empfehlen wir, die wichtigsten Werte einer Teamkultur sowie einige wesentliche dazugehörige Verhaltensweisen zu erarbeiten.

Die Mitglieder eines Teams positionieren sich eben nicht nur um ein gemeinsames, übergeordnetes Ziel, sondern ebenso um die Art und Weise, wie miteinander umgegangen wird. Im Zentrum der konzentrischen Kreise befindet sich nun die Kultur, um die sich die einzelnen Teammitglieder, je nach empfundener Attraktivität, platzieren. Dabei symbolisieren die Vektoren wiederum, wie sich eine Person mit der Kultur im Team identifiziert und wie stark sie motiviert ist, sich entsprechend zu verhalten. Dabei verstehen sich die Vektoren neuerlich umgekehrt proportional zur ihrer Länge. Je kürzer, also je näher der gemeinsamen Mitte, desto höher sind sowohl Identifikation als auch Motivation. Auch diesbezüglich sind unterschiedliche Positionierungen völlig normal, was wiederum gruppendynamisch von Bedeutung ist. Entscheidend ist, dass alle Vektoren nach innen zeigen. Abb. 4.7 verdeutlicht das.

Wie das gemeinsame, übergeordnete Ziel können auch die Kultur und der Umgang in einem Team mit der bereits vorgestellten Methode der konzentrischen Kreise sichtbar gemacht und besprochen werden.

Es geht in einem Team also auch darum, wie der Umgang miteinander erlebt wird. Dabei entfaltet ein Kollektiv seine volle Wirksamkeit nicht, indem versucht wird, Mitglieder zu verändern, sondern dadurch, dass sich die einzelnen Personen positiv begegnen, gemeinsam positive Momente schaffen und so ein positives Klima im Sinne eines starken Zusammenhalts und einer positiven Kommunikation prägen. Es geht um das Erleben von positiven Emotionen. Sie erinnern sich: „Wenn's da guat geht, dann bringst mehr z'amm."

**Emotionen – sie bewegen uns**
Emotionen sind innere Gemütsbewegungen, die nach Intensität und Dauer in Abhängigkeit von der individuellen Persönlichkeit unterschiedlich erlebt und ausgedrückt

**Abb. 4.7**  Ein Team bildet gemeinsame Werte aus. (© Claudia Styrsky)

werden und mit körperlichen Empfindungen einhergehen [18]. Treffend drückt es der Volksmund aus, wenn es heißt „Das Herz hüpft vor *Freude*", „Der *Angstschweiß* steht auf der Stirn", „Man ist kreidebleich vor *Schreck*", „hochrot vor *Zorn*" oder „lässt *traurig* die Schultern hängen".

Gefühle sind entweder bewusst oder unbewusst mit Vorstellungen von etwas Erstrebenswertem oder von etwas zu Vermeidendem verbunden und tragen eine Information in sich. Emotionen erfüllen drei wesentliche Funktionen. Erstens informieren sie über unsere Bedürfnisse und Wünsche. Lassen Sie uns das an drei einfachen Beispielen verdeutlichen. Stellen Sie sich vor, ein Teammitglied, das Sie sehr schätzen, kommt nach einer längeren Auszeit, einem Sabbatical, zurück ins Team. Wahrscheinlich freuen Sie sich, weil Ihr Bedürfnis nach Kontakt befriedigt wird. Wenn Sie aber ein Kollege aus Ihrem Team kritisiert und Sie diese Rückmeldung als unberechtigt erachten, dann ärgern sie sich, weil Ihr Wunsch nach gerechter Behandlung nicht erfüllt ist. Und nun stellen Sie sich vor, dass Sie mit Ihrem Team ein herausforderndes, langwieriges Projekt erfolgreich abgeschlossen haben. Ihr Antriebssystem stellt aller Voraussicht nach die Emotion der Zufriedenheit zur Verfügung, weil Ihr dahinter liegendes Bedürfnis nach Erfolg befriedigt ist. Hinter jeder Emotion steht also ein Bedürfnis.

Zweitens regulieren Emotionen unser Verhalten, um die dahinter liegenden Bedürfnisse zu befriedigen und zu schützen. Gefühle beeinflussen, was wir tun oder nicht tun, sie sind wesentlicher Bestandteil unserer Motivation. Deshalb verknüpfen wir große Ziele mit Bildern, die möglichst positiv besetzt sind. Jede Emotion verursacht einen Handlungsimpuls. Stellen Sie sich vor, ein Mitglied Ihres Teams schenkt Ihnen etwas oder Sie haben mit etwas Glück eine wichtige Aufgabe erfüllt. Der Handlungsimpuls, der möglicherweise daraufhin folgt, sorgt dafür, dass Sie sich erkenntlich zeigen wollen, dankbar oder demütig sind. Das ist der Beweggrund, weshalb die meisten Torschützen unmittelbar nach dem Treffer auf jenen Mitspieler zulaufen, dabei sogar oft auf diesen zeigen, der den entscheidenden Pass geschlagen hat. Sie fühlen sich diesem in dem Moment in besonderem Maße verbunden. Dadurch werden die sozialen Bindungen im Team gefestigt, dafür sorgt das Versöhnungssystem.

Wenn Sie sich hingegen auf unsicherem Terrain befinden, weil Sie mit Ihrem Team eine völlig neue Aufgabe übernehmen, von der Sie annehmen, dass dabei diverse Gefahren auf Sie und Ihre Mannschaft warten und Sie Verluste befürchten müssen, dann wäre es nicht verwunderlich, wenn Sie Befürchtungen hätten oder sogar Angst verspürten. Diese Emotionen versetzen Ihr Bedrohungssystem in Alarmbereitschaft, Ihr Fokus wird eng und Ihre Optionen bestehen darin, zu kämpfen oder zu fliehen: Wir sprechen vom *fight-or-flight*-Syndrom.

Und stellen Sie sich nun vor, Sie bewältigen diese neue Aufgabe, weil Sie sie spielerisch angegangen sind. Sie haben neue Erfahrungen gesammelt und erleben sich wieder in sicherer, vertrauter Umgebung. Dann werden Sie sich wahrscheinlich freuen, locker drauf sein, vielleicht sogar mit einem Hang zum Übermut. Wenn wir uns auf diese Art freuen, dann fällt uns das Erwerben von neuen Fähigkeiten, das Lernen leichter. Emotionen steuern also unser Verhalten. Deswegen achtet Adi darauf, möglichst schnell eine positive Beziehung zu seinen Spielern aufzubauen.

Die dritte Funktion, die unsere Emotionen übernehmen, besteht darin, dass sie über unseren inneren Zustand informieren. Wir drücken unseren Gefühlszustand durch die Modulation unserer Stimme und durch unsere Körpersprache aus. So haben unsere Mitmenschen die Chance, diesen zu erkennen und sich darauf einzustellen. Das gilt natürlich nur, wenn wir unseren Körper „sprechen" lassen. Wer sich hinter einem Pokerface versteckt, will sich nicht „in die Karten schauen lassen".

Auf drei Besonderheiten möchten wir noch hinweisen. Erstens: Wir speichern erlebte Gefühle; sie brennen sich sozusagen in unser emotionales Gedächtnis ein. Selbst Erlebnisse, an die wir uns gar nicht mehr erinnern können, beeinflussen uns noch Jahre später.

Zweitens: Je neuartiger emotionale Zustände sind, desto intensiver werden sie erlebt. Je häufiger sich ein und dieselbe Emotion wiederholt, desto geringer wird

ihre Intensität. Wir scheinen gegenüber Ereignissen abzu-
stumpfen, die uns früher positiv oder negativ besonders
erregt haben. Das hat, wenn wir an negative Emotionen
denken, durchaus Vorteile. Der Gang zum Zahnarzt wird
so mit jedem Mal etwas erträglicher und einfacher. Wenn
wir allerdings an all die schönen Dinge denken, ergeben
sich leider Nachteile. Es gibt eben keine Möglichkeit der
Wiederholung des *ersten Mals*. Deshalb stehen Leader vor
der Herausforderung, in der Entwicklung und Führung
ihrer Teams von Zeit zu Zeit neue Impulse zu setzen.

Drittens: Emotionen sind in unserem Gehirn samt
den dazugehörenden Verhaltensimpulsen schneller als
das bewusste Denken. Das erleben Adi und 50.000 Fans
am Abend des 7. März 2019 in der Commerzbank Arena
während des Achtelfinales gegen den italienischen Spitzenclub Inter Mailand. Das Match ist von Anfang an hart
umkämpft, die Italiener haben Vorteile und drücken
auf das 1:0. In der 21. Minute heizt sich die Stimmung
zusätzlich auf. Gelson Fernandes attackiert Lautaro Mar-
tinez im Strafraum, berührt ihn leicht und der Spieler von
Inter Mailand fällt theatralisch. Der schottische Schiedsrichter William Collum pfeift zum Entsetzen der Frankfurter Elfmeter. Das hat wütende Proteste zur Folge, die
jedoch vergebens sind. Das Duell lautet Kevin Trapp
gegen Marcelo Brozovic, der einen kurzen Anlauf wählt
und den Ball scharf in Richtung linkes Tormanneck knallt.
Als hätte er es geahnt, hechtet Trapp in die richtige Ecke,
streckt sich, wird länger und länger und wehrt den Ball
mit den Fingerspitzen ab. Es steht weiter 0:0, das Spiel
jedoch wird zunehmend feuriger. In der 52. Minute foult
foult Danilo D'Ambrosio Sébastien Haller im Strafraum.
Wohl die meisten im Stadion rechnen mit einem Pfiff des
Unparteiischen. Zur Enttäuschung der Frankfurter bleibt
dieser jedoch aus. Als Adi sieht, dass Collum weiterspielen

lässt, übernehmen die Emotionen das Kommando. Adi tritt voller Ärger und Unverständnis gegen eine Wasserflasche aus Plastik, die am Rande der Coachingzone steht. Das Wasser spritzt mit voller Wucht in alle Richtungen und verdeutlicht, wie es in diesem Moment im Inneren von Adi aussieht. Als ihm bewusst wird, was er da gerade gemacht hat, stürmt Schiedsrichter Collum bereits energisch auf ihn zu und verweist ihn auf die Tribüne (Abb. 4.8). In der Presskonferenz erzählt Adi, „dass ihm die Bilder", die er über sich gesehen hat, „nicht gefallen haben", und entschuldigt sich für dieses Verhalten. Das Spiel endet 0:0, Adi wird für das Rückspiel in Mailand gesperrt und verfolgt den Aufstieg in das Viertelfinale von der Tribüne aus.

Sollten Sie jetzt denken, dass Ihnen das nicht passieren könnte, dann stellen Sie sich vor, Sie spazieren durch einen Wald, dessen Boden aus Moosen und Farnen besteht.

**Abb. 4.8**  Adi Hütter tritt den harten Gang auf die Tribüne an. (© Heiko Becker/HMB Media/picture alliance)

Sie achten nicht besonders darauf, wohin Sie gehen, und haben den Weg schon lange verlassen. Gerade als Sie den nächsten Schritt machen, sehen Sie aus den Augenwinkeln unmittelbar vor Ihnen zwischen den Gräsern etwas Geschlängeltes: bräunlich, einen guten Meter lang und etwa daumendick. Ihr Herz-Kreislauf-System leitet innerhalb von Millisekunden eine Zusatzportion sauerstoffhaltiges Blut in Ihre Beine und Ihre Nebennierendrüsen produzieren eine Extraeinheit Cortisol. So ist es Ihnen möglich, mit einem überaus hohen, weiten Sprung über dieses geschlängelte Etwas zu hüpfen und sich in Sicherheit zu bringen. Erst danach realisieren Sie, dass Schlangen keine Astlöcher haben, und Ihr System beruhigt sich wieder. Emotionen brausen samt ihren Handlungsimpulsen quasi auf einem Highway in einem Mercedes-AMG GT Coupé durch unser Gehirn, während das bewusste Denken mit einem Waldweg und einem Traktor vorliebnehmen muss. Dieses Prinzip hat sich in der Evolution bewährt, weil es unseren Vorfahren oftmals das Leben gerettet hat. Das ist der Grund, warum Teammitglieder von Zeit zu Zeit „aufbrausen" und ihre Emotionen nicht im Griff haben. Gut zu beobachten ist das beim Torjubel im Profifußball. Jeder Spieler weiß, dass er verwarnt wird, wenn er sich das Trikot vom Leibe reißt (Sachebene). Unmittelbar nach dem erzielten Treffer sind die Emotionen (Beziehungsebene) jedoch um vieles schneller als das bewusste Denken und noch ehe realisiert werden kann, was genau passiert ist, sieht der Spieler die gelbe Karte.

### Das Besondere an positiven Emotionen

Während negative Emotionen unsere Sicht im Hinblick auf Handlungsalternativen trüben, schaffen positive Gefühle das Gegenteil. Sie erweitern Bewusstsein sowie Horizont und sorgen für einen klaren Blick auf mögliche Denk- und Handlungsspielräume. Barbara Fredrickson, eine der führenden Persönlichkeiten in der Positiven Psychologie, ist überzeugt, dass positive Emotionen „unsere Herzen und unseren Geist öffnen, sodass wir empfänglicher und kreativer werden" [19]. Wir möchten das anhand einer Erfahrung veranschaulichen.

Jörg begleitet 2013 als externer Coach die Schließung des Kaiserin-Elisabeth-Spitals in Wien. Hunderte Frauen und Männer stehen vor der Herausforderung, sich in anderen Krankenhäusern der Stadt zu bewerben und neue Arbeitsstellen zu übernehmen. Die Aufgabe von Jörg besteht darin, den Teammitgliedern zu helfen, sich mit ihren Emotionen auseinanderzusetzen und sich von ihrer beruflichen Heimat zu verabschieden. Diejenigen, die in einer Zorn- beziehungsweise Trauerphase hängen bleiben, also von Wut und Trauer geprägt und in negativen Gefühlen verhaftet sind, haben Probleme, neue Arbeitsplätze zu finden. Ihr Blick ist von den negativen Emotionen getrübt. Die Mitarbeiter aber, die die Schließung letztlich als unumstößlich akzeptieren und ihre Gedanken und Gefühle nach einiger Zeit wieder in eine positive Richtung lenken, finden schnell neue Arbeitsplätze und können oft aus mehreren Möglichkeiten auswählen.

Positive Emotionen sorgen für eine gehobene Stimmung. Diese beschreibt einen Zustand, indem man dem Leben in all seinen Facetten aufgeschlossen entgegentritt und sich stärker auf die Möglichkeiten konzentriert als auf das Bedrohliche. Es ist ein wenig so wie in der Musik. Ein gemeinsamer Bekannter von uns ist Clemens Hagen. Er zählt zu den besten Cellisten weltweit und tritt sowohl als Solist als auch mit dem Hagen-Quartett auf. Er spielt auf einem außergewöhnlichen Cello von Antonio Stradivari aus dem Jahr 1698. Clemens Hagen würde natürlich nie vergessen, sein Instrument vor einem Auftritt zu stimmen. Ohne gute Stimmung vermöchte auch er kein gutes

Konzert zu spielen. Ähnlich verhält es sich im Zusammenhang von Psyche und Leistung. Dies ist wissenschaftlich gut abgesichert: Eine positive Einstellung signalisiert nicht nur Erfolg und Gesundheit, sondern sie verursacht auch beides [20].

### Positive versus negative Emotionen – ein Test

Möchten Sie den Unterschied von positiven und negativen Emotionen, den wir gerade beschrieben haben, erleben? Wir schlagen Ihnen dazu einen einfachen Test vor, den sogenannten Muskeltest. Dieses aus der angewandten Kinesiologie stammende Verfahren geht davon aus, dass die Muskelspannung eine Rückmeldung über den funktionellen Zustand des Körpers liefert [21]. Eine weitere Annahme besteht darin, dass ein starker Muskel einem gewissen Druck, der auf ihn ausgeübt wird, standhält, ein schwacher Muskel jedoch nachgibt.

Für den Test brauchen Sie die Hilfe einer zweiten Person. Diese hat in zwei Durchgängen jeweils die gleiche Aufgabe, nämlich mit gemäßigter Kraft Ihren ausgestreckten stärkeren Arm am Handrücken mit den Fingern nach unten zu drücken. Sie stehen sich also gegenüber. Noch hängen Ihre beiden Arme nach unten. Ehe Sie den ersten Durchgang starten und Ihr Helfer Ihren stärkeren Arm nach unten drückt, schließen Sie die Augen und tauchen in negative Emotionen ein. Das gelingt Ihnen, indem Sie an ein starkes negatives Erlebnis oder Ereignis denken. Das kann ein großer Misserfolg sein, den Sie erfahren, eine ungerechtfertigte Kritik, die Sie erhalten, oder ein schmerzvoller Verlust, den Sie erlitten haben. Lassen Sie sich auf die negativen Gefühle ein und spüren Sie diese. Wenn Sie merken, dass sich die negativen Emotionen in Ihrem Körper ausgebreitet haben, dann strecken Sie Ihren stärkeren Arm aus und Ihr Partner beginnt am Handrücken nach unten zu drücken. Ihre Aufgabe dabei besteht darin zu spüren, wie viel Widerstand Sie leisten können, wie kraftvoll Ihre Armmuskeln in dieser Situation sind (Abb. 4.9). Machen Sie danach eine kurze Pause, ehe Sie sich für den zweiten Durchgang vorbereiten.

Dieser besteht aus den gleichen Schritten wie der erste. Nur versetzen Sie sich nun in eine möglichst starke positive Stimmung. Denken Sie jetzt an ein wunderschönes Ereignis; beispielsweise an etwas, das Sie gemeinsam mit einem geliebten Menschen erlebt, an einen großen Erfolg, den Sie gefeiert haben, oder an die Menschen, die Sie lieben. Lassen Sie sich auch diesmal voll auf die vielen starken positiven Gefühle ein und spüren Sie, wie diese Ihren Körper durchfluten. Wenn Sie so weit sind, dann strecken Sie wiederum Ihren stärkeren Arm aus und Ihr Partner beginnt erneut, Ihren Handrücken nach unten zu drücken. Wie gelingt ihm das jetzt? Wie viel Kraft haben Sie nun in Ihren Armmuskeln zur Verfügung? Welchen Widerstand sind Sie jetzt zu leisten imstande?

**Abb. 4.9** Negative Gedanken rauben Energie. (© Friederike Zeyringer)

Wenn Sie diese beiden Durchgänge vergleichen, werden Sie erlebt haben, dass Sie beim ersten Mal, als negative Gedanken im Fokus standen, weniger Widerstand leisten konnten und Ihr Helfer Ihre Hand nach unten drücken konnte, so wie in Abb. 4.9 zu sehen.

Beim zweiten Mal hingegen, als Sie sich „aufgeladen" haben und positive Emotionen Ihren Zustand beeinflussten, wird es Ihrem Vis-à-vis wesentlich schwerer gefallen sein, Ihren Arm nach unten zu drücken, da Sie deutlich mehr Kraft zum Dagegenhalten hatten. Vergleichen Sie dazu den Gesichtsausdruck von Adi auf den beiden Bildern. Seine Mimik drückt seine positive und kraftvolle innere Haltung, die ihn seit vielen Jahren auszeichnet, deutlich aus. Das Fazit: Jörg kann die Hand nicht nach unten drücken (Abb. 4.10).

Zwar ist der Muskeltest kein wissenschaftlicher Versuch und seine Wirkung beruht nicht auf anerkannten naturwissenschaftlichen und medizinischen Erkenntnissen, aber die Ergebnisse sind meist verblüffend. Sie zeigen die unterschiedliche Wirkung von positiven und negativen Emotionen deutlich auf.

**Abb. 4.10** Positive Gedanken geben Kraft. (© Friederike Zeyringer)

Relevant wird diese Wirkung im Zusammenhang mit einer weiteren Besonderheit von Emotionen. Sie sind ansteckend; das bedeutet, dass die eigene emotionale Befindlichkeit von der Verbindung zu anderen Personen abhängt. Das als „offene Schleife" angelegte limbische System (unser emotionales Zentrum) hat sich im Laufe der Evolution deshalb durchgesetzt, weil es Menschen die Möglichkeit eröffnet, einander emotional zu unterstützen. Das ist eine Aufgabe des Beruhigungs- und Versöhnungssystems. Emotionen können sich ausbreiten wie Viren. Wahrscheinlich haben Sie selbst schon erlebt, wie ansteckend es sein kann, wenn jemand herzhaft lacht. Die Forschung zeigt, dass emotionale Ansteckung zu Übereinstimmung von Befindlichkeiten in Partnerschaften und Teams zu führen vermag [22]. Auf diese Weise kann entweder eine positive Aufwärts- oder eine negative Abwärtsspirale entstehen. Beide wirken sich sowohl auf die Leistungsbereitschaft, die Motivation als auch auf die Leistungsfähigkeit eines Teams aus. Eine Aufwärtsspirale gibt Kraft und Zuversicht. Ein Team wächst über sich hinaus, denn „Wenn's läuft, dann läuft's." Eine Abwärtsspirale hingegen raubt Energie und führt in Richtung Lähmung; keine günstige Voraussetzung für erfolgreiches Handeln.

Trotz der eindeutigen Vorteile, die positive Emotionen bieten, ist eine gewisse Achtsamkeit im Umgang mit ihnen hilfreich. Nämlich dort, wo Gefühle in zu hoher Intensität auftreten. Wir haben bereits festgestellt, dass Freude einen Impuls auslöst, der zu einem lockeren, spielerischen Verhalten führt. In übersteigerter Form kann dies aber auch Übermut und Euphorie bewirken. In diesem Zustand leidet die Konzentration, man verliert das eigentliche Ziel eher aus den Augen und handelt dadurch womöglich weniger effektiv. Aktuelle Forschungsergebnisse bestätigen: Wer stark erregt ist, und das gilt sowohl für positive als auch für negative Emotionen, denkt einspurig und hat

Schwierigkeiten Kontextinformationen zu erfassen; das wirkt sich sowohl auf das Entscheiden, das Verhalten als auch auf das Erinnern aus [23].

**Denken, fühlen, handeln – ein einfacher Zusammenhang**

Wenden wir uns nun der Frage zu, wer oder was unsere Emotionen auslöst. Im Wesentlichen sind es drei Faktoren, die dafür verantwortlich sind: erstens unsere Gedanken, zweitens unsere Handlungen sowie Erlebnisse und drittens jene Emotionen, die bereits vorhanden und „im Spiel" sind (Abb. 4.11). Der Zusammenhang von

**Abb. 4.11** Untrennbar miteinander verbunden. (© Claudia Styrsky)

Denken, Fühlen und Handeln stellt eines der wichtigsten Modelle dar, mit denen wir in der Entwicklung von Teams arbeiten. Es zeigt, wie das Gehirn unser Verhalten steuert und über welche Möglichkeiten wir verfügen, uns selbst und andere zu beeinflussen oder zu steuern.

Betrachten wir dieses Modell etwas näher. Beginnen wir beim Denken. Der Psychologe und Verhaltenstherapeut Jens Corssen bringt es auf den Punkt, indem er sagt: „Unsere Gedanken bestimmen unser Schicksal." Er bezieht sich damit auf eine Passage aus dem Talmud, in der es heißt:

> „Achte auf deine Gedanken, denn sie werden zu Worten.
> Achte auf deine Worte, denn sie werden zu Taten.
> Achte auf deine Taten, denn sie werden zu Gewohnheiten.
> Achte auf deine Gewohnheiten, denn sie werden dein Charakter.
> Achte auf deinen Charakter, denn er bestimmt letztendlich dein Schicksal." [24]

Was immer Sie denken, es wirkt sich sowohl auf Ihre Gefühlslage als auch auf Ihre Handlungen aus; zumindest darauf, wie sie diese ausführen.

Denken Sie an ein richtig großes Misserfolgserlebnis aus Ihrer Vergangenheit, tauchen Sie ein in Ihre Erinnerungen an diese Niederlage. Beobachten Sie sich selbst, während Sie diesen Gedanken nachhängen. Welche Gefühle nehmen Sie wahr? Wie fühlen sich diese an und wo in Ihrem Körper spüren sie diese? Welche Handlungsimpulse werden ausgelöst? Ist Ihnen Ihr Misserfolg noch heute unangenehm? Oder sind die Gefühle sogar stärker und Sie schämen oder ärgern sich immer noch über Ihr Versagen? Und was würden Sie gerne tun? Vielleicht möchten sie die Zeit zurückdrehen und anders handeln? Oder in einer ähnlichen Situation beweisen, dass Sie es doch können? Merken Sie, wie diese Gedanken Sie in eine bestimmte Richtung führen? Wenn Ihnen dies am Beispiel eines Misserfolgs schwerfällt, dann denken Sie einfach an den Ihnen unangenehmsten Menschen in Ihrem sozialen Umfeld; das klappt meistens.

Denken Sie nun an etwas Schönes; an erfolgreiche Erlebnisse, die Sie bereits hatten, an geliebte Menschen oder an großartige Vorhaben, die noch vor Ihnen liegen. Was spüren Sie, wie fühlt es sich an und was würden Sie gerne unternehmen?

Sie sehen, egal was und woran Sie denken, es beeinflusst Ihre Gefühle und erzeugt Handlungsimpulse in die eine oder andere Richtung.

Stellen wir nun das Fühlen an den Beginn. Stellen Sie sich vor, Sie befinden sich mit Ihrem Partner oder Ihrer Partnerin in der Küche und bereiten gemeinsam ein Essen zu. Im Hintergrund ertönt aus dem Radio leise Musik. Ein Titel geht zu Ende und ein neuer Song beginnt. Plötzlich erkennen Sie, dass das „Ihr" Lied ist, bei dem Sie sich zum ersten Mal geküsst haben. Wahrscheinlich spüren sie augenblicklich eine emotionale Veränderung. Diese Melodie versetzt Sie in eine positive Stimmung; vielleicht spüren Sie die Schmetterlinge im Bauch wieder. Diverse Erinnerungen und Bilder geistern durch Ihren Kopf, Sie spüren, dass irgendetwas anders ist und nehmen den Impuls wahr, Ihren Partner oder Ihre Partnerin zu umarmen und zu küssen.

Beim dritten Element, dem Handeln, verhält es sich nicht anders. Seit unserer ersten Zusammenarbeit im Herbst 1998 gehen wir regelmäßig spazieren. Speziell dann, wenn wir wichtige Themen oder schwierige Fragen zu besprechen und zu bearbeiten haben. Wenn wir miteinander telefonieren und einen Arbeitstermin vereinbaren, dann ist eine der häufigsten Aussagen von uns beiden „Ja, gehen wir spazieren".

Wahrscheinlich kennen Sie das selbst. Wer vor einer kniffligen Aufgabe sitzt und merkt, dass sich keine Lösungsmöglichkeiten einstellen, der sollte nicht länger sitzen bleiben, sondern aufstehen, um spazieren zu gehen oder zu laufen. Dabei kommt das Gehirn in Bewegung, denn unsere Gedanken spiegeln ja unsere Haltung wider. Also beeinflusst auch die Körperhaltung unser Denken und Fühlen; sind wir in Bewegung, können neue Gedanken ins Bewusstsein kommen. Dies wiederum wirkt sich auf den emotionalen Zustand aus. Wer körperlich etwas getan hat, fühlt sich in der Regel gut.

Dieses Modell, Denken, Fühlen und Handeln in einen Zusammenhang zu stellen, hilft zum einen zu verstehen, dass es nicht die Ereignisse an sich sind, die bestimmen, wie wir „drauf" sind, sondern vielmehr die Interpretation dieser Geschehnisse und die daraus resultierende innere Haltung, also unsere Gedanken, Vorstellungen und Emotionen. Das bedeutet keinesfalls, „alles im Griff zu haben", das ist nicht möglich. Niederlagen, Misserfolge und Schicksalsschläge gehören zum Leben. Dieses Modell bietet jedoch eine Möglichkeit, selbstbestimmt und selbstverantwortlich damit umzugehen, und zeigt, dass wir unsere innere Haltung selbst wählen können.

Zum anderen stellt dieses Modell den Schlüssel zu einem starken Teamgeist dar, denn was ist er anderes, als das, was die Einzelnen denken, fühlen und wie sie handeln? Dieser Spirit beschreibt somit jene besondere Fähigkeit, die zumindest im Sport oftmals über Sieg oder Niederlage entscheidet: die Mentalität des Teams.

Studien aus der Sozialpsychologie beschreiben ein Phänomen, das auch aus der Gruppendynamik bekannt ist. Die Mitglieder eines Kollektivs verfolgen das Ziel, ebenso zu denken, zu fühlen und zu handeln wie die anderen

Teammitglieder, auch wenn ihnen das oft nicht bewusst ist. Das stärkt die Identität und macht den Teamgeist sichtbar [25].

## 5 Bausteine für einen starken Zusammenhalt im Team

Durch die Entdeckung der Motivations- und Belohnungssysteme im Gehirn wurde eine Grundannahme des menschlichen Verhaltens revidiert. Lange Zeit war man der Meinung, dass der biologische Antrieb des Lebens in der Hauptsache im Kampf und in der Konkurrenz liege. Das hohe Aggressionspotenzial der Spezies Mensch schien diese Vermutung zu bestätigen.

Forschungen der Neurobiologie fördern jedoch andere Erkenntnisse zu Tage. Unsere Motivation richtet sich demnach weniger auf Kampf und Konkurrenz als vielmehr auf gelingende zwischenmenschliche Beziehungen. Die meisten streben danach, in einer Gemeinschaft Anerkennung, Zuwendung und Wertschätzung zu erfahren und zu geben: Das ist ein wesentlicher Teil unseres Beruhigungs- und Versöhnungssystems. Menschen streben nach guten Beziehungen zu anderen Menschen. Joachim Bauer, Universitätsprofessor für Psychoneuroimmunologie an der Universität Freiburg, schreibt in einem Vorabdruck zu seinem empfehlenswerten Buch *Prinzip Menschlichkeit:* „Weil wir auf Bindung geeicht sind, sind wir bereit, für solche Menschen alles zu tun, ja, uns für sie aufzuopfern. Zunehmend wird deutlich: Die stärkste und beste Droge für den Menschen ist der andere Mensch" [26]. Dieser Überzeugung ist auch der Aufmerksamkeitsökonom Georg Franck, indem er feststellt: „Die Aufmerksamkeit anderer Menschen ist die unwiderstehlichste aller Drogen. Ihr Bezug sticht jedes andere Einkommen aus. Darum steht der Ruhm über der Macht, darum verblasst der Reichtum neben der Prominenz" [27].

Wir sind uns nicht sicher, ob Aufmerksamkeit tatsächlich die „unwiderstehlichste aller Drogen" darstellt, vor allem dann, wenn wir beobachten oder erfahren, was Menschen alles tun, wenn es um Geld und Macht geht [28]. Dass Beziehung und soziale Aufmerksamkeit jedoch besonders starke Motive und somit einen besonderen Antrieb für die allermeisten darstellen, davon sind wir überzeugt. Die Erfahrung zeigt uns seit vielen Jahren, dass gelingende Beziehungen ein Merkmal eines Meisterteams sind.

Für Adi stellt das in Frankfurt eine besondere Herausforderung dar, da er bei der Eintracht ein Team führt, dessen Mitglieder aus 17 Ethnien, folglich aus vielen verschieden Kulturkreisen stammen. Kleine Gesten vermögen dafür bei allen Spielern Verständnis zu erwecken. Im Frühjahr 2019 lädt Makoto Hasebe zu seinem 35. Geburtstag die Mannschaft in der Küche des Stadions zu einem Mittagessen ein. Hier bereiten die Köche seines Lieblingsrestaurants feine japanische Speisen zu. So erfährt jeder im Team etwas über ihn und seine Kultur. Und zu Adis Geburtstag im Februar 2019 gibt es eine typisch österreichische Speise, Wiener Schnitzel für alle.

Adi legt Wert darauf, dass es auch außerhalb des Trainings und der Spiele verbindende Aktivitäten gibt. Sein Motto ist: „Hinter jedem Spieler steht ein Mensch." Diesen möchte er für sich und für das Team sichtbar machen.

Joachim Bauer beschreibt fünf wesentliche Bausteine für gelingende Beziehungen, die wir als Basis für die Bildung eines starken Zusammenhalts in einem Team sehen und in unserer praktischen Arbeit seit langem nutzen [29].

### 1. Baustein: Sehen und gesehen werden

Wir haben dargestellt, dass zwei von drei Ebenen des menschlichen Betriebssystems von Emotionen beherrscht und dass zwischenmenschliche Interaktionen von Gefühlen bestimmt werden. Daher drängt sich eine Frage auf: Was will Emotion eigentlich?

Die Antwort fällt leicht. Emotion will nichts anderes als wahrgenommen werden. Deshalb ist es die erste Voraussetzung, dass jedes einzelne Teammitglied in seiner Individualität beachtet wird. Es geht um eine emotionale Balance in Beziehungen: Geben und nehmen, sehen und gesehen werden; dadurch bildet sich Vertrauen. Kommt es diesbezüglich zu Dysbalancen, reagieren Menschen darauf, indem sie ihre Motivation, sich für die Beziehung und die Sache zu engagieren, minimieren.

Joachim Bauer sieht in der Nichtbeachtung einer Person einen klassischen Beziehungs- und Motivationskiller, der oftmals kritisch-auffälliges Verhalten auslöst. Denken Sie an ein Teammeeting, in dem der Vorgesetzte mehrmals übersieht, dass sich ein zurückhaltender Mitarbeiter zu Wort meldet. Dies könnte zur Konsequenz haben, dass sich der Betroffene zurückzieht, den Gesprächen nicht mehr aufmerksam folgt und unter Umständen sogar stört, indem er Seitenunterhaltungen führt.

Erlebt der Einzelne hingegen, dass er als Subjekt mit all seinen Facetten wahrgenommen wird, erzeugt allein dieser Umstand Motivation. Freilich braucht es dafür den Mut und die Offenheit, sich als Persönlichkeit zu zeigen und sichtbar zu sein.

Für Adi stellt dieser erste Baustein eine große Herausforderung dar. Im aktuellen Kader von Eintracht Frankfurt stehen 27 Profis. Davon können elf von Beginn an spielen, sieben nehmen auf der Ersatzbank Platz; neun aber haben keine Chance auf einen Einsatz und müssen sich das Spiel von der Tribüne aus ansehen. Dazu kommt, dass mit Luka Jović, Ante Rebić und Sébastien Haller zurzeit drei Spieler durch ihre außergewöhnlichen Leistungen eine besondere Aufmerksamkeit in der öffentlichen Berichterstattung erhalten. Adis Aufgabe als Cheftrainer besteht darin, alle seine Spieler zu sehen und regelmäßig mit ihnen zu kommunizieren. Deshalb führt er gerade mit jenen, die wenig spielen und dadurch im Hintergrund stehen, Einzelgespräche, in denen er die Trainingsleistungen und damit verbundene Perspektiven anspricht. Dabei legt Adi besonderen Wert auf einen respektvollen Umgang mit diesen Profis, die wissen, dass sich ihr Cheftrainer die Entscheidungen nicht leicht macht. In erfolgreichen Phasen fallen diese Gespräche natürlich etwas leichter.

In diesem ersten Baustein für einen starken Zusammenhalt geht es also darum, sich den anderen Personen im Team konstruktiv zuzuwenden, diese mit ihren subjektiven Gefühlen, Gedanken und Handlungen bewusst wahrzunehmen, ihnen Raum zu geben und zu versuchen, sie zu verstehen. Wir erweitern damit Bauers Ansatz und sprechen von einer respektvollen Verbindlichkeit, die sich darin zeigt, selbst präsent und aufmerksam zu sein und sich auf die anderen im Team tatsächlich einzulassen.

Dafür setzen wir in Teamtrainings, so beispielsweise bei Teamworkshops für Führungskräfte der Volksbank Vorarlberg, unter anderem eine spezielle Übung ein, die aus der Positiven Psychologie stammt. Die beiden Vorstände Gerhard Hamel und Helmut Winkler, die die Bank erfolgreich und umsichtig durch herausfordernde Zeiten führen und seit den 1990er Jahren auf die Expertise von Jörg als Trainer und Coach vertrauen, legen viel Wert darauf, sich regelmäßig gemeinsam mit ihren Führungskräften wichtigen Themen zu widmen. So auch im Herbst 2017, als sich jeder der beiden Vorstände mit seinen 20 Führungskräften in einen zweitägigen Workshop zum Thema „Siegermentalität" begibt und dabei unter anderem diese Übung absolviert. Unter dem Motto „Jeden einzelnen sehen und selbst sichtbar sein" sucht sich jedes Teammitglied nacheinander fünf Kolleginnen oder Kollegen, geht auf diese zu und fordert diese jeweils auf: „Sag mir bitte etwas, das Dir an mir gefällt". Die Gefragten überlegen kurz und formulieren dann offen und authentisch zwei, maximal drei

Aspekte, die ihnen an der anderen Person gefallen. Diese hört zu und bedankt sich. Danach trennen sich die Paare und gehen entweder zur nächsten Kollegin beziehungsweise zum nächsten Kollegen, um neuerlich diese Frage zu stellen, oder werden von jemand anderem gefragt. Wir haben die Erfahrung gemacht, dass diese einfache Übung einen großen Effekt zeitigt und sich spürbar positiv auf das Klima und den Zusammenhalt in einem Team auswirkt.

Dieser erste Baustein für einen starken Zusammenhalt verlangt von jedem Teammitglied Offenheit, ein aufmerksames Beobachten und die Fähigkeit, konkrete Rückmeldungen zu geben. Dabei sollten weniger die großen, gut sichtbaren Aspekte im Fokus stehen, sondern eher die scheinbaren Kleinigkeiten.

## 2. Baustein: Gemeinsame Aufmerksamkeit

Stellen Sie sich vor, Sie beobachten ein Paar, beispielsweise eine Frau und einen Mann, in einer beliebten Einkaufsstraße. Die beiden flanieren langsam Arm in Arm, werfen immer wieder kurze Blicke in die Auslagen der vielen Geschäfte, gehen aber stetig dahin. Plötzlich bleibt die Frau stehen. Etwas in einer Vitrine hat ihre Aufmerksamkeit besonders erregt. Sie möchte näher hingehen und tendiert bereits in Richtung Schaufenster. Er zieht jedoch nicht mit, signalisiert sowohl verbal als auch körpersprachlich seine abschätzige Haltung und deutet an, weiterzugehen zu wollen. So trägt er gewiss nicht dazu bei, dass sich der Zusammenhalt des Pärchens verstärkt. Wir können vielmehr davon ausgehen, dass diese Beziehung – zumindest kurzfristig – darunter leidet.

Im zweiten Baustein geht es um das Bemühen um eine andere Person. Genauer gesagt darum, sich jenen Dingen zuzuwenden, die für die andere Person wichtig sind, für die sie sich interessiert. Joachim Bauer führt als Beispiel all jene

Vorgesetzten an, die in Besprechungen nicht konzentriert zuhören und dadurch die Loyalität ihrer Mitarbeiterinnen und Mitarbeiter verlieren.

Sich dem anderen und seinen Themen zuzuwenden, gilt selbst dann, wenn das Interesse an der Sache für einen selbst nicht oder nur mäßig ausgeprägt ist. Das ist eine elementare Form der Anteilnahme und Wertschätzung und funktioniert wie Kitt, der zwei Elemente stabil verbindet. Damit zollt man dem anderen, seinen Prioritäten und Anliegen Anerkennung, vielleicht sogar Bewunderung, und kann gemeinsam positive Momente schaffen. Das besondere Momentum dabei liegt darin, dem anderen etwas zu geben, nämlich einen symbolischen Raum sowie die ungeteilte Aufmerksamkeit.

Wir haben die Erfahrung gemacht, dass sich dieser zweite Baustein bei der Integration neuer Mitglieder in ein Team besonders gut eignet. Die Neuen bereiten sich vor und erzählen in einem Meeting Biografisches. Die anderen Teammitglieder hören aufmerksam zu und stellen interessierte Fragen. Die allermeisten reden gerne über sich selbst und die Themen, die sie als wichtig erachten. Deshalb vermittelt es ein gutes Gefühl, wenn andere daran Interesse zeigen, gut zuhören und die eine oder andere Frage stellen.

### 3. Baustein: Emotionale Resonanz

Bestimmt kennen Sie einige Sitcoms. Dabei ist Ihnen sicherlich aufgefallen, dass parallel zur Handlung immer wieder das Hintergrundlachen eines Publikums eingespielt wird. Die Forschung zeigt, dass die Zuschauer Pointen als besonders witzig erleben, wenn sie andere lachen hören, denn das steckt an, Emotionen stecken an, auch unbewusst. Das kann dazu führen, dass in einem Team unbemerkt ein Klima der Euphorie oder der Missstimmung entsteht, das sich wiederum auf die Motivation der Mitglieder auswirkt [30]. Wie schon erwähnt, nennt Barbara Fredrickson dieses Phänomen „Aufwärts-beziehungsweise Abwärtsspirale".

Emotionale Resonanz meint nun, so schreibt Bauer, „dass man in der Lage ist, sich zu einem gewissen Grade auf die Stimmung des anderen einzuschwingen oder andere mit der eigenen Stimmung anstecken zu können": sich mit jemandem mitzufreuen, der etwas Schönes erlebt hat, oder die Trauer einer anderen Person zu teilen, die etwas Wertvolles verloren hat. Ist das der Fall, fühlen sich Teammitglieder stark verbunden und bringen diesen Zustand durch Aussagen wie „Wir sind auf einer Wellen-länge" zum Ausdruck. Dies ist nicht nur für die Mit-glieder des Teams eine wichtige Kompetenz, sondern vor allem für den Leader, der so gesehen durch seinen eigenen Gefühlszustand die emotionale Richtung für das gesamte Team vorgibt. So wie bei Adis Ansprache vor dem Spiel gegen Schalke 04 im November 2018. Es sind ja nicht nur die Worte, die er sagt, sondern vielmehr die Art und Weise, wie er spricht, wie er seine Stimme einsetzt und das Gesagte mit körpersprachlichen Signalen unterstützt. Er stimmt seine Spieler emotional auf die bevorstehende Aufgabe ein, indem er seine Überzeugung, seine positive Gestimmtheit und seine Power auf die gesamte Mann-schaft überträgt.

Ein trauriges Beispiel von gelebter emotionaler Reso-nanz hingegen führt uns zum 4. Oktober 2018. In der Europa League steht das Gruppenspiel von Eintracht Frankfurt gegen Lazio Rom auf dem Programm. Das leichte Training am Spieltag soll in Kürze beginnen, noch aber fehlt ein Spieler, die Nummer 16, Lucas Torró. Als der 24-jährige Spanier verspätet am Trainingsgelände erscheint, bittet er seinen Chefcoach um ein Gespräch und erzählt, dass sein um drei Jahre älterer Bruder in der ver-gangenen Nacht verstorben sei. Deshalb hat Torró seine Eltern, die zum Spiel nach Frankfurt gekommen waren, zum Flughafen gebracht. Tiefbetroffen hört Adi zunächst nur zu. Dann bietet er Lucas Torró an, ebenfalls nach Hause zu fliegen. Dieser möchte jedoch das Spiel noch absolvieren. Auch seine Eltern haben ihm das geraten, so Torró. Er spielt an diesem Abend eine beeindruckende Partie und die Eintracht gewinnt gegen den italienischen Spitzenclub durch Tore von Danny da Costa (2×), Filip Kostic sowie Luka Jović mit 4:1.

Als der Schiedsrichter das Match beendet, die Fans jubeln und die Sieger sich umarmen und beglückwünschen, steht Lucas Torró auf dem Feld etwas abseits der anderen und weint. Jetzt, nachdem die volle Konzentration auf das Spiel mit einem Pfiff beendet ist, überwältigen ihn die Emotionen. Zunächst fällt das niemandem auf. Dann aber beobachten die ersten Mitspieler die tiefe Trauer von Lucas Torró. Es entsteht Verwirrung bei den Adlern. Das bemerkt auch Adi, der noch in seiner Coachingzone steht. Spontan holt er alle Spieler und Betreuer zusammen und bittet sie, mit ihm einen Kreis zu bilden. Dies ist für die Eintracht auf dem Feld unüblich und auch dadurch merken alle, dass hier gerade etwas Besonderes passiert. Entsprechend schnell hat Adi die volle Aufmerksamkeit. Dann erzählt er vom bitteren Verlust, den Lucas Torró in der letzten Nacht hinnehmen musste. Mit einer ruhigen Stimme, im Blickkontakt mit Lucas Torró spricht Adi über den Tod von Lucas Bruder, aber auch von der unglaublichen Leistung, die Torró im Spiel gezeigt hat. Noch während Adi spricht, spürt man, dass alle in diesem Kreis die Gefühle von Lucas Torró teilen. Man sieht es in den Gesichtern der Spieler und an der Art, wie sie an diesem 4. Oktober 2018 die Stadionrunde absolvieren.

Um emotional resonant zu sein, benötigt man unserer Erfahrung nach zwei grundlegende Fähigkeiten. Zum einen ein gutes Einfühlungsvermögen, um die Stimmung, den inneren Zustand einer anderen Person richtig zu identifizieren. Dabei sind die Signale der Mimik sowie die Modulation der Stimme wichtige Informationsquellen. Zum anderen eine hohe innere Achtsamkeit, um den eigenen emotionalen Zustand zu erkennen und jenen von anderen spüren zu können. Je öfter es einem Team gelingt, „auf einer Welle zu schwimmen", desto stärker wird der Zusammenhalt und umso tatkräftiger, widerstandsfähiger und erfolgreicher ist es.

### 4. Baustein: Gemeinsames Handeln

Joachim Bauer definiert in seinem Buch nicht, von welcher Art gemeinsamer Aktivitäten er konkret spricht. Wir sind der Meinung, dass sich der vierte Baustein weniger auf jene Handlungen bezieht, die das Tages- oder Kerngeschäft eines Teams ausmachen. Natürlich wirkt es sich günstig auf den Zusammenhalt aus, wenn jedes Teammitglied seine Aufgaben erfüllt und zupackt. Wir rücken jedoch jene gemeinsamen Erlebnisse in den Vordergrund, die außerhalb des Arbeitsrahmens stattfinden. In den vielen Jahren, in denen wir mit Teams arbeiteten, haben wir festgestellt, dass es vor allem diese gemeinsamen Handlungen sind, die für einen starken Zusammenhalt sorgen. Dahinter steckt die Bereitschaft, sich für das Team in Bewegung zu setzen, Zeit und Energie zur Verfügung zu stellen. Bequemlichkeit ist ein Beziehungskiller, in Partnerschaften ebenso wie in Kollektiven.

Philip Streit, der in Graz die Akademie für Kind, Jugend und Familie leitet, hat in seiner Tätigkeit als Psychotherapeut oft mit schwierigen Familienkonstellationen zu tun. Er hat uns im Zusammenhang mit dem vierten Baustein etwas erzählt, das uns aufhorchen ließ. Allein dadurch, dass Familien, in denen es Spannungen gibt, wieder öfter gemeinsame Mahlzeiten einnehmen, verbessern sich der Zusammenhalt, das Klima und das gegenseitige Verständnis [31]. Gemeinsam etwas erlebt zu haben, verbindet und macht unter Umständen Lust auf mehr. Das können Skitage für das Team ebenso sein wie Wanderungen oder ein Besuch in der Schänke. Neu ist diese Erkenntnis freilich nicht. Bereits Ende der 1990er Jahre kann Jörg einen signifikanten Zusammenhang zwischen außerdienstlichen Aktivitäten und der Motivation von Teammitgliedern in einer österreichweiten Studie nachweisen. Dabei zeigt sich, dass jene gemeinsamen Teamaktivitäten den größten Effekt zeitigen, die er in seiner Untersuchung „kommunikative" Aktivitäten nennt [32]. Der Austausch, das Über-alles-Mögliche-Reden, ist wesentlicher Parameter dafür, dass gemeinsame Handlungen zu einem starken Zusammenhalt im Team führen. Eine effektive Möglichkeit, gemeinsam etwas Besonderes zu erleben, bieten Outdoor-Übungen im Rahmen von Teamworkshops. Wer miteinander einen Seilsteg errichtet und einen Fluss überquert, gemeinsam Holz sammelt, Feuer macht und unter freiem Himmel kocht oder aus Fässern und Brettern ein Floß baut und danach eine Regatta fährt, den verbinden diese Erlebnisse über eine lange Zeit. Die Teams, die mit Jörg und seinen Mitarbeitern derartige gemeinsame Outdoor-Herausforderungen meistern, berichten, dass sich dadurch sowohl der Zusammenhalt als auch das interne Klima spürbar verbessert hat.

Im Laufe der letzten 25 Jahre haben wir drei wesentliche Gründe für diesen Effekt identifiziert. Der erste liegt darin, dass bei diesen besonderen Übungen nicht nur ein hohes Maß an Vertrauen in die Kollegen nötig ist, sondern dass dieses gut sichtbar wird, wenn sich das Team auf die gestellten Herausforderungen einlässt. Der zweite Grund liegt unseres Erachtens darin, dass sich die Teammitglieder in einem besonderen Maße unterstützen. Wir beobachten immer wieder, dass Einzelne alles in ihrer Macht Stehende tun, um anderen zum

Erfolg zu verhelfen. Reflektieren unsere Teilnehmer ihr Verhalten nach den Übungen, erkennen viele, dass sie dies im Arbeitskontext ja genauso tun könnten. Andere erfolgreich zu machen: ein starker Gedanke. Den dritten Grund sehen wir im spielerischen Zugang der Aufgabenbewältigung. Obwohl die Aufgaben herausfordernd sind, entwickelt sich meist eine Lockerheit in der Herangehensweise. Die Teammitglieder nehmen sich Zeit füreinander, lachen und haben Spaß. Das stärkt nicht nur den Zusammenhalt, sondern auch Selbstwertgefühl und Selbstbewusstsein der Einzelnen.

Dass dies sogar dann der Fall sein kann, wenn das Wetter gar nicht mitspielt, beweisen die Manager von ENGIE Austria, einem der führenden Anlagen- und Energiedienstleister in Österreich. Die sieben Männer kommen Ende Oktober 2017 ins oststeirische Pöllauer Tal, um die Entwicklung des Teams weiter voranzutreiben. Für einen Tag sind verschiedene Outdoor-Aktivitäten geplant: orientieren im Gelände, abseilen, Feuer machen und Essen zubereiten, „Blind führen" sowie einen Seilsteg errichten und eine Schlucht überwinden (Abb. 4.12).

Normalerweise zeigt sich das Wetter im Pöllauer Tal im Oktober von seiner schönen Seite. Nicht so am 23. Oktober 2017. Es ist windig und kalt. Graue Regenwolken verhängen den Himmel und lassen Düsteres erahnen. Als zu Mittag die Manager am Masenberg ein Feuer machen und das Essen zubereiten wollen, kommt ein Sturm auf, der so heftig ist, dass nicht daran zu denken ist, ein Zelt aufzustellen. Zum Sturm kommt auch noch Schnee. Mitten im Herbst erleben wir auf nur tausend Metern über Seehöhe einen Schneesturm. Zum Glück können wir in eine offene Garage in einem nahegelegenen Bauernhof ausweichen. Die sieben Männer trotzen dem Wetter und setzen ihren Marsch fort.

**Abb. 4.12** Das Management-Team von ENGIE Austria bei der Übung „Blind führen" während eines Teamworkshops im Oktober 2017 im Pöllauer Tal. (© Jörg Zeyringer)

Als der Seilsteg gebaut ist, jeder die Schlucht überquert hat und sich die Männer auf den einstündigen Rückweg zum Seminarhotel machen, beginnt es zu regnen. Völlig durchnässt und ausgelaugt erreichen die Männer am Ende des Tages das Seminarhotel. Dennoch sind alle guter Laune und sogar ein wenig stolz, die Aufgaben trotz miesen Wetters erfolgreich absolviert zu haben. „Bei Schönwetter können das ja alle", ist ein Satz, den man an diesem Abend oft hört.

Auch Adi nutzt den Effekt, den gemeinsame Handlungen erzeugen. Aus diesen Überlegungen beginnt der Alltag der Fußballprofis von Young Boys Bern während Adis Amtszeit nicht mit dem Training, sondern mit einem gemeinsamen Frühstück im Vereinslokal „Eleven" direkt im Stade de Suisse in Bern-Wankdorf. Spieler und

Betreuer müssen bis 9 Uhr morgens im Lokal sein. Dann gibt es eine Stunde Zeit für ein gemeinsames Frühstück. Die insgesamt knapp 30 Personen verteilen sich um runde Tische, an denen jeweils acht Platz finden. Es gibt Obst und Müsli, Schinken und Vollkornbrot, Tee und Kaffee – und es gibt Gespräche. An allen Tischen. Es wird über alles Mögliche gesprochen, immer wieder hört man ein Lachen. Die Stimmung ist gut, man spürt eine hohe Zufriedenheit im Team. Mit diesen positiven Gefühlen gehen die Spieler und Betreuer später ins Training, in die Spiele und sind Ende April 2018 Schweizer Fußballmeister.

In Frankfurt beginnt der Arbeitstag der Profis ebenfalls mit einem gemeinsamen, feinen Frühstück, das von einer Köchin und einem Koch zubereitet und im Stadion in der sogenannten „Küche" eingenommen wird (Abb. 4.13). Alle Spieler müssen zumindest eine Stunde vor Trainingsbeginn, also bis 9 Uhr 30, gefrühstückt haben, das ist die Regel. Die ersten kommen kurz nach 8 Uhr, die letzten

**Abb. 4.13** Tagesbeginn bei der Eintracht – ein gemeinsames Frühstück. (© Holger Sà)

knapp nach 9 Uhr. Jeder begrüßt jeden mit Handschlag, die ersten Witze werden gemacht. Adi beobachtet, dass sich die Spieler untereinander auf verschiedene Arten die Hand geben, und fragt sich des Öfteren, wie seine Jungs wissen, welche Art jetzt gerade die richtige ist. Spieler und Betreuer verteilen sich um mehrere Tische, an denen jeweils sechs Personen Platz finden. Meist geht es zu wie in einem Bienenstock. Die Stimmung ist gut, es wird gelacht und diskutiert, es ist ein Kommen und Gehen. Man bedient sich am Buffet, setzt sich dann an einen neuen Tisch und unterhält sich mit jemand anderem. Diese gute Stimmung und die Verbindungen, die in der „Küche" beim gemeinsamen Frühstück entstehen, sind an den meisten Tagen beim anschließenden Training noch gut zu beobachten.

Eine Möglichkeit, den Baustein „Gemeinsames Handeln" im Alltag umzusetzen, sehen wir darin, Rituale für das Team zu entwickeln wie etwa Begrüßungen, bestimmte Meetingprozedere, Erfolgsfeiern, Misserfolgsbesprechungen oder standardisierte Teamtage. Abgesehen davon, dass Rituale Stabilität verleihen, helfen sie, bessere Leistungen zu erzielen. Zu dieser Erkenntnis kommt ein Team von Neurowissenschaftlern der University of Toronto. Rituale sorgen dafür, Misserfolge besser zu verarbeiten und in kritischen Situationen besser in der Lage zu sein, „nach vorne zu blicken" [33].

**5. Baustein: Verstehen von Motiven und Absichten**
Den fünften Baustein für einen starken Zusammenhalt nennt Joachim Bauer die „Königsklasse" der Beziehungskunst. Es gilt zu verstehen, weshalb sich jemand so verhält, wie er sich verhält. Der Wissenschaftler warnt davor, vorschnell über die Handlungen anderer zu urteilen. „Motive, Absichten, Vorlieben oder Abneigungen richtig zu erkennen und auszusprechen, ist entscheidende

Voraussetzung dafür, bei anderen Potenziale zu entfalten", so Bauer.

Um die Motive und Absichten von anderen verstehen zu können, braucht es drei Voraussetzungen. Erstens – auch in dieser Hinsicht – eine gute Beobachtungsgabe: Wir schaffen keine stabilen Beziehungen und keinen starken Zusammenhalt, wenn wir nicht hinschauen und wahrnehmen. Zweitens bedarf es einer guten Intuition, um die unbewussten Impulse, die ins Bewusstsein gelangen, richtig zu deuten. Drittens schließlich ist es der Austausch untereinander, der es erst möglich macht, die Absichten und Beweggründe von anderen zu erfahren und zu verstehen. Es sind Gespräche, die Menschen einander näherbringen. Aus diesem Grund messen wir einer positiven Kommunikation einen besonders hohen Stellenwert bei.

Es ist deshalb so wichtig, Motive und Absichten zu verstehen, weil sich individuelle Beweggründe und Zielvorstellungen stets in konkreten Erwartungen ausdrücken. Ob diese bewusst sind oder nicht, spielt dabei eine untergeordnete Rolle. Die Köpfe sämtlicher Teammitglieder sind voll mit Erwartungen, die sich auf alles Mögliche beziehen. Nun wissen wir, dass das Wohlbefinden weniger von objektiven Bedingungen und Kriterien abhängt, als vielmehr davon, ob und wie Erwartungen erfüllt werden [34].

Für uns gehört zu diesem fünften Baustein zudem ein Gedanke, den Joachim Bauer nicht erwähnt. Wir erachten es als wichtig, den Anderen im Team grundsätzlich positive Motive und Beweggründe zu unterstellen. In einem Team sollte es selbstverständlich sein, dass jeder das Beste für das Gesamte erreichen möchte.

Joachim Bauer weist ausdrücklich darauf hin, dass diese fünf Bausteine jedoch nur dann zu einem starken Zusammenhalt führen, wenn wirklich alle Beteiligten diese beachten. Er spricht von „Wechselseitigkeit" sowie „Komplementarität" und betont, dass jede Beziehung

„zweispurig" sein sollte. Es genügt eben nicht, wenn sich nur einer bemüht. Das ist die Verantwortung jedes Einzelnen. Das ist im Team von Eintracht Frankfurt gut gelungen und zu beobachten. Die *Süddeutsche Zeitung* schreibt nach dem Einzug der Adler in das Europa-League-Halbfinale: „Im Kader der Frankfurter gibt es zwar Profis aus 17 Nationen, aber die Mannschaft vermittelt einen Teamgeist, als seien alle Spieler im selben Dorf aufgewachsen und hätten ihre Kindheit zusammen auf dem Bolzplatz verbracht. In den entscheidenden Duellen waren die Frankfurter immer eine Zehenspitze eher am Ball, immer einen Tick gieriger als der Gegner" [35].

In einem Meisterteam werden die fünf Bausteine gelingender Beziehungen regelmäßig reflektiert. Ziel ist es, sichtbar zu machen und zu besprechen, wie gut diese fünf Bedingungen bereits umgesetzt werden, was hilfreich ist, was weniger und wodurch sich der Zusammenhalt weiter verstärken lässt.

## Die Big Five einer positiven Kommunikation

Wie herausfordernd eine klare Kommunikation ist, erlebt wahrscheinlich jeder von uns im Alltag. Ebenso, wie schnell Missverständnisse entstehen, weil Informationen nicht konkret genug gegeben werden, weil nicht gut zugehört wird oder weil die Kommunikation schlichtweg nicht konstruktiv-positiv ist. Meist hat man Glück und diese Situationen verlaufen glimpflich. Manchmal jedoch können kleine Fehler in der Kommunikation große Auswirkungen haben. Offenbar war das im Sommer 2014 bei Red Bull Salzburg vor dem entscheidenden Rückspiel im Play-off der Champions League gegen den schwedischen Club Malmö FF der Fall.

Obwohl das Team von Adi das Heimspiel am 19. August 2014 mit 2:1 gewinnt, ist die Stimmung angespannt. Zu viele Torchancen bleiben ungenutzt, der Treffer für die

Schweden fällt unglücklich in der 90. Minute und zudem stören die Gerüchte um einen bevorstehenden Abgang Sadio Manés. Dem Management um Ralf Rangnick gelingt es nicht, eine tragfähige Vereinbarung mit dem exzellenten Stürmer zu finden. Die Lage spitzt sich zu. Zwei Tage vor dem entscheidenden Spiel in Malmö läuft Sadio Mané zu Beginn des Trainings mit der Mannschaft zwei Runden, bricht das Aufwärmen ab, geht auf seinen Cheftrainer zu und erklärt ihm, dass er mental nicht in der Lage sei, weiter zu trainieren. Daraufhin schickt Adi Sadio mit der Bitte zu warten in die Kabine, damit sie dann in Ruhe miteinander reden können. Wie immer wird die Kommunikation von einem Dolmetscher übersetzt. Sadio Mané hört offensichtlich – oder seinem vorgefertigten Bild nach –, dass der Trainer gleich in die Kabine kommen würde. Er wartet einige Zeit, dann verlässt er unerlaubter Weise das Gelände. Adi muss es erstaunt zur Kenntnis nehmen, denn er geht davon aus, dass das Gespräch nach dem Training stattfindet. Trotz mehrmaliger Versuche gelingt es zunächst nicht, den Spieler zu erreichen. Schließlich wird er aufgefordert, eine Stunde vor dem Training am Tag des Abflugs zu einem klärenden Gespräch zu erscheinen. Mané nimmt weder diese Möglichkeit wahr noch kommt er zum Training. Dies führt zu einem Unverständnis sowohl bei Spielern als auch Betreuern. Das bringt Unruhe ins Team, und das vor so einem wichtigen Spiel. Adi erkennt, dass er auf seinen Topstar verzichten muss. Während die Mannschaft schon auf dem Weg zum Flughafen in Salzburg ist, meldet sich Mané überraschend per Telefon und erklärt, er sei nun klar im Kopf und möchte mitreisen. Adi steht vor einer äußerst schwierigen Entscheidung. Aufgrund der Stimmung im Team und des versäumten Abschlusstrainings lehnt er das Angebot, dass Mané doch noch spiele, ab und fliegt ohne ihn.

Der Stürmer wird suspendiert. Den *Salzburger Nachrichten* erzählt er, „dass es zwischen Sportdirektor Rangnick und ihm zu einem Missverständnis gekommen sei und dass er dies bedaure" [36]. Red Bull verliert das Rückspiel am 27. August 2014 in Malmö mit 0:3 und schafft die Champions-League-Qualifikation nicht. Es lässt sich ein anderer Ausgang vermuten, wenn die beteiligten Personen konstruktiv miteinander kommuniziert hätten (Abb. 4.14).

Anlässlich der Weltmeisterschaft 2018 in Russland, an der Mané mit Senegal teilnimmt, bedauert er diese ungute Episode. „Ich weiß, dass mein Abschied von Red Bull Salzburg nicht ganz glücklich verlaufen ist, aber es kennen auch nur die wenigsten Leute die Wahrheit" [37].

Eine gelingende Kommunikation besteht aus vielen einzelnen Elementen. Wir haben im Laufe der Zeit, auch

**Abb. 4.14** Intensiver Austausch zwischen Adi Hütter und Sadio Mané. (© KRUGFOTO/APA/picturedesk.com/picture alliance)

durch leidvolle Erfahrung, fünf Faktoren identifiziert, die sich aus unserer Sicht besonders günstig auf eine positive Kommunikation auswirken.

**1) Direkt kommunizieren und „Ich-Botschaften" senden**
„Hast Du schon gehört, der XY soll gestern …" Solche oder ähnliche Gespräche über nicht anwesende Personen sind in vielen Kollektiven an der Tagesordnung. Man redet nicht mit den Menschen, sondern über sie, vor allem dann, wenn sie abwesend sind. Es behindert jedoch die Entwicklung eines Kollektivs, wenn die Mitglieder übereinander sprechen anstatt zueinander. In einem Meisterteam gilt der Grundsatz der direkten Kommunikation: Sprich mit der Person, an die deine Nachricht gerichtet ist. Formuliere konkret, was Du sagen möchtest, und wähle eine Form, die es dem Gegenüber stets möglich macht, die Nachricht aufzunehmen.

Folgt man diesem Grundsatz, so verzichtet der Sender, sich hinter „man" oder „wir" zu verstecken. Das ist natürlich bequem, weil man nicht selbst die Verantwortung für das zu tragen braucht, was man sagt. Richtig ist es, als Person sichtbar und damit auch angreifbar zu werden (Sie erinnern sich an den Baustein „Sehen und gesehen werden"?). Eine „Ich-Botschaft" bietet sich dann an, wenn Sie jemandem etwas mitteilen beziehungsweise wenn Sie ein Problem ansprechen wollen.

Diese Technik besteht aus drei Teilen und zwar aus einer emotionalen, einer sachlichen und einer strategischen Information. Als Konzept sieht eine „Ich-Botschaft" folgendermaßen aus:

- **Sagen, wie es *mir* geht:**
  Informieren Sie zunächst über Ihren emotionalen Zustand. Sagen Sie Ihrem Adressaten, wie es Ihnen geht. Achten Sie darauf, authentisch zu sein und die

passenden Worte zu finden. Ziel ist es, dass das Vis-à-vis verstehen kann, in welchem Gefühlszustand Sie sich befinden. Aber Vorsicht, wenn Sie nahe am Explodieren sind, dann ist es kein guter Zeitpunkt für ein Gespräch, selbst wenn Sie sehr authentisch sind. Kühlen Sie sich in so einem Fall etwas ab, bewegen Sie sich ein paar Minuten oder nutzen Sie eine Atemtechnik (zum Beispiel die Deeskalationsatmung: drei Sekunden ein, zwei Sekunden warten und dann fünf Sekunden ausatmen), um sich zu beruhigen – das funktioniert. Mit der emotionalen Information zu beginnen, bietet unseres Erachtens die Möglichkeit, bei Ihrem Gesprächspartner Betroffenheit und Interesse zu wecken.

- **Sagen, weshalb es *mir* so geht:**
  In diesem Teil Ihres Statements benennen Sie Ihr Problem beziehungsweise Ihr Anliegen. Beschreiben Sie konkret und in einfachen Worten und Bildern, was hinter Ihrem aktuellen emotionalen Zustand steckt. Ziel ist es, dass Ihr Gesprächspartner versteht, was geschehen ist, was Sie erlebt haben.

- **Sagen, was *ich* will**
  Als Abschluss Ihrer „Ich-Botschaft" formulieren Sie Ihre Vorstellungen und Absichten. Sagen Sie klar und deutlich, was Sie wollen. Ziel ist es, eine Lösung für das Problem beziehungsweise einen Ansatz für das Anliegen zu finden.

**2) Fragen stellen und Interesse an den Anderen zeigen**
Dieser Faktor passt auch gut zu den Bausteinen für einen starken Zusammenhalt, weil es um die Neugierde und den Wunsch geht, von anderen etwas zu erfahren. Für uns stellt es ein kommunikatives Merkmal eines Meisterteams dar, dass im Austausch untereinander Fragen eine wesentliche Rolle spielen. Das ist leider nicht üblich. Standard ist vielmehr, dass Aussagen und Statements Gespräche beherrschen.

Dabei ist klar: Wer keine Fragen stellt, zeigt erstens, dass er an den anderen wenig Interesse hat, und bekommt zweitens nur noch eingeschränkt mit, was um ihn herum tatsächlich läuft.

In einem Meisterteam herrscht eine Offenheit, in der die Mitglieder alles zu fragen und mit wertschätzenden Antworten zu rechnen vermögen. Sie haben Interesse an- und Vertrauen zueinander. Wir haben die Erfahrung gemacht, dass dieser Zustand dann erreicht werden kann, wenn drei einfache Regeln eingehalten werden. Die erste besteht darin, die gleiche „Augenhöhe" herzustellen. Wer erinnert sich nicht an Prüfungen in der Schule oder auf der Universität, wo Lehrer oder Professoren ihre Fragen von oben herab stellten. Derart haben sie implizit Information gesendet, die etwa in die Richtung „Ich bin groß und du bist klein", oder „Ich weiß es und du nicht" gingen. Das ist keine günstige Voraussetzung. Nennen Sie als zweite Regel die Beweggründe für Ihre Fragen. „Mich interessiert das, weil …" macht es für die gefragte Person einfacher zu antworten und Sie sichtbar. Sie geben etwas von sich preis, ohne ein Statement geben zu müssen. Die dritte Regel sehen wir darin, möglichst offene Fragen zu stellen. Diese werden üblicherweise als motivierender erlebt und führen eher zu authentischen Antworten. Vor allem dann, wenn Ihr Tonfall ehrliches Interesse vermittelt.

**3) Aktiv zuhören und den anderen ausreden lassen**
Nur weil jemand kurz still ist, weil er Luft holt oder nachdenkt, muss er nicht schon mit seinen Ausführungen fertig sein. Als guter Zuhörer brauchen Sie Geduld und eine hohe Aufmerksamkeit. Nehmen Sie sich zurück und stellen Sie die sprechende Person in Ihren Fokus. Sehen Sie Ihrem Gesprächspartner ins Gesicht, dann erkennen Sie, was in Ihrem Vis-à-vis gerade vorgeht (außer jemand setzt ein „Pokerface" auf). Wenn Sie sich nicht sicher sind,

dann nutzen Sie eine Technik, die der Pantomime und Körpersprache-Experte Samy Molcho Jörg in einem Seminar gelehrt hat. Nehmen Sie Blickkontakt auf und heben Sie Ihre Augenbrauen. Dies bedeutet „Ich brauche Information" und veranlasst den Anderen weiterzusprechen [38]. Deshalb wenden sich gute Zuhörer ihren Gesprächspartner sowohl körperlich als auch geistig zu und geben entsprechende Signale. So nicken sie beispielsweise oder murmeln „mmh"; „aha" … Man nennt dies „bestätigende Reaktionen setzen", die zum Weiterreden animieren.

Aktives Zuhören erfasst also zum einen *was,* zum anderen *wie* etwas gesagt wird. Erkennen Sie die Schlüsselinformation, die sich in einer Aussage verbirgt. Fragen Sie sich, was Ihr Gesprächspartner sagen möchte, welches die relevanten Informationen sind. Wenn Sie das richtig erfasst zu haben glauben, dann formulieren Sie das Gehörte mit eigenen Worten. So können Sie überprüfen, ob Sie die Information richtig verstanden haben. Handelt es sich um sehr wichtige Inhalte, empfehlen wir, das Gehörte in Zitatform wiederzugeben.

Für uns gehört zum aktiven Zuhören noch eine weitere Fähigkeit, nämlich warten zu können. Haben Sie Geduld, lassen Sie eine Pause eintreten, akzeptieren Sie Momente der Stille und warten Sie einige Augenblicke, bevor Sie aktiv werden.

Wenn Sie erleben wollen, wie das aussehen kann, dann sehen Sie sich einige Pressekonferenzen von Adi auf Youtube an. Wird eine Frage an ihn gestellt, dann erkennt man in seinem Gesicht, dass er sich voll auf die fragestellende Person sowie auf den Inhalt der Frage konzentriert. Er wendet sich der Person zu, nimmt Blickkontakt auf und nickt oft. Man sieht, dass er den Worten der Journalistin beziehungsweise des Reporters folgt. Ist die Frage formuliert, wartet er trotzdem noch ein wenig. Um sich Zeit zu nehmen, rückt er das Mikrofon zurecht. Das gibt ihm die Möglichkeit, kurz nachzudenken.

## 4) Meinung Andersdenkender ernst nehmen und deren Gefühle beachten

Für uns ist es ein Alarmzeichen, wenn wir erleben, dass es in einem Team keine unterschiedlichen Meinungen gibt. Teamgeist bedeutet keinesfalls „Gleichschaltung". Das ist ein Zeichen von machtorientierten und autoritären Systemen. Diese verhindern offene Auseinandersetzung und freie Kreativität. Teamgeist meint, dass parallel zu den Vereinbarungen – die bezogen auf das gemeinsame, übergeordnete Ziel, den Umgang miteinander oder auf Qualitätsstandards und so weiter für alle Teammitglieder gleichermaßen gelten – genügend Raum für individuelle Sichtweisen bleibt. Das kann ein Team bereichern und in seiner Entwicklung enorm voranbringen.

Wenn Teammitglieder ihre Überzeugungen und Sichtweisen offen und klar darlegen, zeigen sie, dass sie sich Gedanken machen, zum Beispiel darüber, was ihr individuelles Verhalten für das Team bedeutet. Dafür braucht es jedoch eine Kultur, die dies erlaubt, und eine Führung, die dies fördert. Im alltäglichen Umgang gilt es, nicht nur andere Sichtweisen, sondern auch die Gefühle Andersdenkender zu beachten. Ist das nämlich nicht der Fall, kann es zu ungünstigen Reaktionen kommen. Denn wer im normalen Teamgefüge zu wenig Beachtung erfährt, holt sie sich auf andere Art und Weise: durch Störungen, mangelnde Leistung oder auch durch bewusste Regelverstöße. Wer sich hingegen sicher und wohl fühlt, ist bereit, sein Bestes zu geben.

## 5) Optimistisch sein und sich auf das Positive konzentrieren

Im Jahr 2005 sorgt eine Studie für Aufmerksamkeit, in der Barbara Fredrickson und Marcial Losada einen Zusammenhang zwischen der Leistung und der Kommunikation eines Teams nachweisen [39]. Dazu haben sie in

60 Unternehmen Besprechungen protokolliert und analysiert. In jedem Satz kodierten sie jede Äußerung und berechneten das Verhältnis von positiven zu negativen Kommunikationselementen. Dabei zeigte sich: Es gibt eine klare Trennlinie, die sogenannte „Losada-Rate".

Teams, bei denen das Verhältnis von positiven zu negativen Aussagen mehr als 2,9:1 betrug, waren eindeutig „Hochleister" (der Einfachheit halber runden wir diese Quote auf 3:1 auf). Sie hatten ein deutlich besseres Teamklima, mehr kreative Ideen, wenn es um Problemlösungen ging, und waren zudem die erfolgreichsten Teams, gemessen an Kriterien wie Profitabilität oder Kundenzufriedenheit. Bei jenen Kollektiven, die unter dem Verhältnis 3:1 lagen, ließen sich interessante Phänomene beobachten: Sie verloren in schwierigen Zeiten ihre Flexibilität, zeigten wenig Bereitschaft, festgefahrene Wege zu verlassen, und wiesen eine eher geringe Widerstandsfähigkeit auf.

Der negativen Kategorie ordnen Fredrickson und Losada unter anderem Begriffe zu, die eine gegenseitige Abwertung ausdrücken, die zu Sarkasmus und Zynismus tendieren, die andere entmutigen und geringschätzen, und solche, die eine zu starke Auf-sich-Bezogenheit ausdrücken. Diese Verhaltensweisen wirken sich ungünstig auf die Selbstwirksamkeit aus, das heißt auf die Überzeugung, selbst gestalten und etwas verändern zu können.

Als positive Elemente einer Kommunikation führen Fredrickson und Losada unter anderem Worte der Bestätigung und wechselseitigen Unterstützung, echtes Zuhören sowie Ermutigung und gegenseitige Wertschätzung an. Für uns zählen auch ein guter „Schmäh" – wie es in Österreich heißt, also ein „scherzhafter Spruch" – sowie gemeinsames Lachen in diese Kategorie. Nicht umsonst heißt es, dass miteinander zu lachen die kürzeste Verbindung zwischen

Menschen darstellt. Deshalb ist es für Adi auch in Ordnung, wenn die Spieler einmal über ihn lachen – beispielsweise nach einem Missgeschick –, das stört ihn überhaupt nicht, wie er der *Frankfurter Allgemeinen Zeitung* am 30. März 2019 sagt. Es ist schon ein besonderes Zeichen, wenn im Team auch über den Chef gelacht werden darf. Und wenn ein erfolgreicher Fußballtrainer dies den Medien ohne Weiteres anvertraut, zeugt es zudem von einer Offenheit, die auf die Mannschaft zurückzuwirken vermag. Diese positiven Faktoren stärken die Überzeugung, Krisen bewältigen und erfolgreich agieren zu können. Sie machen kreativer, entspannter und effizienter. Menschen in derartigen Teams fühlen sich nicht nur wohler, sondern erzielen auch eindeutig bessere Leistungen. Und: Zu solchen Teams zieht es erfolgsorientierte Menschen.

Deshalb achten wir in unserer Arbeit mit Teams auf eine optimistische Kommunikation, die sich auf das Positive konzentriert. Das bedeutet keinesfalls, dass keine Kritik geübt wird. Wenn etwas Wichtiges nicht funktioniert oder entscheidende Fehler gemacht werden, dann gilt es, das klar und konstruktiv zu besprechen. Die Losada-Rate lautet ja nicht 3:0, sondern eben 3:1. Die große Herausforderung für Meisterteams besteht nicht darin, nichts Kritisches zu sagen oder Unangenehmes zu übersehen und nicht auszusprechen, sondern darin, sich auf die vielen positiven Ereignisse und Faktoren im Alltag zu konzentrieren und diese entsprechend zu verbalisieren.

Einige Jahre nach ihrer Publikation wird die Losada-Rate dahingehend kritisiert, dass „sich die komplexen mathematischen Modelle, die Marcial Losada zur Berechnung herangezogen hatte, als nicht anwendbar herausgestellt haben" [40]. Barbara Fredrickson distanziert sich daher zwar von der Methode, hält jedoch an der grundsätzlichen Aussage der Studie fest. Einen Schritt weiter geht der Psychologe Nils van Quaquebeke, Professor für Leadership und

Organizational Behavior. Zu jenen Faktoren, die wissenschaftlich erwiesenermaßen glücklich machen, zählt er „Optimismus kultivieren" [41].

In unserer Arbeit mit Teams stellen Optimismus und Positivität wesentliche Elemente einer Kultur dar. Dabei meinen diese beiden Begriffe weder, dass alles möglich und zu schaffen ist, noch jene rosarote Brille, durch die betrachtet alles gut ist. So gibt es immer wieder Vorhaben und Herausforderungen, an denen Teams scheitern. Wir assoziieren zu diesen Begriffen vielmehr Gedanken wie: in Möglichkeiten zu denken und sich auf die schönen Seiten des Lebens zu konzentrieren, Stärken zu stärken und manch (kleine) Fehler wohlwollend zu übersehen. Deshalb verwenden wir diesbezüglich ebenfalls Motto-Armbänder (Abb. 4.15).

In manchen Teams tragen sie alle Mitglieder am Handgelenk und nutzen sie als Anker. So beispielsweise die Mitarbeiterinnen und Mitarbeiter von Sabine Assinger, Leiterin der medizinischen, therapeutischen und diagnostischen Gesundheitsberufe in der Krankenanstalt Rudolfstiftung in Wien. Dieses Team zählt zu jenen „Hochleistern", von denen Fredrickson und Losada sprechen, und zeichnet sich seit vielen Jahren nicht nur durch großartige Leistungen in einem enorm schwierigen Umfeld aus, sondern auch durch einen besonders starken Zusammenhalt (Abb. 4.16).

Dieser zeigt sich einerseits in einer optimistischen Haltung sowie einer erlebbaren positiven Kommunikation, andererseits in zahlreichen gemeinsamen Aktivitäten, die mit Freude und hohem Engagement geplant und

**Schaffe positive Momente**

**Abb. 4.15**  Motto-Armband für Teams. (© Jörg Zeyringer)

**Abb. 4.16**   Das Team von Sabine Assinger setzt auf die Wirkung der Motto-Bänder. (© Sabine Assinger)

umgesetzt werden. Sabine Assinger bekocht ihre Mitarbeiterinnen und Mitarbeiter einmal im Jahr in ihrer Wohnung: ein Fixtermin für alle neben vielen weiteren gemeinsamen Unternehmungen. Wenn neue Mitglieder zu dieser Mannschaft stoßen, ruft Sabine Assinger Jörg an, der das Team seit mehr als zehn Jahren coacht und trainiert. Nach dem Gespräch sendet Jörg weiße und rote Motto-Armbänder nach Wien.

Die Armbänder eignen sich hervorragend dafür, Optimismus und Positivität zu trainieren. Verfängt sich jemand öfter in negativen Gedankengängen oder zweifelt und kritisiert zu oft – auf Wienerisch „sudern" – und möchte das ändern, dann stehen zwei Möglichkeiten zur Verfügung. Erstens kann man das Armband bei jedem unerwünschten negativen Gedanken von der einen auf die andere Hand geben. Zweitens, und diese Methode wird unserer Beobachtung zufolge von der Mehrzahl benutzt, spannt man das Silikonband kräftig an und lässt es auf die Haut schnalzen. Mitglieder von verschiedenen Teams berichten uns immer wieder übereinstimmend, dass diese beiden Varianten nach wenigen Wochen zum gewünschten Ergebnis führen.

Wir möchten Ihnen zum Abschluss dieses fünften Elementes einer positiven Kommunikation zwei Methoden vorstellen, mit denen Sie Optimismus und Positivität im Team trainieren und fördern können. Zunächst schlagen wir Ihnen ein ganz einfaches Ritual vor, das Jörg bei vielen Teams bereits eingeführt und begleitet hat. Wir nennen es den „Positiven Wochenabschluss" [42]. Versammeln Sie Ihre Teammitglieder am letzten Arbeitstag der Woche (bei vielen ist das der Freitag) kurz vor Arbeitsschluss und bilden Sie einen Kreis im Stehen. Fordern Sie dann Ihre Mitarbeiterinnen und Mitarbeiter auf, gemeinsam drei „Dinge" zu benennen, die in der abgelaufenen Woche gut waren, ihnen gefallen haben. Fragen Sie nach, weshalb diese Ereignisse und Handlungen positiv waren. Stoppen Sie nach diesen drei kurzen Statements, bedanken Sie sich für die geleistete Arbeit dieser Woche und verabschieden Sie Ihre Mitarbeiterinnen und Mitarbeiter in ein wohlverdientes und schönes Wochenende. Nach einigen Wochen werden Sie bemerken, dass sich Optimismus und Positivität in Ihrem Team weiter gestärkt haben.

Die zweite Methode ist eine Gesprächstechnik, entwickelt von der Psychologin Shelly Gable, die sogenannte „Aktive konstruktive Kommunikation" [43]. Diese Technik weist Überschneidungen zum aktiven Zuhören auf. Sie bezieht sich jedoch in der Hauptsache auf Situationen, in denen jemand von positiven Erfahrungen oder etwas Schönem berichtet, und zielt darauf ab, dass beide Gesprächspartner davon profitieren und dass ihre Beziehung gestärkt wird.

Wenn Ihnen jemand also etwas Positives erzählt, dann haben Sie, wie in Abb. 4.17 dargestellt, stets die Wahl, wie Sie darauf reagieren.

Bei dieser Technik kommt es darauf an, sowohl aktiv als auch konstruktiv auf die gehörte Information und auf die Person zu reagieren. Das schaffen Sie, wenn Sie

**Abb. 4.17** Interesse schafft positive Momente. (© Claudia Styrsky)

- sich erfreut und begeistert zeigen,
- fragen, wie es dazu gekommen ist,
- Komplimente machen und Anerkennung aussprechen,
- Blickkontakt halten und eine offene Körperhaltung zeigen und
- „echte" positive Gefühle ausdrücken.

Wir möchten das anhand eines Beispiels verdeutlichen. Stellen Sie sich vor, zwei Mitglieder eines Teams, die in unterschiedlichen Räumen und an verschiedenen Aufgaben arbeiten, treffen sich an der Kaffeemaschine. „Stell' Dir vor, der Chef hat mich heute mit der Leitung des Projektes XY betraut", sagt die eine Person voller Stolz.

Die andere hat nun vier verschiedene Möglichkeiten darauf zu reagieren. Die aktiv-konstruktiv-Variante ist jene, die die erhaltende Information aufnimmt und positiv zurückgibt.

### Aktiv-konstruktiv

„Das ist ja großartig. Da kannst du stolz auf dich sein. Ich weiß, wie lange du diese Idee bereits verfolgst und wie wichtig dir XY ist. Wann hat dir der Boss das gesagt? Und was hat er gesagt? Erzähle mir genau, wie das gelaufen ist. Wo warst du, als der Chef dir das mitgeteilt hat? Wie ist es dir in diesem Moment gegangen? Was hältst du davon, wenn wir das feiern.“

Aussagen und Fragen wie diese, eine zugewandte Körpersprache, die Blickkontakt herstellt und hält, ein echtes Lächeln sowie eine freudige Stimmlage bringen das positive Gefühl des Zuhörers nonverbal zum Ausdruck. Sie können sicher sein, dass Sie durch eine derartige Reaktion nicht nur Ihrem Gegenüber etwas Gutes tun, sondern auch sich selbst und eine positive emotionale Resonanz herstellen.

Mit den anderen drei Möglichkeiten schafft man dies nicht. Reagiert man passiv-konstruktiv, nimmt man die Botschaft zwar auf, geht jedoch nicht näher darauf ein.

### Passiv-konstruktiv

„Das sind gute Neuigkeiten, das hast du verdient.“ Körpersprachlich ist kein Ausdruck von Freude zu erkennen, die Modulation der Stimme ist neutral und man wendet sich schnell wieder der ursprünglichen Tätigkeit zu.

Entscheidet man sich hingegen für eine der beiden „Destruktiv-Varianten“, zeigt man, dass man weder am Inhalt noch an der Person interessiert ist. Verhält man sich passiv-destruktiv, bestätigt man die Information zwar kurz, geht dann aber zu einem anderen Thema über.

**Passiv-destruktiv**

„Okay, und jetzt arbeiten wir wieder was". Die Haltung ist abgewandt und der Blick auf die Kaffeemaschine gerichtet, die gerade bedient wird. Ist die Tasse voll, verlässt man den Raum ohne Kommentar.

Die aktiv-destruktiv Variante ist die schlimmste, denn sie macht das für den Sender positive Ereignis schlecht.

**Aktiv-destruktiv**

„Das hört sich so an, als müsstest du noch mehr Verantwortung übernehmen und abends deutlich länger arbeiten. Dann kommst du noch später heim und bist noch weniger bei deiner Familie. Hast du dir das überhaupt überlegt? Deine Hobbys kannst Du auch vergessen." Ein verneinend schüttelnder Kopf, ein deutliches Stirnrunzeln und ein finsterer Blick begleitet das Statement. Die Stimme klingt vorwurfsvoll und entmutigend.

In einem Meisterteam ist es Standard, die Kommunikation von Zeit zu Zeit zu analysieren. Wenn Jörg mit Teams an diesem Thema arbeitet, wählt er hin und wieder einen paradoxen Einstieg. So im November 2018 mit dem Team vom Zentrum für Diagnostik und Therapie rheumatischer Erkrankungen eines Schwerpunktkrankenhauses in Wien. Die fünfzehn Personen aus Medizin und Pflege, die bestens zusammenarbeiten und im Alltag hervorragende Leistungen erbringen, erhalten dazu *Streit um Asterix,* den Band 15 der großartigen Serie (Abb. 4.18). In dieser Episode demonstriert der kleine Römer Destructivus, wie einfach es ist, aktiv-destruktiv zu kommunizieren und zu welch großen Konsequenzen das führen kann [44].

Aufgeteilt in drei Kleingruppen diskutieren die Medizinerinnen und Mediziner sowie ihre Kolleginnen und Kollegen der Pflege die Mechanismen und Wirkungen einer destruktiven Kommunikation und präsentieren ihre Erkenntnisse anschließend dem gesamten Team.

Auch diesmal erzielt diese Zugangsweise einen besonders nachhaltigen Effekt und macht sichtbar Spaß – obwohl die Kommunikation in diesem Team ohnehin bereits äußerst wertschätzend und konstruktiv ist, sowohl untereinander als auch mit den Patienten. Danach reflektiert jedes Teammitglied in einer Einzelarbeit das eigene Kommunikationsverhalten. Dabei wird auf einer Skala bewertet, wie die Elemente der Big Five umgesetzt werden, und der für diese Einschätzung wichtigste Grund notiert. Im Anschluss werden diese Selbsteinschätzungen im Team sichtbar gemacht, ausgetauscht und durch Rückmeldungen bestätigt oder hinterfragt. Im Fokus stehen die Fragen „Was in unserer Kommunikation läuft gut und was weniger?" sowie „Auf welches Element wollen wir in der nächsten Zeit besonders achten?"

**Abb. 4.18** Ein lustvoller und besonderer Zugang zum Thema „Kommunikation" in Teams, mit freundlicher Genehmigung der Egmont Verlagsgesellschaft

## So erarbeiten Sie eine Teamkultur

Vielleicht denken Sie beim Lesen dieser Zwischenüberschrift gerade, dass man eine Kultur nicht erarbeiten muss, weil diese mit der Zeit ja von selbst entsteht. Damit haben Sie natürlich Recht. Sie entwickelt sich durch die Handlungen von Vorbildern, durch die Regeln und Standards, die sich – auch unausgesprochen – etablieren, sowie durch die Werte, die im Hintergrund wirken. Die einzelnen Mitglieder einer Gemeinschaft werden dadurch geprägt, wirken ihrerseits aber auch darauf ein. Das erlebt Jörg, ehe er sich selbständig macht, Anfang der 1990er Jahre in einer Salzburger Regionalbank. Er ist neu und nimmt zum ersten Mal an der sogenannten Führungskräftebesprechung teil. Der Generaldirektor der Bank steht vor seinen 40 Mitarbeitern und redet. Da stellt Jörg eine Frage. Noch ehe er diese fertig formuliert hat, weiß er, dass er einen Fehler gemacht hat. Die Blicke sämtlicher Kollegen richten sich wie auf Kommando in seine Richtung. Der Generaldirektor schweigt kurz, sucht die Quelle dieser Störung und spricht dann weiter. In der nächsten Pause nimmt ein älterer Prokurist Jörg zur Seite und teilt ihm mit, wie diese Meetings ablaufen. Der Generaldirektor führt das Wort, die anderen schweigen und nicken. Diskussionen, kritische Auseinandersetzungen oder gar Widerstand waren in dieser Kultur nicht erwünscht.

Die Kultur eines Teams ist kein statisches Gebilde, sondern entwickelt sich. Wenn sich also ein Team mit den fünf Bausteinen gelingender Beziehungen und den Big Five einer positiven Kommunikation beschäftigt oder sich sogar an diesen beiden Ansätzen orientiert, dann nimmt das Einfluss auf das Verhalten der Einzelnen und wirkt sich mit der Zeit günstig auf die Kultur dieser Gemeinschaft aus.

In der Sozialpsychologie versteht man unter einer Kultur, „eine spezifische, von anderen Gruppen und Verhaltensnormen unterscheidbare Menge gemeinsamer Verhaltensweisen und Sachverhalte, die für eine bestimmte Teilgruppe der Gesellschaft typisch sind und ihren Mitgliedern in der Regel auch ein umfassendes Sinn- und Wertesystem vermitteln" [45]. Damit legt sie fest, was für die Mitglieder einer sozialen Gruppe richtig und was falsch ist.

Wir weisen einer Teamkultur zwei wesentliche Funktionen zu. Erstens beschreibt sie Überzeugungen und Verhaltensweisen, die sich günstig auf die Realisierung des gemeinsamen, übergeordneten Ziels auswirken. Ebenso wichtig ist es, dass sie zweitens Werte und Handlungsweisen definiert, die dafür sorgen, die Lebenszeit, die man im Team gemeinsam verbringt, für alle so angenehm wie möglich zu gestalten.

Die Kultur eines Teams besteht zum einen aus den vielen sichtbaren Verhaltensweisen, die für die Mitglieder typisch sind, zum anderen aus den unsichtbaren Werten und Überzeugungen, die dahinterstecken. Eine Metapher, mit der wir diesbezüglich seit vielen Jahren arbeiten, ist das Eisbergmodell (Abb. 4.19). Dabei repräsentieren drei Eisberge das menschliche Betriebssystem, jeder eine Ebene davon. Die Spitzen ragen aus dem Wasser, sind gut sichtbar und stehen für das konkrete Verhalten, das Tun. Der größere Teil hingegen befindet sich unter Wasser, kann bestenfalls erahnt werden und beinhaltet die Beweggründe für das spezifische Handeln. Man erkennt, dass die drei Ebenen des Betriebssystems unter der Wasseroberfläche miteinander verbunden sind. Von Zeit zu Zeit konkurrieren sie, oft ergänzen sie sich. Aber selbst dann ragen die Spitzen der Eisberge in deutlichem Abstand zueinander

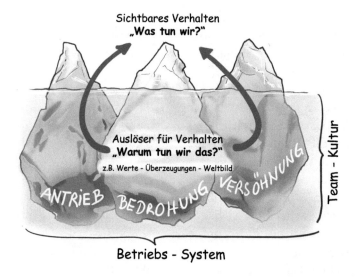

Abb. 4.19   Teamkultur als Eisbergmodell. (© Claudia Styrsky)

aus dem Wasser. Obwohl also eine Verbindung zwischen den Abteilungen des Betriebssystems besteht, lassen sich die daraus resultierenden Aktionen ziemlich eindeutig zuordnen und unterscheiden. So entstehen eben leistungs-, bindungs- oder machtmotivierte Verhaltensweisen.

Diese Metapher verdeutlicht zudem ein anderes Phänomen. Selbst wenn es über dem Wasser noch nicht beobachtbar ist, kann es unter Wasser schon krachen, weil die einzelnen Eisberge aufeinanderprallen. In Meisterteams werden Konflikte im Sinne einer offenen Teamkultur bereits im Stadium des Entstehens an die Oberfläche gebracht und bearbeitet. Abb. 4.19 verdeutlicht dieses Prinzip.

Eine Teamkultur zu erarbeiten, bietet mehrere Vorteile. Erstens werden jene Bereiche sichtbar gemacht, die sich beim Eisbergmodell unter Wasser befinden und die normalerweise im Alltag kaum thematisiert werden: mentale Repräsentationen wie Werte und Überzeugungen, Einstellungen und Sichtweisen. Zweitens werden, zumindest auszugsweise, die Operationalisierungen, das heißt konkrete Verhaltensweisen, definiert, die für alle in der Gemeinschaft gleichermaßen gelten sollen. Das gibt sowohl Sicherheit als auch Orientierung. Drittens kommen sich die einzelnen Personen üblicherweise in derartigen Prozessen näher, da die Bausteine gelingender Beziehungen in der Erarbeitung eine besondere Rolle spielen. Das wiederum wirkt sich positiv auf die Entwicklung der Gemeinschaft aus. Viertens schließlich trägt eine formulierte Kultur wesentlich zur Identität eines Teams bei.

Eine Teamkultur zu erarbeiten, stellt die wesentliche Ergänzung zum gemeinsamen, übergeordneten Ziel dar. Beschäftigt sich die große Idee mit Fragen wie „Was wollen wir erreichen?", „Wohin wollen wir?" oder „Was ist der Sinn und Zweck unserer Arbeit?", stellen sich an eine Teamkultur andere Fragen. Diese lauten „Welche Verhaltensweisen helfen uns, unser gemeinsames, übergeordnetes Ziel zu erreichen?", „Was ist uns in unserer Zusammenarbeit wichtig?", „Wie arbeiten wir miteinander – welche Werte spielen dabei eine besondere Rolle?" oder „Welche Standards im Umgang miteinander wollen wir festlegen?"

Die Frage, die wir für gut geeignet halten, um diesen Arbeitsprozess zu starten, lautet: „Welche Werte, Überzeugungen und Verhaltensweisen sollen die Kultur unseres Teams prägen?" Wie bei der Prägung einer Münze werden einige besondere Motive hervorgehoben. Jene Werte und Handlungsweisen, auf die das Team besonderen Wert legt, werden erarbeitet und formuliert und treten dadurch in den Vordergrund.

Die Kultur eines Teams stellt somit auszugsweise die gemeinsame Weltsicht anhand von Überzeugungen und Handlungsoptionen dar und schafft jenen Rahmen, in dem sich die Mentalität des Teams entwickelt. Auch dafür greifen wir auf ein bewährtes Motto zurück: Lasst uns eine Welt erschaffen, der jeder gerne angehören möchte.

Im Gegensatz zum großen Ziel eines Teams ist es nicht notwendig, die Kultur konkret auszuformulieren. Viele gute Projekte in diese Richtung bringen enorme zeitliche Ressourcen für die „richtige" Formulierung von Aussagen auf, um dann letztlich zu erkennen, dass es die „richtige" Formulierung kaum gibt. Deshalb genügt es, die auf das Verhalten bezogenen Vorhaben in Fragmenten und Ansätzen auszudrücken.

Das entscheidende Element bei der Erarbeitung einer Kultur sehen wir darin, dass sich die einzelnen Mitglieder aktiv und offen am Kommunikationsprozess beteiligen, dass vorurteilsfrei diskutiert und Anschauungsunterschiede konstruktiv besprochen werden. Ziel ist es, die wenigen Werte und Überzeugungen, an die sich jedes einzelne Teammitglied halten möchte, sowie auszugsweise deren Umsetzung im Alltag zu erarbeiten und zu beschreiben. Wir benutzen jene Methode, die wir Ihnen beim Erarbeiten des gemeinsamen, übergeordneten Zieles bereits vorgestellt haben: Wir doppeln.

Wie geht man nun konkret vor? Zunächst soll das Team informiert werden, um zu wissen, worum es geht, worin eine Teamkultur besteht und wie die Methode dafür aussieht. Danach erarbeitet jedes Teammitglied die subjektiv wichtigsten Werte beziehungsweise Verhaltensweisen und beschreibt in Stichworten, was damit gemeint ist. Dabei gilt der Grundsatz „Weniger ist mehr". Es geht nicht darum, die eierlegende Wollmilchsau zu beschreiben, sondern darum, die wenigen Werte, die tatsächlich eine Rolle spielen oder spielen sollen, zu definieren und zu beschreiben. Wir empfehlen, sich auf jeweils die bedeutsamste Überzeugung in den drei Ebenen des Betriebssystems zu konzentrieren, sich insgesamt also auf drei Werte zu beschränken.

Danach finden sich zwei Personen und erarbeiten aus den beiden subjektiven Ansätzen jene wichtigsten Werte und Verhaltensweisen, auf die sich die beiden verständigen wollen und können. Dabei soll darauf geachtet werden, worin sich die Vorschläge unterscheiden und worin sie übereinstimmen. Wieder kommt es auf die Qualität des Austauschs an, damit diesbezüglich Klarheit geschaffen wird. Deshalb brauchen die folgenden Arbeitsschritte genügend Zeit. Aus diesen Duos werden im nächsten Schritt Quartette gebildet. Die Aufgabenstellung bleibt die Gleiche, nämlich aus den Ansätzen der beiden Duos einen gemeinsamen Entwurf zu erarbeiten. Nun wird gedoppelt, bis zwei Halbgruppen entstehen. Diese stellen dann im Gesamtteam ihre Ergebnisse vor. Dann startet der Diskussionsprozess mit allen Beteiligten, an dessen Ende die wenigen wichtigsten Werte definiert sind, deren Umsetzung mit einigen Beispielen beschrieben ist und auf deren Einhaltung sich alle verständigen können. Abb. 4.20 verdeutlicht das Grundprinzip dieser Methode.

Ein paar Beispiele vermögen zu zeigen, in welche Richtung die Erarbeitung einer Teamkultur gehen und welche Ergebnisse dies bringen kann. Dabei stellen wir Ihnen häufig definierte Werte sowie einige Operationalisierungen von verschiedenen Teams in deren Textierung vor.

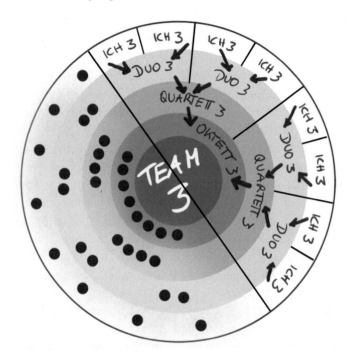

**Abb. 4.20** Schritt für Schritt werden die drei wichtigsten Werte erarbeitet. (© Claudia Styrsky)

## Wert „Zusammenhalten":

- Wir reden miteinander statt übereinander
- Helfen und helfen lassen
- Sich mit anderen mitfreuen

## Wert „Vielfalt"

- Unsere Unterschiede berejichern uns
- Wir sind offen für Neue und Neues
- Jeder stellt seine Stärken zur Verfügung

## Wert „Ausgleich"

- Geben und Nehmen
- Sich verlassen können
- Wir verzeihen

## Wert „Zielstrebig"

- Neugierig auf Herausforderungen
- Wir bilden uns weiter und teilen unser Wissen
- Wir feiern unsere gemeinsamen Erfolge und sind stolz darauf

Einem Team wird es dann gelingen, die vereinbarten Werte und Verhaltensweisen gut umzusetzen, wenn sie in Meetings regelmäßig besprochen werden. Dabei genügt es, sich auf einen Aspekt eines Wertes zu konzentrieren. Dabei sollte analysiert werden, wie gut die Umsetzung funktioniert, welche Erfahrungen die Einzelnen dabei machen und welche Konsequenzen sich zeigen.

> **Einen starken Zusammenhalt und eine positive Kommunikation entwickeln – fünf wichtige Gedanken**
>
> 1. Zwischen Denken, Fühlen und Handeln besteht ein kausaler Zusammenhang. Diese drei Ebenen beeinflussen sich.
> 2. Positive Emotionen setzen Energie frei und beflügeln – sorgen Sie dafür, dass sich die Menschen in Ihrem Team wohlfühlen.
> 3. Besprechen Sie in Ihrem Team, wie gut die fünf Bausteine für einen starken Zusammenhalt von den einzelnen Mitgliedern umgesetzt werden.
> 4. Reflektieren Sie die Big Five einer positiven Kommunikation im Team von Zeit zu Zeit.
> 5. Erarbeiten Sie eine Teamkultur, die jene Mentalität fördert, die für die Realisierung des gemeinsamen, übergeordneten Teamziels notwendig ist.

# 4.3 Verantwortung bewusst machen und übernehmen

In sozialen Gruppen kann es sehr unterschiedliche Arten geben, wie jemand Verantwortung übernimmt. Oft gelangen Meldungen an die Öffentlichkeit, die davon berichten, dass Menschen auf offener Straße oder in einer U-Bahn-Station angepöbelt oder gar angegriffen werden, mehrere Personen dies beobachten, aber niemand einschreitet und hilft. Wie ist das zu erklären?

In der Psychologie nennt man dieses Phänomen den Zuschauereffekt. Untersucht und beschrieben haben ihn die beiden amerikanischen Psychologen John Darley und Bibb Latané. Anlass dafür war der furchtbare Mord an Kitty Genovese im März 1964 in New York, den Berichten zufolge 38 Nachbarn beobachteten, von denen aber niemand der jungen Frau zu Hilfe kam. Die beiden Wissenschaftler fanden in ihren Studien heraus, dass „man bei Anwesenheit anderer Personen die eigene Verantwortung in vermindertem Maße wahrnimmt" [46]. Es gibt offensichtlich eine Tendenz anzunehmen, dass die anderen einschreiten und man das nicht selbst tun müsse. Freilich ist hier nicht von Teams die Rede, sondern von Gruppen, die zufällig ein Geschehen beobachten. Deshalb drängt sich die Frage auf, ob der Zuschauereffekt in Teams ebenfalls vorkommen kann.

Für unser Buch *Die 11 Gesetze der Motivation im Spitzenfußball* erzählt uns Alexander Zickler eine Geschichte, die hilft, dies zu beantworten. Es ist der Abend des 23. Mai 2001. Im Finale der Uefa Champions League trifft der FC Bayern München auf den CF Valencia. Nach 120 Minuten steht es 1:1, es kommt zum Elfmeterschießen. Die Stimmung im mit über 74.000 Zuschauern ausverkauften Guiseppe-Meazza-Stadion in Mailand erreicht den Höhepunkt. Die Münchner waren die aktivere, die bessere Mannschaft. Man könnte glauben, dies würde den Spielern Zuversicht und Kraft für die bevorstehenden Penaltys geben. Alexander Zickler erzählt: „Nach dem Schlusspfiff habe ich erst einmal geschaut, wo die meisten Spieler hingehen und was sie machen. Ehrlich gesagt war ich überrascht, dass auf einmal nur noch so wenige da waren" [47]. Viele haben sich scheinbar vor dem Elfmeterschießen gedrückt. Den weiteren Verlauf dieser Geschichte kennen die Fußballfans. Alex Zickler ist einer der Fünf, die zum Penalty antreten, er trifft und gewinnt mit den Bayern die Champions League.

Selbst in großen Teams kann es unter Umständen zum Zuschauereffekt kommen: Die Mitglieder meinen, ein anderer werde die Verantwortung zu handeln schon übernehmen. Bei Standardsituationen im Fußball wird das gut sichtbar, wenn bei Eckbällen oder Freistößen Gegenspieler freistehen, obwohl an sich die Zuteilungen genau besprochen sind.

Um sich gegen dieses Phänomen zu wappnen, ist es notwendig, sich mit dem Thema „Verantwortung" im Team auseinanderzusetzen. Manchmal sorgen äußere Ereignisse dafür, dass einem die Abhängigkeit von den anderen und die damit verbundene Verantwortung bewusst werden. Wir haben das eingangs bei Anderl Heckmair, Heinrich Harrer, Wiggerl Vörg und Fritz Kasparek gesehen (Abschn. 1.2). Nachdem die Vier mehrere Lawinenabgänge in der Nordwand des Eiger überleben, verteilen sie die Aufgaben und „jeder ist für das Leben der anderen verantwortlich". Ein Meisterteam wartet freilich nicht auf äußere Einflüsse, sondern regelt Zuständigkeiten pro-aktiv.

**Das bedeutet Verantwortung – die Matrix**
Verantwortung ist einer jener Begriffe, den wohl jeder Erwachsene kennt, von dem viele aber trotzdem nicht

sagen können, was er konkret umfasst. Eine einfache Darstellung von Verantwortung, die aus der Gerichtsbarkeit kommt und auf das römische Recht zurückzuführen ist, beschreibt, dass sich ein Täter für seine Tat vor Gericht verantwortet [48]. Diese, auf drei Faktoren aufbauende Sichtweise greift jedoch zu kurz und ist eng an die Frage von Schuld geknüpft. Diese Diskussion, die in so vielen Gruppen geführt wird, möchten wir vermeiden. Den meisten fällt es unserer Erfahrung nach leichter, zu einer definierten Verantwortung zu stehen als zu einer zugeschriebenen Schuld. Außerdem geht es in einem Team nicht nur um die Handlungen, die ein Mitglied vollzieht oder eben nicht, sondern um konkrete Aufgaben und darum, wie diese erfüllt werden. Insofern regelt die Verantwortlichkeit die Zuständigkeit für bestimmte Aktivitäten und korrespondiert eng mit dem Begriff der Verpflichtung.

Der aktuelle Verantwortungsbegriff sieht mehr als drei Faktoren vor. Die von Technikphilosoph Günther Ropohl, ehemals Professor an der Wolfgang-Goethe-Universität in Frankfurt am Main, entwickelte „Matrix der Verantwortung", die wir etwas vereinfacht darstellen und mit unseren Teamfaktoren verbinden, sieht sieben Faktoren vor, wie Abb. 4.21 zeigt.

Die meisten Zeilen dieser Matrix sind einfach zu lesen und beschreiben deutlich, worin die Verantwortung einer Person (im Sinne einer individuellen Verantwortung) oder eines Teams (im Sinne einer kollektiven Verantwortung) besteht. Die Antworten auf die Frage, *wann* jemand zur Verantwortung gezogen wird, beinhaltet erstens die klassische retrospektive Form: Politiker oder Manager übernehmen für ihre Handlungen und die Vorfälle in ihrem Kompetenzbereich die Verantwortung und treten zurück. Zweitens kann Verantwortung aber auch während einer

| Wer? | Ein Individuum oder ein Team |
|---|---|
| | **verantwortet** |
| Was? | eine Handlung, ein Produkt oder eine Unterlassung, |
| Wofür? | für voraussehbare, nicht voraussehbare oder spätere Folgen, |
| Weswegen? | aufgrund von Vereinbarungen und Verpflichtungen (gemeinsames, übergeordnetes Ziel, Teamkultur), Gesetzen, moralischen Regeln usw., |
| Wovor? | vordem Gewissen, dem Urteil anderer (bspw. Kollegen, Vorgesetzten) oder vor dem Gesetz, |
| Wann? | prospektiv, während der Handlung oder retrospektiv sowie |
| Wie? | aktiv oder passiv. |

**Abb. 4.21**  Matrix der Verantwortung nach Günther Rophol

Handlung, also momentan übernommen werden. Beispielsweise dann, wenn man erkennt, dass etwas nicht wie gewünscht verläuft oder gar unbeabsichtigte, gravierend negative Folgen nach sich zieht, und man den Mut hat, dieses Projekt zu stoppen.

Adi erlebt das vor dem Spiel gegen den TSV Hartberg als Trainer des SV Grödig in der zweiten österreichischen Bundesliga in der Saison 2012/2013. Grödig muss das Spiel gewinnen, um punktemäßig mit dem Spitzenreiter Austria Lustenau gleichzuziehen. Adi hat bereits entschieden, mit welchen elf Spielern er beginnen will, und forciert sie im Abschlusstraining am Tag vor dem Match. Irgendetwas stimmt aber nicht, es läuft nicht so, wie er sich das vorstellt. Zunächst kann er das gar nicht formulieren, es ist mehr ein Gefühl. Also sieht er genauer hin und entdeckt, dass der Spielaufbau nicht gut funktioniert und es der Elf an Harmonie mangelt. Die Formation überzeugt ihn nicht und Adi beginnt zu zweifeln, ob das die Aufstellung sei, die tatsächlich zum Erfolg führe. Mit diesen Gedanken verabschiedet er sich von den Spielern, fährt ab. Unterwegs spürt er immer deutlicher, dass diese Aufstellung nicht die richtige ist, um das Spiel zu gewinnen. Zu Hause angekommen korrigiert er seine Entscheidung. Er ruft seinen Routinier Ernst Öbster an und teilt ihm mit, dass er sich darauf einstellen solle, am nächsten Tag von Beginn an aufzulaufen. Auch den Spieler, den Adi aus der Startformation nimmt, verständigt er. Während des Matches erkennt Adi, dass ihn sein Gespür nicht getäuscht hat. Die Elf spielt gut, Ernst Öbster ist ihr Motor, er rechtfertigt seine Nominierung und erfüllt die in ihn gesetzten Erwartungen. Adis Mannschaft gewinnt durch Tor von Ione Cabrera, David Witteveen und Tadej Trdina mit 3:0 und schließt zum Tabellenführer Austria Lustenau auf.

Die dritte Form der zeitlichen Komponente stellt sich in der prospektiven Übernahme von Verantwortung dar. Damit ist gemeint, dass man mögliche Folgen seiner Handlung abwiegt, bewertet und unter Umständen darauf reagiert. Ein Beispiel sind die von Greta Thunberg ins Leben gerufenen Freitagsdemonstrationen, um die Entscheidungsträger aufzufordern, auf den Klimawandel zu reagieren. Eine äußerst engagierte und mutige Form aktiver Verantwortung.

Bleibt die Frage, was eine passive Übernahme von Verantwortung von einer aktiven unterscheidet. Erstere zeichnet sich dadurch aus, dass die handelnde Person von einer Instanz – dem Vorgesetzten, den anderen Teammitgliedern oder einem Gericht – zur Verantwortung gezogen wird. Aktiv stellt sich eine Person der Verantwortung, wenn sie aus eigenem Antrieb handelt, sich beispielsweise Klarheit über die Kriterien, die einer Entscheidung zugrunde liegen, verschafft, diese prüft und sich über mögliche Folgen ihres Handelns informiert. Dies setzt die Fähigkeiten der Antizipation und Reflexion voraus. Ein hoher Anspruch, der mit dem 1979 formulierten Imperativ der Ethik des deutschen Philosophen Hans Jonas korrespondiert: „Handle so, daß die Wirkungen deiner Handlung verträglich sind mit der Permanenz echten menschlichen Lebens auf der Erde" [49].

Dieser Gedanke motiviert uns, den Versuch einer Übersetzung für Teams zu wagen. Bezogen auf die Verantwortung der Einzelnen könnte folgender Grundsatz gelten:

> „Verhalte Dich so, dass sich Deine Handlungen positiv-konstruktiv auf die Realisierung des gemeinsamen, übergeordneten Ziels und auf einen starken Zusammenhalt sowie auf die davon betroffenen Bereiche auswirken".

Durch diese Handlungsanleitung wollen wir zum Ausdruck bringen, dass es eben nicht nur um die Realisierung der großen Idee und um einen starken Zusammenhalt geht, sondern dass dabei die Auswirkungen, die beispielsweise auf andere Menschen oder die Umwelt entstehen, ebenfalls zu berücksichtigen sind. Dieser Verantwortungsgrundsatz könnte jener Maßstab sein, an dem sich das individuelle und kollektive Verhalten der Teammitglieder orientiert und letztlich gemessen wird.

Für die Entwicklung von Kollektiven ist es hilfreich, Verantwortung in einem subjektiven und einem objektiven Sinn zu unterscheiden. Wofür sich eine Person subjektiv verantwortlich fühlt und wofür sie im objektiven Sinn tatsächlich verantwortlich ist, kann durchaus divergieren. Gerade in Teams im Bereich der Medizin oder der Pflege erleben wir häufig Menschen, die tendenziell dazu neigen, weit über ihren eigentlichen Aufgabenbereich hinaus Verantwortung zu übernehmen. Dadurch werden sie jedoch emotional manipulier- und erpressbar, was auf lange Sicht dazu führen kann, dass sie überfordert werden.

**Verantwortlich, wann und wofür?**

Sobald sich jemand für ein Team entscheidet und als Mitarbeiter oder Leader dazustößt, steht diese Person in der Verantwortung und teilt diese mit den anderen Mitgliedern. Die Antwort auf die Frage, wofür die Einzelnen verantwortlich sind, ist mehrschichtiger.

Die meisten Quellen sehen für ein Team drei Ebenen vor, auf denen Verantwortung eine Rolle spielt. Die erste, die sogenannte Führungsverantwortung, betrifft ausschließlich den Leader sowie in abgeschwächter Form dessen Stellvertreter. Sie bezieht sich auf die Art und Weise, wie Grundsätze der Führung berücksichtigt und wie Mitarbeiter geführt werden. Dies setzt freilich voraus, dass Regeln, wie eine gute Führung aussehen soll, im Sinne von Grundsätzen oder einem Führungshandbuch zur Verfügung stehen. Ist das nicht der Fall, fehlt die spezifische Grundlage, weswegen sich jemand verantworten soll, und man muss sich an allgemeinen Überzeugungen von Führung orientieren.

Die beiden Ebenen der Handlungs- und der Ergebnisverantwortung hingegen gelten für alle Mitglieder eines Teams. Erstere bezieht sich darauf, wie Aufgaben durchgeführt, Standards eingehalten werden und wie sich jemand verhält. Um diese Verantwortung übernehmen zu können, braucht es ebenfalls eine Vereinbarung oder eine Verpflichtung. Die handelnden Personen müssen wissen, welches Verhalten von ihnen erwartet wird (beispielsweise durch eine Teamkultur, Qualitätsstandards und durch

Gespräche mit dem Teamleader) und wofür sie konkret zuständig sind. Die Ergebnisverantwortung schließlich betrifft die Performance. Wie das Team insgesamt muss jedes Mitglied von Zeit zu Zeit Rechenschaft hinsichtlich der Zielerreichung ablegen. Dies ist natürlich nur dann möglich, wenn für das gemeinsame, übergeordnete Ziel kollektive und individuelle Aktivitätsziele erarbeitet sind, sodass in eigener Kompetenz und Verantwortung gehandelt werden kann.

Für alle drei Verantwortungsebenen gilt nun eine wesentliche Voraussetzung, nämlich das „Sollen-Können-Prinzip" [50]. Was jemand soll, ist, wie wir gerade ausgeführt haben, durch die konkreten und klaren Informationen über das gewünschte Verhalten sowie die zugeteilten Aufgaben beschrieben. Was jemand kann, verbirgt sich hingegen in den Talenten und Stärken der jeweiligen Person. Niemand soll für etwas zur Verantwortung gezogen werden, was er nicht zu können vermag. Deshalb führen wir eine vierte Ebene von Verantwortung ein. Entsprechend des von uns formulierten Verantwortungsgrundsatzes sind wir der Überzeugung, dass jedes Mitglied eines Teams verpflichtet ist, die individuellen Talente und Stärken zum Wohle des Teams und der anderen Mitglieder einzusetzen. Das ist der hohe Anspruch, der ein Meisterteam auszeichnet. Deshalb sieht Adi es eher kritisch, wenn Kommentatoren dann explizit von Verantwortung sprechen, wenn Eintracht Frankfurt einen Elfmeter zugesprochen bekommt und Sébastien Haller sich aufmacht, diesen zu verwandeln. Es ist zwar die Aufgabe des definierten Schützen. Verantwortung übernimmt Haller jedoch ab der ersten Spielminute, beispielsweise dafür, wie er seine Zweikampf- und Kopfballstärke einsetzt und dadurch der Eintracht nützt.

**Was können Teams tun?**

Wir haben die Erfahrung gemacht, dass Menschen, die in die Erarbeitung des gemeinsamen, übergeordneten Ziels sowie der Teamkultur eingebunden sind, sich damit in erhöhtem Maße identifizieren, sich quasi darin wiedererkennen und deshalb bereit sind, dafür die Verantwortung mitzutragen.

Eine konkrete Intervention sehen wir darin, die Matrix von Günther Rohpol von Zeit zu Zeit im Team zu thematisieren, um die sieben Zeilen der Matrix auf jeden Einzelnen und auf das Kollektiv zu beziehen. Ziel dieser Diskussion ist es, ein klares Bild und ein gemeinsames Verständnis der Fragen über individuelle und kollektive Verantwortung bei den einzelnen Mitgliedern herzustellen. Gelingt das, sind sie in der Regel in der Lage und meist auch bereit, tatsächlich Verantwortung zu übernehmen.

Weitere Interventionen führen uns zu einer Aussage von Andi Biritz zurück. Der Physiotherapeut spricht davon, dass es eine besondere Stärke von Adi ist, sowohl Spieler als auch Betreuer für das gemeinsame, übergeordnete Ziel in die Verantwortung zu nehmen, indem er seine Spieler immer wieder einbindet und ihre Meinungen einholt. Adi tut das, weil er erfahren möchte, wie seine Spieler bestimmte Themen oder Ereignisse beurteilen, und vor allem, weil er weiß, dass sie auch Lösungsvorschläge haben. Es ist ihm bewusst, dass Einbindung eine Frage des gegenseitigen Vertrauens ist und zur Übernahme von Verantwortung führt.

Zudem bemüht sich Adi, die Talente und Stärken der Einzelnen in den Fokus der Aufmerksamkeit zu stellen und die Erwartungen, die er daran knüpft, konkret zu formulieren. So gibt er in den Teammeetings vor den Matches konkrete und individuelle Rückmeldungen über die Stärken der Einzelnen und verbindet das mit der Aufgaben- und Rollenverteilung. Eine Methode, die sowohl die Identifikation, als auch die Motivation der Spieler deutlich stärkt.

Auf den folgenden Seiten stellen wir Ihnen drei verschiedene Interventionen vor, mit denen wir seit vielen Jahren erfolgreich mit Teams arbeiten. Durch die Fokussierung auf die Fähigkeiten der einzelnen Mitglieder führen diese Methoden zu einer erhöhten Übernahme von Verantwortung und zu einer größeren Leistungsbereitschaft und Leistungsfähigkeit.

## Stärkenportfolio

Wann wir diese Methode entwickelt und wo wir sie zum ersten Mal eingesetzt haben, daran können wir uns nicht mehr erinnern, wahrscheinlich haben wir sie bei einem unserer vielen Spaziergänge skizziert. Was wir jedoch wissen, ist, dass viele Teams in der Wirtschaft, im Gesundheitswesen und im Sport mit dieser Methode erfolgreich arbeiten. Im Stärkenportfolio geht es darum, die Fähigkeiten der Einzelnen sichtbar zu machen und dahingehend zu besprechen, wie sie für das Erreichen des gemeinsamen, übergeordneten Ziels eingesetzt werden können.

Für Adi gehört diese Methode zum Basisrepertoire eines jeden Teamchefs und er erinnert sich an die Wintervorbereitung im Januar 2016 in Belek. Es ist sein erstes Trainingslager mit den Young Boys Bern. Zusätzlich zu den anstrengenden Übungseinheiten auf dem Platz versammelt Adi seine Spieler und Betreuer während dieser Tage zu mehreren Workshops im Seminarraum. Zunächst wird das gemeinsame Ziel für das Frühjahr erarbeitet. Er definiert weder eine Punktezahl noch eine Platzierung, die zu erreichen wäre, sondern beschreibt die Idee, wie in der Rückrunde Fußball gespielt werden soll. Als Spieler und Betreuer dieses Bild vor Augen haben, setzt Adi zwei Tage später den nächsten Schritt. Am Abend liegt eine positive

Spannung im Raum, da die Profis diesmal nicht genau wissen, was auf sie zukommt.

Adi beginnt die Einheit damit, dass er von der Art und Weise, wie die Young Boys im Frühjahr spielen wollen, erzählt, und macht es seinen Jungs so richtig schmackhaft. Er merkt, dass sich seine Spieler mit der Idee identifizieren und bereit sind mitzuziehen. Dann macht er eine kurze Pause, blickt in die vielen Gesichter und erzählt, dass es dafür jedoch notwendig ist, auf die Fähigkeiten eines jeden Einzelnen zurückgreifen zu können. Dabei spricht er einige Spieler direkt an und nennt ihre besonderen Stärken. Bei Guillaume Hoarau etwa nennt er dessen unglaublichen Torriecher und seine Leidenschaft zu treffen, bei Miralem Sulejmani dessen unwiderstehlichen Dribblings und seine präzisen Flanken, bei seinem Kapitän Steve von Bergen dessen aggressives Zweikampfverhalten und exzellentes Stellungsspiel. Danach erhalten die Fußballer den Auftrag, sich Gedanken über ihre besonderen individuellen Talente und Stärken zu machen und diese niederzuschreiben.

Im nächsten Schritt werden fünf Kleingruppen zu je fünf Mann gebildet. Adi erteilt den Auftrag, darüber zu sprechen, wie die besagten besonderen Fähigkeiten im Frühjahr genutzt und dem gesamten Team zur Verfügung gestellt werden können, um das gemeinsame, übergeordnete Ziel zu erreichen. Er fordert seine Spieler auf, auch darüber nachzudenken, wie sie das tun wollen, wenn sie einmal nicht im Kader stehen und das Match von der Tribüne aus verfolgen.

Nach dieser Arbeitsphase steigt die Spannung weiter an. Jede Kleingruppe präsentiert ihre Ergebnisse, sie hat dafür ein Plakat kreiert und einen Vertreter nominiert. Als Erster begibt sich Loris Benito in das Zentrum der Aufmerksamkeit. Begleitet von gespannten Blicken und aufmunternden Zurufen geht er langsam zum Flipchart, das sich zentral im vorderen Bereich des Seminarraums befindet. Klar und deutlich beginnt er zu sprechen. Die letzten leisen Seitengespräche verstummen schnell und das gesamte Team folgt konzentriert seinen Ausführungen. Wegen seiner begeisternden Art, die besonderen Stärken vorzustellen, auf die das gesamte Team im Frühjahr zurückgreifen kann, brandet immer wieder Zwischenapplaus auf. Die Spannung löst sich, die Stimmung ist gut und die Spieler lassen sich von der motivierenden, kraftvollen Atmosphäre anstecken. Adi ist mit dem Verlauf äußerst zufrieden. Nach dem Schlusssatz von Benito gibt es tosenden Beifall, der lange anhält. Ehe der nächste Profi die Ergebnisse seiner Gruppe präsentiert, gibt Adi Loris Benito und der Gruppe ein positives Feedback und bekräftigt die Inhalte mit einem kurzen Statement.

Wenn Jörg mit kleineren Teams arbeitet, adaptiert er die Methode des Stärkenportfolios folgendermaßen: Die individuellen Stärken werden groß und gut leserlich auf verschiedenfarbige Moderationskärtchen geschrieben und nach der Präsentation von jedem Teammitglied auf eine Pinnwand geheftet. Dadurch entsteht ebenfalls ein farbenprächtiges Stärkenplakat, das für alle gut sichtbar in den Räumlichkeiten des Teams aufgehängt wird. Jeder Blick darauf ist eine Erinnerung und Aufforderung, entsprechend zu handeln, und führt das Team näher zum Ziel.

### Ein Stärkentraining für das Team

Freilich sollte sich ein Leader, der sein Team länger führt, von Zeit zu Zeit eine neue Methode einfallen lassen, damit sie sich nicht abnützt. Deshalb verwenden wir eine Adaption des sogenannten „Stärkentrainings" der Psychologin Maria Christina Meyers [51]. Gemeinsam mit Kolleginnen hat sie die Fähigkeit zum „persönlichen Wachstum" erforscht, also beispielsweise, wie Ziele gesetzt und dazugehörige Handlungspläne entwickelt werden. An den beiden Experimenten beteiligen sich 195 Studierende, die in zwei Gruppen aufgeteilt werden. Die eine Hälfte erhält ein Stärkentraining, die andere setzt sich mit den individuellen Schwächen auseinander.

Das Stärkentraining erweist sich in beiden Experimenten als wirkungsvoller. Es verbessert „die Fähigkeit, sich selbst zu ändern und zu wachsen, zu allen Messzeitpunkten". Diese Erkenntnis verdeutlicht, was gute Teamleader schon lange wissen und tun: sich auf die besten Eigenschafen und auf die besonderen Fähigkeiten der Mitarbeiterinnen und Mitarbeiter zu konzentrieren.

Wenn Sie in einem Meeting ein Stärkentraining mit Ihrem Team durchführen möchten, können Sie sich an folgenden Ablauf halten, den wir gegenüber der Methodik von Maria Christina Meyers geringfügig verändert haben. Wir empfehlen Ihnen, dass Sie selbst ebenfalls mitmachen.

Starten Sie mit einer Einzelarbeit. Fordern Sie Ihre Mitarbeiterinnen und Mitarbeiter auf, konkrete Situationen zu notieren, in denen sie bereits positive oder bestätigende Rückmeldungen bezüglich ihrer individuellen Stärken erhalten haben. Es genügt, wenn das in Stichworten erfolgt. Der zweite Schritt besteht darin, diese Stärkenliste dahingehend zu prüfen, ob eine wesentliche Stärke fehlt. Sollte das der Fall sein, wird die Aufzählung vervollständigt (darin besteht unsere Ergänzung der Methode). Danach bilden Sie je nach Teamgröße Kleingruppen von drei bis fünf Personen. In diesen kleinen Einheiten wird über die erhaltenen Rückmeldungen berichtet. Jede Person erzählt zunächst ein derartiges Ereignis und konzentriert sich darauf, um welche konkrete Stärke es dabei gegangen und wie diese sichtbar geworden ist. Danach folgt die Erzählung des nächsten Teammitgliedes. Sind alle durch, startet diese Runde von neuem. Abschließend wird über jene Stärken gesprochen, die sich die Teammitglieder selbst zuschreiben, über die sie jedoch noch keine Feedbacks erhalten haben. Lassen Sie Ihre Leute ausführlich über ihre besonderen Stärken sprechen und planen Sie ca. 30 Minuten dafür ein.

Nun folgt ein kreativer Teil, in dem es darum geht, ein persönliches Stärkenplakat zu erstellen. Begleitet Jörg Teams bei dieser Methode, wenden sich immer wieder Personen an ihn, um ihr Leid zu klagen, nicht zeichnen zu können. Deshalb gibt es eine zweite Möglichkeit für ein Stärkenposter, nämlich eine Collage zu erstellen. Dazu werden passende Bilder aus verschiedenen Zeitschriften ausgeschnitten und auf einen plakatgroßen Karton geklebt. Ordnet man diese Motive parallel zu den Blatträndern und sorgt man dafür, dass keine freien Flächen bleiben, entstehen ebenso kreative Plakate wie beim Zeichnen. Jörg erinnert sich an einen Fall, in dem weder gezeichnet, noch geklebt wird: Tatjana Tergowitsch, stellvertretende Leiterin eines Teams im Kundensupport in der IT-Branche, überrascht mit einem Stärkengedicht.

> Zeichnen ist nicht meine Stärke,
> darum muss ich diese Werke
> wohl noch kommentieren,
> denn sonst könnte es passieren,
> dass Ihr alle nicht versteht,
> worum es mir dabei wohl geht.
> Offenheit und Freundlichkeit –
> natürlich nicht zu jeder Zeit –
> gehör'n bei mir zu jenen Dingen,
> die ich versuche mitzubringen –
> „Du bist so ein Sonnenschein!"
> fängt diese Stärken bildlich ein.
> Spontan kann ich kaum jemals sein,
> falls liebe Menschen „Hilfe" schrei'n
> bin ich jedoch auf alle Fälle
> schnell und hilfsbereit zur Stelle –

sei es mit einem Rettungsring
oder einem anderen wichtigen Ding.
Für's Detail ein guter Blick
(nicht immer nur per „klick-klick-klick")
lässt Dinge, die sich leicht verstecken,
dann doch recht einfach gut entdecken.

Während dieses Arbeitsschrittes sollte man darauf achten, dass die Einzelnen ungestört von den anderen gestalten können und die Plakate vor deren Blicken geschützt sind. Das erhöht die Spannung für die späteren Präsentationen.

Wir stellen Ihnen zwei Stärkenplakate vor (Abb. 4.22). Das eine stammt von Stefan Nefischer, Leiter des Kundensupports einer IT-Organisation, das andere von Michaela Roth-Gion, technische Direktorin des Wilhelminenspitals in Wien. Auch wenn für Außenstehende die Stärken auf den Plakaten nicht ersichtlich sind, verfügen die Insider über konkretes Wissen darüber.

Sind die Plakate fertig, geht es weiter. Nun sollen sich die Mitglieder Ihres Teams damit beschäftigen, wie sie ihre besonderen Stärken erhalten oder ausbauen können.

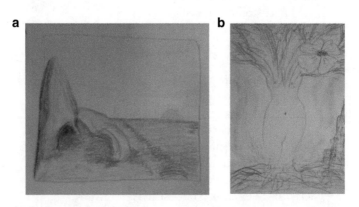

**Abb. 4.22** **a** Stärkenplakat von Stefan Nehfischer. **b** Stärkenplakat von Michaela Roth-Gion

Dabei stehen jene Fähigkeiten im Fokus, die dem Team helfen, die Herausforderungen auf dem Weg zur Realisierung des gemeinsamen, übergeordneten Ziels zu meistern, und einen starken Zusammenhalt gewährleisten. Und das Beste kommt zum Schluss: Jedes Teammitglied präsentiert das Stärkenplakat und die damit verbundenen Gedanken vor dem gesamten Team. Wir nennen das „Stärkenspot". Ähnlich den gewaltigen Scheinwerfern in einem Fußballstadion soll dieses Statement jene Stärken in ein besonderes Licht stellen, die man dem Team zur Verfügung stellt. Begrenzen Sie diese Statements zeitlich auf eine bis maximal zwei Minuten und sorgen Sie dafür, dass jede Person mit ausreichend Applaus und Anerkennung wieder zurück in die Stuhlreihen geht.

Hängen Sie die Stärkenplakate nach diesem Meeting in den Räumlichkeiten Ihres Teams auf, sie wirken wie emotionale Anker. Fordern Sie Ihre Mitarbeiterinnen und Mitarbeiter auf, sich gegenseitig zu pushen, diese Fähigkeiten einzusetzen und sich positive Rückmeldungen darüber zu geben. Gehen Sie dabei mit gutem Beispiel voran. Besprechen Sie das Einbringen dieser besonderen Fähigkeiten sowie die daraus entstehenden Effekte sowohl in Teammeetings als auch in Vieraugengesprächen.

**Die Signaturstärken nutzen**
Die dritte Möglichkeit, die durch das Fokussieren auf Fähigkeiten zu einer erhöhten Übernahme von Verantwortung führt, stellt die sogenannten Signaturstärken in den Mittelpunkt, die jedes Individuum auszeichnen. Darunter versteht man jene Fähigkeiten, „mit denen sich ein Mensch stark identifiziert und die ein wesentlicher Bestandteil seines Selbstbildes sind. Sie sind in ihrer persönlichen Kombination und Ausprägung so individuell wie ein Fingerabdruck" [52]. Die Basis dafür bildet ein zentrales Konzept der Positiven Psychologie:

die Charakterstärken. Das Konzept benennt 24 konkrete Stärken, die in sechs Kategorien zusammengefasst sind. So beschreibt etwa die Kategorie „Mut" die Fähigkeiten Authentizität, Tapferkeit, Lebenskraft, Ausdauer und die Kategorie „Gerechtigkeit" die Stärken Fairness, Führungsvermögen, Teamfähigkeit/Loyalität. Kreativität, Neugier, Liebe zum Lernen, Aufgeschlossenheit und Weisheit werden der Kategorie „Weisheit und Wissen" zugerechnet. Die beiden weiteren Kategorien sind „Humanität" (Freundlichkeit, Bindungsfähigkeit, soziale Intelligenz) und „Transzendenz" (Sinn für das Schöne und Gute, Dankbarkeit, Hoffnung, Humor/Verspieltheit, Spiritualität). Die Idee, diesen Ansatz für die Entwicklung von Teams einzusetzen, hat Jörg, als er von 2017 bis 2018 eine Ausbildung zum zertifizierten Anwender der Positiven Psychologie absolviert.

Ein Team, das diese Methode für seine Entwicklung genutzt hat, ist das Leitungsteam der medizinischen, therapeutischen und diagnostischen Gesundheitsberufe des Krankenhauses Hietzing in Wien, das Jörg seit langem coacht und begleitet. Die dreizehn Frauen, die von Elfriede Guelfenburg und ihrer Stellvertreterin Barbara Gruss geführt werden, zeichnen sich seit vielen Jahren durch eine hohe Verlässlichkeit und erfolgreiche Umsetzung ihrer Aufgaben aus, obwohl das Umfeld im Gesundheitswesen in Österreich zusehends herausfordernder wird.

Ein paar Wochen vor dem Teamworkshop im Seminarhotel Gruber in Pöllau erhalten alle Mitglieder jene Internetadresse, unter der man an der Universität Zürich den Signaturstärkentest ausfüllen kann [53]. Das nimmt in etwa eine knappe halbe Stunde in Anspruch, immerhin sind 264 Fragen zu beantworten. Mit der Auswertung des Fragebogens im Gepäck reist das Team

Ende September 2017 in die Oststeiermark, um an diesen besonderen Stärken zu arbeiten. Zunächst steht eine Reflexion der im Ergebnis erstgereihten sieben Signaturstärken auf dem Programm. Ziel ist es, aus dieser Liste einige zu streichen, damit man sich tatsächlich auf die größten individuellen Stärken zu konzentrieren vermag. Dies geschieht, indem die einzelnen Fähigkeiten unter die Lupe genommen und auf ein paar Merkmale hin geprüft werden. So beispielsweise auf die Identifikation, also die Frage, wie authentisch die Stärke erlebt und als elementarer Teil des Selbstkonzepts gesehen wird [54]. Ist das in hohem Maße der Fall, dann übersetzt man diese besondere Fähigkeit mit Formulierungen wie „Das liegt mir einfach", „Das bin ich" oder „Daran kann mich niemand hindern". Oder etwa auf die Freude, die man spürt, wenn man die Stärke einsetzt. Wenn es sich tatsächlich um eine Signaturstärke handelt, dann empfindet man während des Tuns Spaß und Leichtigkeit. Dieser Prüfung werden also die ersten sieben Stärken unterzogen. Bei einigen bleiben zwei, bei anderen drei bis vier übrig. Jörg versucht die Mitglieder von Elfriede Guelfenburgs Team darin zu bestärken, den Mut zu haben, sich auf wenige besondere Stärken zu konzentrieren. Mit diesen arbeiten drei Kleingruppen weiter (hätte das Team nicht mehr als neun Mitglieder würde keine Aufteilung vorgenommen).

In den Gruppengesprächen gilt es, die Signaturstärken vorzustellen und zu diskutieren. Dabei soll berichtet werden, wie diese besonderen Fähigkeiten im Alltag aktuell eingesetzt werden und zu welchen Ergebnissen und Erlebnissen das führt. Das Team aus Wien diskutiert in den drei Kleingruppen intensiv und leidenschaftlich. Alle merken, wie sich die Atmosphäre mit positiver Energie auflädt. Es entsteht beinahe der Eindruck, dass die 13 Frauen Zeit und Raum vergessen und nicht aufhören wollen, darüber miteinander zu reden. Trotzdem startet Jörg den nächsten Arbeitsschritt, eine weitere Einzelarbeit. Nun soll definiert werden, wie die größten Signaturstärken für das Team genutzt und wie sie eventuell in neuen Kontexten angewandt werden können. Danach steigt die Spannung im Seminarraum, es knistert beinahe, denn es folgen 13 kurze Präsentationen. Jedes Mitglied erzählt, wie die einzelnen Signaturstärken in Zukunft konkret in das Team eingebracht werden, um das gemeinsame, übergeordnete Ziel zu erreichen sowie einen starken Zusammenhalt sicherzustellen. Nach jeder Präsentation gibt es herzlichen Applaus und es gilt, die eine oder andere Frage zu beantworten. Das Interesse der anderen Frauen im Team ist groß, es sind konstruktive und positive Gespräche zu beobachten. Jörg empfiehlt die genannten Signaturstärken im Zusammenhang mit dem Namen der Person, die sie einbringt, auf einem Plakat festzuhalten und so aufzuhängen, dass es die Teammitglieder möglichst oft sehen und an die Gespräche von Pöllau erinnert werden.

---

**Verantwortung bewusst machen und übernehmen – fünf wichtige Gedanken**

1. Gehen Sie davon aus, dass es nicht allen Ihrer Mitarbeiterinnen und Mitarbeiter klar ist, wofür sie konkret verantwortlich sind.
2. Beugen Sie dem Zuschauereffekt vor, indem im Team regelmäßig über Verantwortung und Zuständigkeit gesprochen wird.
3. Nutzen Sie im Team die Verantwortungsmatrix und den Verantwortungsgrundsatz.
4. Geben Sie das positive Beispiel, wie man mit Verantwortung umgehen soll.
5. Nutzen Sie eine der Stärkeninterventionen.

# 4.4 Eine erfolgversprechende Strategie entwickeln

Meisterteams zeichnen sich nicht nur durch ihr übergeordnetes, gemeinsames Ziel aus, sondern auch dadurch, dass sie konkret festlegen, wie sie die große Idee umsetzen wollen, was dazu nötig ist und wie sie sich dafür organisieren. Sie verständigen sich auf eine gemeinsame Strategie. Der Managementexperte Fredmund Malik schreibt von einem strategischen Grundmuster, das erfolgreiche Organisationen auszeichnet. Dieses sieht er darin, pro-aktiv zu handeln, dem Wandel voraus zu sein anstatt zu warten, bis etwas passiert [55]. Ein Team, das diesem Ansatz folgt, arbeitet in Langenthal im Schweizer Kanton Bern.

**Die Jungs von der Garage Gautschi**

Der Automobilkonzern Audi veranstaltet jedes Jahr den Audi Twin Cup. Dieser Wettbewerb, der seit Anfang der 2000er Jahre besteht, richtet sich an alle Teams der Audi-Welt. Ermittelt werden die jeweils besten Einheiten eines Landes, die sich dadurch für das jährliche Weltfinale qualifizieren. Im Jahr 2017 wird Jörg mit seinen Mitarbeiterinnen und Mitarbeitern engagiert, um das Landesfinale der Schweiz am Ägerisee, für das sich in der Vorausscheidung vier Teams qualifiziert haben, zu organisieren und durchzuführen. Der Sieger fährt Ende September 2017 zum Weltfinale nach Sevilla. Eines dieser vier Teams besteht aus sechs jungen Männern aus Langenthal: Markus Odermatt, Samidin Elshani, Hervé Pedrosa, Viktor Boljancu, Matthias Lack und Marco Borer, eben die Jungs von der Garage Gautschi (Abb. 4.23). Sie bereiten sich seit dem Herbst 2016 auf das Landesfinale 2017 vor, haben dafür eine eigene Roadmap erstellt, in der jede Tätigkeit mit Datum und Zuständigkeit konkret beschrieben ist. Marco Borer, der Teamleader, erzählt, dass

**Abb. 4.23** Die Jungs von der Garage Gautschi. Rechts im Bild der unvergessene Bruno Reitinger, der 20 Jahre im Zeykom-Team tätig war und 2018 tödlich verunglückte. (© Jörg Zeyringer)

der Gedanke an den Twin Cup jeden Tag präsent ist. „Bei allem, was wir im Alltag machten, und bei jeder Schulung, die wir besuchten, haben wir uns noch mehr als sonst hineingekniet." Das übergeordnete, gemeinsame Ziel ist von Anfang an klar: „Wir wollen nach Sevilla" – und der Weg dorthin führt über das nationale Finale am Ägerisee.

Als die Sechs erfahren, dass beim diesjährigen Landesfinale weder ein Auto mit eingebauten Fehlern, die sie finden müssen, noch ein verärgerter Kunde, den sie besänftigen sollen, wartet, kommen sie ins Grübeln. Eine neue, erfolgsversprechende Strategie muss rasch vereinbart werden. Das gestaltet sich schwierig, weil keiner der Gruppe genau weiß, welche Aufgaben am Ägerisee auf sie zukommen. Die Jungs von der Garage Gautschi wollen jedoch nicht warten und sich überraschen lassen, sondern sich perfekt vorbereiten, ganz nach ihrem Schlachtruf „Wir wollen auf den Thron, mit Schweizer Präzision" [56]. In einem Brainstorming sammeln sie 45 Aufgaben, die geeignet sind, die Qualität von Teams zu prüfen. Darunter findet sich beispielsweise Hufeisenwerfen, Bauen einer Hütte, Melken oder eine Schatzsuche – und auch Vorhaben, die am 13. Mai 2017 tatsächlich auf die Teams warten: Sie müssen ein Floß bauen und damit eine Wettfahrt auf dem Ägerisee bestreiten, einen Seilsteg errichten und überwinden, Wasser über offenem Feuer zum Sieden bringen und Kaffee kochen sowie Bogenschießen.

Für jede der 45 möglichen Aufgaben trägt einer der sechs Männer von der Garage Gautschi die Verantwortung. Dies bedeutet, sich auf die jeweiligen Übungen in besonderem Maße vorzubereiten und die Führung zu übernehmen, sollte diese tatsächlich auf dem Plan stehen. Die sechs Männer trainieren viele Übungen aus dem Brainstorming. So bauen sie beispielsweise einen Seifenkisten-Boliden, besuchen einen Seilpark und eine Paintballfarm. All diese Aktivitäten, die sie ja in der Freizeit absolvieren, viele davon an Wochenenden, führen dazu, dass „unser Team noch näher zusammenwächst", so Marco Borer.

Je näher das Landesfinale kommt, desto größer werden Spannung und Vorfreude in der Garage Gautschi. Sie sehen sich Fotos vom verantwortlichen Audi-Manager Hugues Chatelain und von Jörg an, damit sie diese beiden sofort erkennen und richtig ansprechen können. Einige Tage vor dem Event lesen die sechs Männer Jörgs *Neuen Treppenläufer,* um zu erfahren, „wie er tickt und uns bewerten könnte". Für das gemeinsame Essen aller Teilnehmer am Abend vor dem Finale vereinbaren sie Verhaltensregeln: Die Männer kleiden sich einheitlich, verzichten auf Alkohol und gehen um 22 Uhr zu Bett. Sie wollen nichts dem Zufall überlassen und verfolgen ihre vereinbarte Strategie. Am 13. Mai 2017 gewinnen die Sechs das Schweizer Finale, qualifizieren sich für das Weltfinale in Sevilla und belegen dort den ausgezeichneten dritten Platz.

**Eine erfolgversprechende Strategie entwickeln**

Eine erfolgsversprechende Strategie zeichnet sich unseres Erachtens nach durch drei wesentliche Größen aus: das Ziel, die vorhandenen Ressourcen und konkret beschriebene Aktivitäten im Sinne eines Handlungsplans (Abb. 4.24). Das gemeinsame, übergeordnete Ziel ist der Ausgangspunkt allen Handelns in jedem Team. Erst die genaue Kenntnis, worin die große Idee besteht, ermöglicht strategische Überlegungen und Schritte. Die für uns entscheidende Frage, um die bestmögliche Strategie wählen zu können, lautet: Wie nutzen wir die vorhandenen Potenziale sowie die zur Verfügung stehenden Stärken unseres Teams und wie organisieren wir uns, um unser großes Ziel zu erreichen? Um diese Frage gut beantworten zu können, sind mehrere spezifische Analysen notwendig.

So etwa bezüglich der materiellen Mittel. Das Team soll genau wissen, worauf es zurückzugreifen vermag, um den Einsatz dieser Ressourcen entsprechend planen zu können. Aber auch die zur Verfügung stehenden Stärken sollten einer Analyse unterzogen werden. Im Zusammenhang mit der Übernahme von Verantwortung haben wir drei Methoden vorgestellt, Fähigkeiten sichtbar zu machen und zu nutzen. Ein weiteres Werkzeug dafür sehen wir in individuellen Potenzialanalysen, die der Teamleader mit seinen Mitarbeiterinnen und Mitarbeitern etwa in Vieraugengesprächen durchführt. Ziel ist es, Klarheit über die Potenziale der einzelnen Teammitglieder zu gewinnen

**Abb. 4.24**  Die 3 Zutaten einer erfolgversprechenden Strategie. (© Claudia Styrsky)

und Möglichkeiten für deren Entwicklungen sichtbar zu machen. Dafür schlagen wir ein einfaches Modell vor.

Zum Einstieg in diesen Dialog legen Teamleader und Mitarbeiter das Gesprächsziel fest. Sie vereinbaren einen Selbstbild-Fremdbild-Abgleich, um die jeweiligen Sichtweisen auszutauschen und zu einem Bild zusammenzufügen. Sie besprechen die individuellen Stärken des

Teammitglieds, die bereits gut genutzt werden, um die zugeschriebenen Aufgaben erfolgreich umzusetzen. Im nächsten Schritt reflektieren sie jene Defizite, die den Mitarbeiter daran hindern, seine Funktion in der gewünschten Qualität zu erfüllen und das gemeinsame, übergeordnete Ziel zu erreichen. Anschließend besprechen sie, inwieweit das individuelle Potenzial generell bereits genutzt wird. Das schätzen die beiden auf einer Skala von 10 bis 100 % ein und untermauern das mit den wichtigsten Argumenten. So werden mögliche Ressourcen für Entwicklungen sichtbar. Ist das der Fall, lautet die Fragestellung: Welche Ideen hat das Teammitglied, um das individuelle Potenzial besser zu nutzen? Die Ergebnisse derartiger Potenzialgespräche liefern in der Regel wertvolle Hinweise, um die Strategie festzulegen. Freilich kann diese Methode auch im Kollektiv angewandt werden. Das verlangt vom Team jedoch einen hohen Reifegrad. Ist dieser vorhanden, dann kann eine Potenzialanalyse in der Mannschaft ein wahrer Energiespender sein.

**Effekte der Gruppendynamik nutzen**
Gruppendynamische Effekte stellen einen weiteren Einflussfaktor auf die Wahl der Strategie dar. Die Gruppendynamik beschreibt die Funktionsweise von sozialen Einheiten. Wir sprechen deshalb von einer Dynamik in Teams, weil stets komplexe und von den Beziehungskonstellationen abhängige Kräfte wirken, sodass niemals Ruhe herrscht. Diese Wechselwirkungen entstehen durch die Vielzahl an Interaktionen der Mitglieder untereinander und werden aufgrund der unterschiedlichen Persönlichkeiten, der verschiedenen Motive und Positionen, Rollen und Funktionen beeinflusst. Je besser die Mitglieder über Gruppenprozesse und deren Dynamik Bescheid wissen, desto effektiver agieren sie auf der Leistungs- und

desto sensibler auf der zwischenmenschlichen Ebene [57]. Für die Entwicklung einer erfolgversprechenden Strategie lohnt es sich, über drei gruppendynamische Begriffe, die sich gegenseitig beeinflussen, nachzudenken: über die Funktionen, die Positionen und die Rollen im Team.

Dabei beschreibt die *Funktion,* worin konkret die Aufgabe und die spezifische Leistung eines Mitglieds bestehen. Beides ist sichtbar und jeder in der Mannschaft weiß darüber Bescheid. Denken Sie etwa an Kevin Trapp. Er ist der Keeper von Eintracht Frankfurt und sorgt dafür, dass so wenige Bälle wie möglich über die Torlinie gelangen.

Folgende Fragen bringen hilfreiche Antworten, die in die Erarbeitung einer Strategie einfließen können. Welche *Funktionen* sind zwingend nötig, um unser Ziel zu erreichen? Stehen sie zur Verfügung und wenn ja, in welcher Qualität sind sie besetzt? Sind sie nicht vorhanden, stellt sich die Frage, wer am besten geeignet ist, eine Lücke zu schließen und im Idealfall sogar dadurch das Potenzial des Teams zu verbessern.

Ein Beispiel dafür ist Filip Kostic. Seine erfolgreiche Saison 2018/2019 macht ersichtlich, dass Adi den Mut hat, einen Spieler in ungewohnter *Funktion* einzusetzen, wenn es die Strategie erfordert. Um die Besten auf den Platz zu bringen, erfindet er eine neue taktische Grundordnung für die Eintracht, die eine Dreierkette vorsieht. Daraufhin muss er zwei Spieler für die Außenbahn finden, die die spezifischen Fähigkeiten mitbringen. Es ist ihm klar, dass Danny Da Costa diese Voraussetzungen erfüllt. Die spannende Frage ist nun, wer das auf der linken Seite vermag. Adi spürt, dass Filip Kostic seine Erwartungen erfüllen könnte, und führt viele Gespräche in dieser Hinsicht. Im Heimspiel gegen RB Leipzig (1:1), in der vierten Runde der Bundesliga, bietet Adi getreu seines Mottos

„Mut zum Risiko" Filip Kostic auf der linken Außenbahn auf. Dieser rechtfertigt das in ihn gesetzte Vertrauen mit einer guten Leistung, entwickelt sich im Laufe der Saison zu einem der besten Spieler auf der Außenbahn in der deutschen Bundesliga und straft manche Kritiker lügen. Die *Frankfurter Neue Presse* nennt das „Hütters besten Schachzug" [58].

Wenn wir über die gruppendynamische *Position* von Kevin Trapp nachdenken, bringen wir seinen informellen Stellenwert in den Fokus, über den er im Team verfügt. Diesen erlangt er aktiv durch sein Verhalten, insbesondere durch seine Art zu kommunizieren, aber auch aufgrund seiner Biografie und seiner bisherigen Leistungen. Kevin Trapp ist aktueller Nationalspieler, hat Auslandserfahrung bei Paris Saint Germain, spricht mehrere Sprachen und ist ein ungemein positiver sowie ehrgeiziger Mensch. Sein Status, also seine *Position* entsteht aber auch passiv, indem ihm die anderen Spieler eine gewisse Macht einräumen und diese akzeptieren.

Das Rangdynamikmodell des österreichischen Psychoanalytikers und Therapeuten Raoul Schindler verdeutlicht, welche unterschiedlichen Positionen in Teams möglich sind [59]. Die sogenannte „Alpha-Position" wird von informellen Führern eingenommen, die sich mit dem gemeinsamen, übergeordneten Ziel in höchstem Maße identifizieren und in der Regel den Großteil des Teams hinter sich wissen. In die „Beta-Position" schlüpfen am ehesten Experten, die sich durch Beraterstatus auszeichnen. Sie suchen die Nähe zum Alpha, um an der Macht teilzuhaben. Sie besitzen aber auch das Potenzial, den informellen Führer zu stürzen, um selbst die Führung zu übernehmen. Die „Gamma-Position" identifiziert sich mit ihrem „Leittier" (dem Alpha) und unterstützt es ohne eigenen Führungsanspruch. Sie repräsentiert das Volk, das

die „Knochenarbeit" verrichtet. Die „Omega-Position"
schließlich stellt die kritische Instanz eines Teams dar, die
eine andere Sichtweise bezogen auf das Ziel beziehungsweise die Zielerreichung einbringt. Wird diese nicht
angehört und besprochen, kann das zu offenem oder
verdecktem Widerstand führen. Abb. 4.25 verdeutlicht
diese unterschiedlichen Positionierungen rund um das
gemeinsame, übergeordnete Ziel.

Solange sich die Identifikation der Einzelnen nach
innen richtet, ist das Team trotz möglicher kritischer
Gedanken der Omegas handlungsfähig. Diese können
sogar zu einer Steigerung der Leistung führen, weil sie

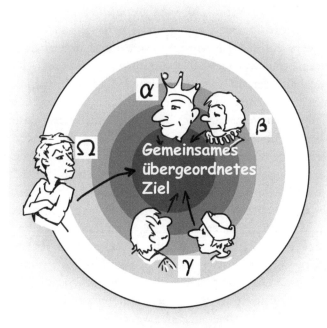

**Abb. 4.25** Die gruppendynamischen Positionen in einem Team.
(© Claudia Styrsky)

durch ihre Einwürfe unter Umständen zum Nachdenken anregen. Entschließt sich die Omega-Position jedoch in Opposition zu treten, richtet sich der Vektor nach außen und die Motivation für die große Idee ist dahin. Erst wenn die Situation geklärt ist, verfügt das Team wieder über die volle Leistungsbereitschaft und Leistungsfähigkeit.

Die Antworten auf folgende Fragen zu den *Positionen* helfen, eine erfolgsversprechende Strategie festzulegen. Wie gut harmoniert das Teamgefüge aktuell? Wer von den Mitgliedern hat das Sagen und wie folgen die anderen diesen Personen? Haben wir die Leadertypen, die mutig vorangehen, die anderen pushen, falls Schwierigkeiten auftreten? Gibt es Außenseiter oder gar Widerstand, den wir intern klären sollten?

Die *Rolle* des Nationaltorwarts zu beschreiben, fällt einfacher, denn sie drückt das typische Verhalten aus. Es ist gut beobachtbar, wie Kevin Trapp verbal und nonverbal mit Trainern und Mitspielern kommuniziert, ob er sich eher zurückhält oder aktiv ist, mit welchem Einsatz er trainiert, wie er sich kleidet, ob er sich eher ernsthaft oder eher lustig gibt. Sein Verhalten zeigt seine Persönlichkeitsstruktur. Er verfügt über ein „Siegergen", er will immer gewinnen, vertritt eine klare Meinung, auch in der Öffentlichkeit, interessiert sich für die Entwicklung des Vereins, ist eher extrovertiert, sprachgewandt und optimistisch.

Bezüglich der *Rolle* könnten folgende Fragen hilfreich sein: Welches Verhalten ist günstig für unser großes Vorhaben, welches weniger? Welche Chancen und Risiken ergeben sich aufgrund der verschiedenen Rollen in unserem Team? Diese Fragestellungen zeigen, dass Teams, die Umgangsformen oder Regeln im Sinne einer Teamkultur vereinbart haben, einen enormen Vorteil besitzen.

Ein weiterer Aspekt, der für die Entwicklung einer guten Strategie berücksichtigt werden sollte, bezieht sich auf den gruppendynamischen Entwicklungsstand. Dafür nutzen wir in unserer Praxis das Phasenmodell des amerikanischen Psychologen Bruce Tuckman [60]. Es beruht auf der Annahme, dass ein Team mehrere Entwicklungsstufen durchläuft, ehe es zu einem Meisterteam gereift ist.

**forming**

In der kurzen Phase, in der ein Team zusammengestellt wird, herrscht eine gewisse Spannung, weil die neuen Mitglieder ihre eigenen Erwartungen und Vorstellungen mitbringen, vieles jedoch noch unklar und unausgesprochen ist. So weiß zunächst niemand genau, was auf ihn zukommt, wo er in der gruppendynamischen Rangfolge steht und mit wem er es zu tun hat. Das führt zu einem vorsichtigen und abwartenden Verhalten und zu einer Fixierung auf den Leader. Dieser sollte in der ersten Phase höchst präsent sein und durch klare Informationen Sicherheit und Orientierung bezüglich Teamauftrag, Aufgaben der Einzelnen und Rahmenbedingungen geben.

Adi ist für alle seine Ansprachen stets bestens vorbereitet. Oft erzählt er Jörg, was er sagen möchte, hört sich dessen Reaktion an und entscheidet dann. Für die erste Begegnung mit Mannschaften, die er als Trainer neu übernimmt, bereitet er ein besonderes Konzept vor. Das war bei Red Bull Salzburg ebenso der Fall wie bei den Young Boys in Bern und bei der Frankfurter Eintracht. Adi will möglichst schnell sichtbar werden und erzählt von sich und seinen Überzeugungen: welche Werte er lebt und welche Grundprinzipien für ein erfolgreiches Teamgefüge notwendig sind. Dabei spricht er von jenen fünf Merkmalen, die wir in diesem Buch beschreiben.

Manche Spieler staunen, mit welcher Offenheit und welchem Mut Adi darstellt, wie er funktioniert, worauf er im Umgang untereinander Wert legt und welche Idee vom Fußball er verfolgt. Er formuliert seine Erwartungen präzise, um Missverständnisse, die beispielsweise durch verschiedene Sprachen entstehen könnten, zu vermeiden, und informiert darüber, dass ein gemeinsames, übergeordnetes Ziel erarbeitet wird. Er zeichnet ein Bild von sich, das ihn nicht nur als Trainer zeigt, sondern als Coach und Partner, und fordert seine Spieler, von denen er die meisten gerade erst kennengelernt hat, auf, mit Fragen, Anliegen aber auch mit Problemen zu ihm zu kommen. Er sagt: „Ich habe stets ein offenes Ohr für Euch." Zum Abschluss dieser ersten Ansprache in einem neuen Team platziert Adi eine konkrete Aufforderung: „Ich möchte, dass wir uns mit gegenseitigem Respekt und hoher Disziplin begegnen und offen miteinander kommunizieren. Und ich möchte, dass wir Spaß haben und man sieht, dass wir mit Freude und Begeisterung Fußball spielen." Damit spricht er eines der elf Gesetze an, die wir in unserem ersten, gemeinsamen Buch beschrieben haben.

**storming**

In der zweiten Phase werden die verschiedenen Erwartungen und Vorstellungen, Ziele und Prioritäten der einzelnen Teammitglieder sichtbar. Das führt in der Regel zu heftigen Diskussionen, da manche ihre Überzeugungen deutlich äußern. Konflikte um die Zielrichtung, um Positionen und Status sind in dieser Phase normal und für die Entwicklung wichtig. Das Vorwärtskommen erscheint mühsam und die Leistungsfähigkeit ist eingeschränkt. Der Teamchef achtet in dieser Phase darauf, dass die geltenden Regeln eingehalten werden, und ermuntert seine Mitarbeiterinnen und Mitarbeiter zu offenen und konstruktiven Gesprächen. Jörg hat dafür eine Intervention entwickelt. Durch sie werden Ansätze der Persönlichkeit der einzelnen Teammitglieder ebenso sichtbar wie deren Motive und Erwartungen.

## „Ich – meine Persönlichkeit, meine Motive und Erwartungen"

Jedes Teammitglied setzt sich zunächst in einer Einzelarbeit mit der eigenen Persönlichkeit auseinander und reflektiert die wichtigsten Eigenschaften (maximal fünf), die diese gut beschreiben. Es ergänzt dieses Selbstbild durch die besonderen Stärken, die es ins Team einbringt, und durch die möglichen bedeutsamen Schwächen, die sich auf die gemeinsame Arbeit auswirken können. Sodann werden die wichtigsten Motive und Antreiber für das Wirken im Team formuliert, abschließend die wichtigsten Erwartungen:

- an das gemeinsame, übergeordnete Ziel,
- an den Umgang miteinander und
- an die Führung.

All diese Informationen werden auf einem Flipchart festgehalten.

Danach denkt jeder im Team über die anderen nach und notiert im Sinne eines Fremdbildes einige besondere Merkmale der jeweiligen Persönlichkeit, die im Teamalltag gut beobachtbar sind. Den Höhepunkt bildet der Austausch all dieser Informationen. Zunächst sucht sich die Person, die an der Reihe und im Zentrum der Aufmerksamkeit ist, drei Kolleginnen oder Kollegen aus und bittet um ein persönlichkeitsbezogenes Feedback. Erst dann wird über das reflektierte Selbstbild informiert und darüber gesprochen.

Gelingt es, mit dieser oder einer ähnlichen Intervention offene, konstruktive Gespräche zu forcieren, zeigen sich erste Positionsverteilungen und die Zielrichtung wird klarer. Bei der Umsetzung der Aufgaben des Tagesgeschäftes bietet sich ein Rotationsprinzip an, um der Bildung von Cliquen vorzubeugen. Das Erarbeiten des gemeinsamen, übergeordneten Ziels, der großen Idee, bildet den Übergang zur dritten Teamentwicklungsphase. Dabei empfiehlt es sich, sowohl die Motive als auch die Erwartungen der Teammitglieder im Blick zu haben und wenn möglich zu berücksichtigen.

Es ist schwer zu prognostizieren, wie viel Zeit es braucht, um die beiden ersten Entwicklungsphasen zu durchlaufen. Auch retrospektiv fällt eine diesbezügliche Analyse nicht leicht, da natürlich weitere Faktoren auf Erfolg oder Misserfolg eines Teams einwirken. Wenn wir jedoch die ersten Monate von Eintracht Frankfurt in der Saison 2018/2019 reflektieren, dann fällt uns doch einiges auf. Adi kommt als Cheftrainer neu zum Club und bringt Christian Peintinger als seinen Co-Trainer und Vertrauten mit. Fünf Spieler verlassen den Verein, darunter Alexander Meier, der 14 Jahre für die Eintracht auflief. Mit Evan N'Dicka, Lucas Torró, Goncalo Paciencia, Frederik Rönnow, Filip Kostic und Kevin Trapp stoßen sechs Neue zur Mannschaft. Die Eintracht bekommt im Sommer 2018 ein neues Gesicht *(forming)*. Jetzt gilt es möglichst schnell die *storming*-Phase zu durchlaufen, in der die Leistungsfähigkeit noch nicht voll ausgeschöpft werden kann. Die Saison beginnt am 12. August 2018 mit dem Supercupspiel gegen Bayern München, das die Eintracht 0:5 verliert. Schon in der ersten Runde des DFB-Pokals scheidet Adis Team am 18. August gegen den SSV Ulm durch eine 1:2 Niederlage aus. Die Eintracht gewinnt dann zwar das erste Meisterschaftsspiel gegen Freiburg mit 2:0 (25. August), verliert jedoch die beiden folgenden gegen Werder Bremen (1:2, 1. September) und gegen Borussia Dortmund (1:3, 14. September). In der Europa League verschafft sich das Team ein Erfolgserlebnis und besiegt Olympique Marseille auswärts am 20. September 2018 mit 2:1, in der Meisterschaft holt es zu Hause ein 1:1 gegen Leipzig (23. September), ehe ein Dämpfer beim

Auswärtsspiel gegen Borussia Mönchengladbach folgt (26. September): Eintracht verliert 1:3.

Doch dann wird alles anders. Die ruhige, konsequente Arbeit von Adi und seinem Trainerteam macht sich bezahlt; das Team gleitet just in dieser Zeit in die *norming*-Phase. Es folgen elf Pflichtspiele in der Bundesliga und in der Europa League, in der die Eintracht unbesiegt bleibt, zehn davon gewinnt, nur ein Remis zulässt und dabei 36 Tore erzielt. In der Transferzeit im Winter kommen zwar mit Sebastian Rode, Martin Hinteregger und Almamy Touré noch einmal drei Neue zur Mannschaft; die große Idee, wie bei der Eintracht Fußball gespielt wird, bleibt jedoch aufrecht und weiter forciert. Die drei Neuen steigen in ein funktionierendes Team- und Vereinsgefüge ein, das durch die ruhige und erfolgreiche Arbeit von Fredi Bobic und Bruno Hübner stabilisiert wird, und sozialisieren sich schnell. Vielleicht ermöglichen das und die perfekte Vorbereitung den nächsten Schritt in die *performing*-Phase. Das Team bleibt im Frühjahr 2019 in 15 Spielen der Bundesliga und in der Europa League unbesiegt. Erst am 11. April müssen sich die Jungs der Eintracht nach einem großartigen Fight – 70 Minuten davon in Unterzahl – auswärts gegen Benfica Lissabon mit 2:4 geschlagen geben.

**norming**

Es gibt ein gemeinsames, übergeordnetes Ziel und die Wogen haben sich geglättet. Neue Fragestellungen wie beispielsweise „Wie wollen wir unser Ziel erreichen, wie sieht unsere Strategie aus?" oder „Wie wollen wir miteinander umgehen – welche Kultur soll unser Team auszeichnen?" tauchen auf und werden bearbeitet. Dabei kann eine zunehmende gegenseitige Unterstützung beobachtet werden, sodass ein „Wir-Gefühl" und ein gemeinsamer Teamgeist entstehen. Das Team kann sich verstärkt seinen

Aufgaben zuwenden. Der Leader bindet seine Leute stärker ein und erhöht deren Handlungsspielräume. Regelmäßiger Informationsaustausch und eine zunehmend positive und konstruktive Kommunikation werden zum Standard gemacht und es zeigen sich die ersten Erfolge.

**performing**

In dieser Entwicklungsstufe befinden sich Meisterteams. Das gemeinsame, übergeordnete Ziel und die vereinbarten Umgangsformen stehen im Mittelpunkt des Denkens, Fühlens und Handelns; alle Mitglieder sind auf Zielerreichung „programmiert" und leben einen starken Zusammenhalt. In Frankfurt hat Adi ein Team geformt, eine gefestigte Mannschaft, die daran glaubt, wie sie spielt, und überzeugt ist, erfolgreich sein zu können. Das ist die Mentalität, die alle auszeichnet und die man von außen tatsächlich beobachten kann. Zwischen den Einzelnen besteht großes Vertrauen, hohe Solidarität und die Kommunikation wird im Sinne der Losada-Rate als positiv-optimistisch, konstruktiv und pro-aktiv erlebt. Das Team organisiert sich selbst und ist bereit, ein kalkuliertes Risiko einzugehen. Treten besondere Situationen auf, agiert das Team selbständig, kreativ und flexibel. Die einzelnen Personen helfen sich gegenseitig. Workshops und Meetings dienen als Foren zum Informations- und Ideenaustausch. Der Teamleader führt über Delegation, tritt in den Hintergrund und ist offen für Anregungen. Er sorgt dafür, dass Erfolge gebührend gefeiert werden.

Adi hat in seiner Tätigkeit regelmäßig auch noch mit einer fünften Teamphase zu tun. Es ist längst üblich, dass sich Fußballmannschaften nach einer Saison personell verändern. Einige Spieler verlassen den Verein, andere kommen neu hinzu. Es gilt Abschied zu nehmen, und das Team in seiner bisherigen Form löst sich auf. Diese Phase wird „*adjourning*" [61] genannt. Für Adi beginnt jeden Sommer die Entwicklung der Mannschaft zu einem Meisterteam neu.

Der gruppendynamische Entwicklungsstand des Teams ist also ein wesentlicher Aspekt, der für die Entwicklung einer guten Strategie berücksichtigt werden sollte. Eine einfache und effektive Möglichkeit, diesen sichtbar zu machen, zu diskutieren und die weitere Entwicklung voranzutreiben, sehen wir in folgender Intervention.

**Die Teamuhr – da stehen wir**
Die Teamuhr zeigt, wo sich das Team aus der Sicht der einzelnen Mitglieder in seiner Entwicklung befindet. Zur Vorbereitung skizziert der Teamleader kurz die einzelnen Phasen samt ihren Besonderheiten. Diese Informationen benötigen die Mitglieder, damit sie einschätzen können, in welcher Phase sie die Truppe aktuell erleben. Danach wird präzisiert und die konkrete Uhrzeit bestimmt: Sie sagt aus, ob sich das Team etwa am Beginn oder schon am Ende einer Phase befindet. Diese Bewertungen werden durch die jeweils wichtigsten drei Begründungen untermauert, auf Moderationskärtchen geschrieben und später im Team präsentiert. Dafür wird die Teamuhr auf ein großes Plakat gezeichnet und auf eine Pinnwand geheftet (Abb. 4.26). So kann jedes Teammitglied die konkrete Uhrzeit eintragen, den anderen die drei wesentlichsten Begründungen dafür näherbringen und die Moderationskärtchen zur entsprechenden Phase hängen. Wenn das alle gemacht haben und der aktuelle Status sichtbar und diskutiert ist, wird jenes Thema definiert, an dem das Team arbeiten möchte, um die Entwicklung voranzutreiben.

Wir sehen in einer positiven Dynamik, die ja nichts anderes ist, als die Mentalität, die in einem Team herrscht, das wesentliche Element, das die Umsetzung einer Strategie unterstützt. Das ist ein Grund mehr, sich die fünf Teammerkmale im Alltag immer wieder bewusst zu

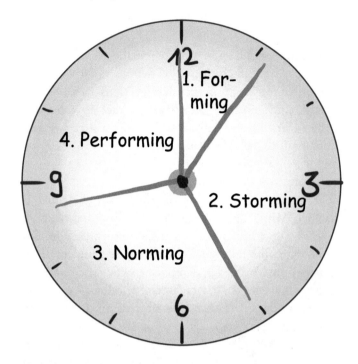

**Abb. 4.26** Die Teamuhr. (© Claudia Styrsky)

machen und die dazugehörenden Gedanken und Interventionen umzusetzen.

Für eine erfolgreiche Strategie fehlt nun noch der konkrete Handlungsplan, die Roadmap. Sie beschreibt ähnlich der Route, die ein Navigationsgerät errechnet, den
besten, schnellsten und günstigsten Weg zum Ziel. Im
Handlungsplan sind alle wichtigen Aktivitäten konkret
beschrieben. Für jede davon übernimmt ein Teammitglied
die Verantwortung. Achten Sie dabei darauf, dass Einzelne
nicht überfordert werden. Die Zeitrahmen, in denen
diese Maßnahmen umgesetzt werden, sind ebenso konkret definiert wie Kriterien, anhand derer eine erfolgreiche
Umsetzung geprüft werden kann.

Eine Strategie ist selbstverständlich darauf ausgelegt, das Ziel zu erreichen und Erfolg zu erzielen. Manchmal jedoch ist es notwendig, auch zu bedenken, wie ein Team mit einem Scheitern umgehen könnte und sogar Ausstiegsszenarien zu entwickeln.

Nun möchten wir Ihnen eine Strategie für den Alltag vorstellen, mit der eine Mannschaft zum Meisterteam werden kann.

### Das Biermodell 2.0 – eine Strategie für Meisterteams

Jörg entwickelt das Biermodell in den 1990er Jahren, beschreibt es erstmals in seiner Doktorarbeit in Motivationspsychologie und publiziert es später unter anderem in seinem Buch *Der neue Treppenläufer. Wie man sich und andere motiviert.* Die Basis dafür bildet das Flow-Modell von Mihaly Csikszentmihalyi [62], emeritierter Professor für Psychologie, das Jörg „operational gegenüber Csikszentmihalyi verbessert" [63].

Nun liegt eine Adaption vor, das Biermodell 2.0, das der Frage nachgeht, wie in einem Team eine starke, möglichst anhaltende Motivation für besondere Leistungen entfacht werden kann und die handelnden Personen dabei trotzdem psychisch wie physisch stabil und fit bleiben.

Hinter einer hohen Motivation stehen in der Hauptsache drei Fragen: *Was? Warum?* und W*ie?* Das *Was* steht für das konkrete Ziel, die große Idee. Das *Warum* repräsentiert den Wert, der einem Vorhaben beigemessen wird. Dieser regelt die ideelle oder materielle Bedeutung, somit Sinn und Nutzen des Vorhabens. Das menschliche Gehirn tut nichts, wenn es nicht weiß, was es davon hat. Wer hingegen weiß, warum er etwas tut, findet in der Regel die richtigen Wege. Je wertvoller ein Vorhaben erscheint, desto attraktiver stellt sich dessen Realisierung dar. Das *Wie* beschäftigt sich mit den Aspekten der Umsetzung und drückt sich durch die Erwartung aus, die an die erfolgreiche Realisierung geknüpft ist. Die Erwartung bezieht sich aber nicht nur auf die Erfolgswahrscheinlichkeit, sondern auch auf den Einsatz, den man zu leisten imstande und gewillt ist. Dafür eigenen sich Ziele und Ideen besonders, die in einem Schwierigkeitsgrad zwischen Über- und Unterforderung empfunden werden.

Deshalb beschreibt das Biermodell drei in ihrer Schwierigkeit verschiedene Aufgabenbereiche (Abb. 4.27). Die sogenannten *Bieraufgaben* sind jene, die man bei entsprechendem Einsatz alleine erfolgreich umsetzen kann. Dafür ist man ausgebildet, verfügt über genügend Knowhow und Erfahrung. Die Bieraufgaben sorgen für die so wichtigen täglichen Erfolgserlebnisse. Die *Schaumaufgaben* sind stets mit dem Prädikat „neu" versehen. Es handelt sich um Tätigkeiten, die man bisher nicht oder nicht auf diese Weise ausgeführt hat. Deshalb wird Hilfe benötigt.

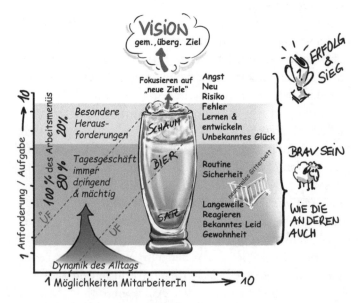

**Abb. 4.27**   Das Biermodell 2.0. (© Claudia Styrsky)

Diese Aufgabengruppe sorgt dafür, dass man Neues lernt, sich entwickelt und besondere Erfolgserlebnisse erfährt. Die *Satzaufgaben* schließlich sind jene, die sowohl physisch als auch psychisch keine besonderen Anforderungen aufweisen. Das ist jener Bereich, in dem während des Arbeitens eine gewisse Art von Regeneration möglich ist.

Die Umsetzung des Biermodells ist an zwei Forderungen geknüpft. Erstens sollen sich die Mitarbeiter ihr Arbeitsmenü möglichst selbst aussuchen oder zumindest in die Zusammenstellung eingebunden sein und zweitens sollen alle drei Aufgabengruppen im Sinne einer Rotation auf dem Arbeitsplan stehen [64].

Im Biermodell 2.0 repräsentieren die Satz- und die Bieraufgaben die Herausforderungen und die Dynamik des Alltags. Diese stets dringenden Tätigkeiten machen das sogenannte Tagesgeschäft aus. Es sind jene Aktivitäten und Verhaltensweisen, mit denen der Betrieb aufrechterhalten, der Laden am Laufen gehalten wird. Ganz nach dem Motto: Es ist zu tun, was zu tun ist. Wir reden also von jenen Tätigkeiten, die Standard sind und auch von Mitbewerbern in ähnlicher Art und Weise umgesetzt werden. In Filialen verschiedener Bankengruppen stellt sich das Tagesgeschäft ebenso vergleichbar dar wie in HNO-Stationen verschiedener Krankenhäuser oder in unterschiedlichen Produktionshallen der Industrie. Bei Sportteams beschreibt das Tagesgeschäft das Standardtraining, also jene Übungen und Grundsätze, die von den meisten anderen Teams ebenfalls ähnlich durchgeführt werden. Satz- und Bieraufgaben eignen sich folglich nicht dazu, dass man sich weiterentwickelt, sich wesentlich von anderen unterscheidet und damit absetzt. Sie sorgen dafür, den Alltag zu bewältigen, und das ist eine wichtige Funktion.

Viele Menschen, denen wir in den vergangenen 25 Jahren in Seminaren, Coachings und in Teams begegnet sind, berichten, sie hätten neben dem Tagesgeschäft keine Zeit für andere Vorhaben. Gute Ideen und Träume bleiben auf der Strecke und werden solange aufgeschoben, bis sie irgendwann, in einem Ordner abgeheftet, in einem Regal verstauben. Weshalb ist das Tagesgeschäft so mächtig?

Ganz einfach, weil wir den allergrößten Teil unserer Zeit damit verbringen und es gewohnt sind. Wir tun es, weil wir es tun. Wissenschaftliche Untersuchungen zeigen, dass bis zu 50 % unseres täglichen Verhaltens als Gewohnheiten ablaufen [65]. Das hat natürlich auch sein Gutes, es spart Zeit und Kraft, weil wir darüber nicht jedes Mal neu nachdenken müssen. Gewohnheiten wirken wie ein Filter, durch den wir die Welt wahrnehmen. Hinzu kommt, dass das Gehirn Verhaltensweisen verstärkt, die es wiedererkennt. Deshalb fühlen sich viele in der täglichen Routine wohl. Man empfindet eine subjektive Sicherheit, weiß, dass nichts Schlimmes geschehen kann, denn das Risiko ist minimal, und man hat die Dinge im Griff. Vielleicht wird es hin und wieder ein wenig langweilig, mehr kann jedoch meist nicht passieren. Der deutsche Psychologe Jens Corssen verweist darauf, dass sich das menschliche Gehirn den Aufgaben anpasst, die es gestellt bekommt, und von andauernden Gewohnheiten geformt wird. Er nennt dieses Phänomen das „neuronale Gitterbett" [66]. In diesem sicheren Bereich besteht das Verhalten in der Hauptsache aus Reagieren. Man wird aktiv, wenn man muss, und macht in der Regel das, was man in solchen Situationen schon x-fach gemacht hat und was wahrscheinlich die meisten anderen in der gleichen Situation auch tun. Im „neuronalen Gitterbett" nimmt man bekanntes Leid in Kauf, weil das halt so sei und dazugehöre. Das alles führt zwar zu braven, aber eben nur zu durchschnittlichen Ergebnissen.

Die Schaumaufgaben stellen im Biermodell 2.0 den Weg aus dem „neuronalen Gitterbett" dar. Es ist jener Verhaltensbereich, der durch neue Tätigkeiten, neue Ziele

und neue Verhaltensweisen bestimmt wird. Es geht buch-
stäblich darum, neue Gedankenwege zu beschreiten, die
für neue neuronale Bahnen (Verknüpfungen) im Gehirn
sorgen. Neues anzugehen birgt natürlich die Gefahr, Fehler zu machen, sich zu blamieren, und trägt das Risiko
des Scheiterns in sich. Davor haben viele Menschen
Angst. Deshalb lassen sie lieber die Finger davon. Wer
aber immer wieder das wiederholt, was bislang funktioniert hat, um keine Fehler zu machen, kommt nicht weiter, als er schon war. Es ist so ähnlich wie zu Beginn der
Seefahrt, als es noch keine besonderen Hilfsmittel zur
Navigation gibt. Die meisten Seefahrer haben damals
Angst, auf hoher See die Orientierung zu verlieren, durch
starke Winde oder Unwetter so weit aufs Meer hinaus-
getrieben zu werden, dass sie den Heimathafen nicht
wiederfinden. Ein solches Risiko wollen die wenigsten
Seefahrer der damaligen Zeit eingehen, also bleiben sie
in Sichtweite der Küsten und nutzen auffällige Punkte
an Land um zu bestimmen, wo sie sich gerade befinden.
Eine kurze Passage aus *Die Falschmünzer*, einem Werk des
Literaturnobelpreisträgers André Gide, verdeutlicht diesen
Gedanken:

> „Ich habe oft bedacht, daß in der Kunst, besonders
> in der Literatur,
> nur der in Betracht kommt, der Unbekanntes sucht.
> Man entdeckt keine neuen Weltteile, ohne den Mut
> zu haben,
> alle Küsten aus den Augen zu verlieren.
> Doch unsere behutsamen Literaten fürchten sich
> vor dem hohen Meer:
> das Geschäft, das sie betreiben, ist nur Küstenschif-
> fahrt" [67].

Die Voraussetzung um zu lernen und sich zu entwickeln, ist es, sichere Gewässer zu verlassen, bekannte Küsten aus den Augen zu verlieren und in neue Welten aufzubrechen. Dafür sorgen die Schaumaufgaben. Dazu zählen aber nicht nur branchenspezifische oder fachliche Ziele. Die Entwicklung zu einem Team ist ebenfalls eine klassische Schaumaufgabe. Dafür bietet der Alltag kaum Gelegenheit und zwingende Notwendigkeit. Man muss das nicht tun, wie viele Organisationen zeigen. Doch wer in die Entwicklung des Teams investiert, wird nicht nur besser sein als Mitbewerber und zum Meisterteam aufsteigen, sondern ein Umfeld schaffen, in dem die Menschen gerne und leidenschaftlich ihr Bestes geben.

Erfolgreich umgesetzte Schaumaufgaben besitzen die Kraft, das Tor zu jenem Bereich zu öffnen, in dem das sogenannte unbekannte Glück zu finden ist. Doch dafür braucht es zwei besondere Fähigkeiten. Erstens gilt es Prioritäten zu schaffen. Darunter verstehen wir, sich von dem Gedanken zu verabschieden, viele große Ideen und Ziele gleichzeitig verfolgen zu können. Die Kunst des Erfolges besteht darin, jenen Vorhaben Vorrang einzuräumen, mit denen die größte Wirkung erzielt werden kann. Das bedeutet auszuwählen und zu entscheiden, welche wenigen großen Herausforderungen angegangen werden und was alles nicht gemacht wird. Ein Gedanke von Konfuzius verdeutlicht das: „Derjenige, der zwei Hasen gleichzeitig jagt, wird keinen davon fangen" [68]. Wer zur Meisterschaft gelangen möchte, investiert Zeit und Energie in die wenigen erfolgversprechendsten Schaumaufgaben. Einen ähnlichen Grundsatz verfolgte Jack Welch, langjähriger CEO von General Electric: „Entweder wir sind mit einem Produkt auf dem Weltmarkt die Nummer eins oder zwei, oder wir halten uns mit den Produkt auf" [69].

Wenn ein Team diese wenigen besonderen Schaumaufgaben definiert hat, braucht es zweitens die Fähigkeit zu fokussieren. In der Optik bedeutet Fokussieren das Zusammenführen von Strahlenbündeln durch geeignete optische Elemente wie eine Linse oder einen Spiegel in einem Punkt, dem Brennpunkt. Genau dort liegt die höchste Leistungsdichte. In unserem Kontext bedeutet Fokussieren das Zusammenführen aller Ressourcen auf ein konkretes Vorhaben (Abb. 4.28). In der oberen Grafik

**Abb. 4.28** Das Team bündelt die Kräfte auf 1 Ziel. (© Claudia Styrsky)

wird die zur Verfügung stehende Energie auf viele Ziele gerichtet. Entsprechend gering ist die Power, mit der diese angegangen werden. Das untere Bild zeigt die auf ein Vorhaben gebündelte Energie.

Damit das Prinzip der größten Leistungsdichte umgesetzt werden kann, gilt es neuerlich Prioritäten zu setzen und sowohl die Ergebnis- als auch die Aktivitätsziele zahlenmäßig zu beschränken. Der Grundsatz lautet: Weniger ist mehr. Man sollte mindestens eine, optimal zwei, manchmal drei konkrete Schaumaufgaben parallel zum Tagesgeschäft verfolgen.

Die drei Bedingungen des Biermodells gelten auch in der Version 2.0. Die erste sieht vor, dass sämtliche Vorhaben, ob es sich nun um Satz-, Bier- oder Schaumaufgaben handelt, nur einem Zweck dienen: das gemeinsame, übergeordnete Ziel zu erreichen und der Teamvision näher zu kommen. Die zweite Bedingung verlangt die Rotation der Aufgaben. Im Biermodell besteht das gesamte Arbeitsmenü aus ca. zehn bis 15 % Satz-, ca. 65 % Bier- und ca. 15 bis 20 % Schaumaufgaben, die, auf längere Sicht gesehen, abwechselnd zu bearbeiten sind. In der Version 2.0 werden die Satz- und Bieraufgaben als ein Tätigkeitsbereich zusammengefasst: das Tagesgeschäft. Dafür sollen ca. 80 % der verfügbaren Zeit aufgewendet werden. Die verbleibenden 20 % werden für die Realisierung der Schaumaufgaben genützt (Abb. 4.29). Im Alltag sollen sich mittelfristig betrachtet Aktivitäten des Tagesgeschäftes mit Umsetzungen von „Schaumaufgaben" in diesem Verhältnis abwechseln.

Die dritte Bedingung sieht die Einbindung der Mitarbeiter vor. Der Grundsatz lautet: „Das Arbeitsmenü selbst aussuchen lassen, wann immer dies möglich ist." Es ist keine neue Erkenntnis, dass sich Menschen mit jenen Vorhaben stärker identifizieren, die sie mitbestimmen. Dafür übernehmen sie Verantwortung.

| Biermodell | | Biermodell 2.0 | |
|---|---|---|---|
| | | Meisterschaft | |
| Schaumaufgaben | ca. 15 – 20% |  | **20%** |
| Bieraufgaben | ca. 65% | | |
| | | Tagesgeschäft | **80%** |
| Satzaufgaben | ca. 10 – 15% | | |

**Abb. 4.29**   Die Übersetzung des Biermodells in die Version 2.0

### So setzen Sie das Biermodell 2.0 um

Wie das Biermodell folgt auch die Version 2.0 einem klar strukturierten Plan zur Umsetzung, der fünf Schritte vorsieht.

### 1) Erarbeiten eines gemeinsamen, übergeordneten Ziels, einer Vision

Jede Gemeinschaft braucht eine große Idee, für die es sich zu engagieren lohnt. Das ist das erste Merkmal eines Teams. Dies haben wir bereits ausführlich beschrieben.

### 2) Die Ergebnisdimension der Schaumaufgaben: Ergebnis-Ziele

Wie findet man nun die Ergebnisziele [70] für die wenigen Schaumaufgaben, die zur Meisterschaft führen? Stellen wir dazu eine einfache Frage: Wer steht am Ende ganz oben auf dem Podest? In der Regel wohl die Mannschaft, der Athlet oder die Sportlerin mit der höchsten Effektivität, der größten Wirkung. Deshalb sind jene Ergebnisziele mit der größten Wirkung auf das gemeinsame, übergeordnete Vorhaben, auf die große Idee zu identifizieren. Das gelingt mit folgenden Fragestellungen:

- Womit erzielen wir die größte Wirkung bezogen auf unser übergeordnetes, gemeinsames Ziel/unsere Vision?
- Mit welchen neuen Verhaltensweisen und Aktivitäten erzielen wir den größten Effekt hinsichtlich unseres übergeordneten, gemeinsamen Ziels/unserer Vision?
- Was haben wir bislang gar nicht oder in zu mangelhafter Qualität gemacht, um eine höchste Wirkung auf unser übergeordnetes, gemeinsames Ziel/unsere Vision zu erzielen?

Die Antworten hierauf liefern konkrete Ansätze für Ergebnisziele im Sinne eines angestrebten Zustands. Wir müssen jedoch zur Kenntnis nehmen, dass stets Kräfte „von außen" auf diese Zieldimension einwirken können, die man nicht beeinflussen kann (Glück und Pech; Zufall; bestimmte Mechanismen des Marktes; Verhalten der Mitbewerber…). Haben Sie trotzdem den Mut, mit Ihrem Team tatsächlich ein, zwei oder drei Schaumaufgaben in herausfordernde Ziele zu transferieren. Trauen Sie sich und Ihrem Team etwas zu. Halten Sie es nach einem Zitat von Michelangelo: „Die größte Gefahr für die meisten von uns besteht nicht darin, dass wir uns zu viel vornehmen und scheitern. Viel größer ist die Gefahr, dass wir uns zu wenig vornehmen und das jeden Tag leisten" [71].

Viele Teams setzen sich hohe Ziele, scheitern jedoch an der Realisierung. Einer der Gründe, die wir häufig beobachten, liegt darin, dass nicht erarbeitet wird, wie diese umgesetzt werden sollen. Es fehlen die konkreten Maßnahmen.

### 3) Die Aktivitätsdimension der Schaumaufgaben: Aktivitätsziele

Geht es bei den Ergebniszielen um die Wirkung, stellt sich in der Aktivitätsdimension die Frage, wie diese zustande kommt. Denken Sie an ein beliebiges Arzneimittel. Wie entsteht dessen Wirkung? Wodurch erzielt es den gewünschten Effekt? Es sind die verschiedenen Inhaltsstoffe, die für die Wirkung sorgen. Deshalb beschreiben die Aktivitätsziele [72], was konkret die handelnden Personen in eigener Kompetenz und Verantwortung tun, um den angestrebten Zustand zu erreichen. Durch diese Formulierung verlieren Einflüsse von außen ihre Bedeutung.

Da eigene Kompetenz und Verantwortung durch die vorhandenen Stärken und Defizite zum Ausdruck kommen, eignen sich zwei Fragestellungen besonders, um die passenden Aktivitätsziele zu definieren. Dabei geben wir der ressourcenbasierten Methode stets den Vorrang. Daher lautet unsere erste Frage:

• Welche unserer Stärken wollen und können wir wie einsetzen, um in eigener Kompetenz und Verantwortung und in einer realistischen Annahme unser Ergebnisziel zu erreichen?

Bei dieser Frage ist es sinnvoll, die Mehrzahl zu verwenden und tatsächlich nach *den* Stärken zu fragen. Manchmal wird es aber auch notwendig sein, die Defizite eines Teams als Grundlage für Aktivitätsziele heranzuziehen; in diesem Fall formulieren Sie den ersten Teil der Frage in der Einzahl.

• Welches unserer Defizite ist so bedeutsam, dass es die Realisierung unseres gemeinsamen, übergeordneten

Ziels gefährdet beziehungsweise verhindert, und was wollen wir in eigener Kompetenz und Verantwortung tun, um in einer realistischen Annahme unser Ergebnisziel zu erreichen?

Zur Erarbeitung beider Zieldimensionen eigenen sich Teamworkshops. Diese Möglichkeit nutzt die Raiffeisenbank Straßwalchen im Salzburger Flachgau im Frühjahr 2019. Obwohl sie im abgelaufenen Geschäftsjahr mehrere Preise errungen hat und die Bank zu den ertragsstärksten im Land zählt, entschließen sich die beiden Geschäftsleiter Kurt Nagl und Johann Rainer zu einem Projekt auf Basis des Biermodells 2.0, das Jörg begleitet. Im ersten Meeting aller 21 Mitarbeiterinnen und Mitarbeiter werden zunächst Ergebnisziele erarbeitet. Da im Finanzierungsbereich, der Immobilienvermittlung und im Kundensegment der Premiumkunden die größten Wirkungen liegen, werden drei Themengruppen gebildet, die drei ehrgeizige Ergebnisziele herauskristallisieren und präsentieren. Die Stimmung im Team ist gut; nur vereinzelt tauchen Fragen auf, die sich auf die Konkurrenz zwischen den drei Subgruppen beziehen. Da die Schaumaufgaben jedoch in verschiedenen Sparten liegen, werden diese Gedanken besprochen und rasch geklärt. Danach beginnt die zweite Gruppenphase, in der jene konkreten Handlungen erarbeitet werden, die in eigener Kompetenz und Verantwortung durchgeführt werden können: die Aktivitätsziele. Dafür gibt es keine zahlenmäßige Beschränkung, doch es empfiehlt sich auch hier, das Motto „Weniger ist mehr" zu berücksichtigen und nur die Wichtigsten auszuwählen, sollen sie doch Teil des gesamten Arbeitsmenüs der Teammitglieder werden. Als die einzelnen Kleingruppen ihre kreativen Vorschläge präsentieren, werden sie mit ordentlichem Applaus bedacht. Am Ende dieses Nachmittags verteilt Jörg die Aufgaben, die bis zum zweiten Meeting zu bearbeiten sind. Dabei handelt es sich um die beiden weiteren Schritte in der Umsetzung des Biermodells 2.0.

### 4) Ergebnisse sichtbar machen

Haben Sie sich schon einmal gefragt, weshalb Menschen, die am Computer spielen, mit aller Vehemenz versuchen, in das nächste Level zu gelangen und dabei oftmals ein Verhalten entwickeln, das einem Suchtverhalten gleicht? Die Antwort ist einfach: weil die Auswirkungen ihres Tuns permanent sichtbar gemacht werden. Die erzielten Ergebnisse werden mit Beendigung der Aktion rückgemeldet. Die Betroffenen wissen bei jedem Schritt, den sie setzen, wo sie stehen, wie gut sie sind, und wittern so die Chance, sich zu verbessern und ins nächste Level aufzusteigen. Irgendwo am Bildschirm, egal ob am Handy oder am Laptop, gibt es stets eine Anzeige, die über den Punktestand und das aktuelle Level informiert und sich meist mit jeder Aktion verändert.

Dieses Prinzip wird in den meisten Sportarten eingesetzt. Es wird gewertet, gestoppt und gemessen und die daraus resultierenden Ergebnisse werden öffentlich gemacht, nicht nur für die Athleten, sondern auch für die Zuschauer. Für diejenigen, die ein Spiel live im Stadion verfolgen, gibt es eine oder mehrere Videowalls, die über den Spielstand, die Zeit, den Torschützen und so weiter für alle gut sichtbar informieren. Für diejenigen, die sich ein Fußballspiel im Fernsehen ansehen, analysieren Experten jede Halbzeit, bieten Statistiken und machen dabei noch mehr Faktoren sichtbar, wie beispielsweise

- Zahl der geschossenen Tore
- Passgeber (Assist)
- Zahl der Torschüsse
- Ballbesitz

- Zahl der gewonnen Zweikämpfe
- Zahl der angekommenen Pässe
- Individuelle Laufleistung
- Darstellung der Laufwege (wo haben sich die Spieler wann befunden?)
- …

Diese Informationen werden von Trainern und Betreuern in Analysen ausgewertet, mit den Spielern besprochen und in die Vorbereitung auf das nächste Spiel eingebaut. Denn „nach dem Spiel ist vor dem Spiel".

In Wirtschaftsteams wird diese Erkenntnis selten genutzt. Bei den meisten wird einmal im Jahr bei einem Mitarbeitergespräch über Ziele, Leistungen und Verhaltensweisen geredet. Ansonsten aber wird so getan, als ob gar kein „Spiel" stattfinden würde – und das ist falsch. In der Raiffeisenbank Straßwalchen etwa „laufen" die Mitarbeiterinnen und Mitarbeiter jeden Tag auf das „Spielfeld" und treten in Konkurrenz zu den vielen Mitbewerbern, die es auf dem Markt und im weltweiten Netz gibt. Dabei geht es wie im Sport um Punkte, um die Gunst der Kunden (Fans) und um die Meisterschaft. Das hat Jörg den Mitarbeiterinnen und Mitarbeitern im ersten Workshop bewusst gemacht.

Eine Hausaufgabe für jede der drei Gruppen besteht deshalb darin, eine Visualisierung für die Umsetzung der Ergebnis- und Aktivitätsziele zu erarbeiten. Dabei sollen die durchgeführten Aktivitäten ebenso sichtbar sein wie der Zielerreichungsgrad (Ergebnisziel). Dieses Bild soll gleich einer Anzeigetafel in einem Stadion gut platziert sein und stets über den aktuellen (Spiel-)Stand informieren. Die handelnden Personen sollen sehen, ob sie unter oder über dem Ziel liegen. Wenn eine Maßnahme (Aktivitätsziel) erfolgreich umgesetzt ist, verändert sich die Anzeige genauso, wie wenn in der Commerzbank-Arena

Luka Jović ein Tor erzielt. Die Kleingruppen entscheiden selbst, ob sie einen kollektiven oder individuellen Ansatz wählen. Entscheidend ist, dass diese Informationen regelmäßig besprochen werden: Das ist die zweite Hausaufgabe.

## 5) Ergebnisse regelmäßig besprechen

In Straßwalchen vereinbaren alle drei Gruppen 14-Tages-Intervalle. In diesen Besprechungen, die idealerweise kurz im Stehen stattfinden, geht es ausschließlich um die Schaumaufgaben und deren Umsetzung, Themen aus dem Tagesgeschäft haben darin keinen Platz. Also tauschen sich die Mitglieder der Gruppen über die Konsequenzen ihrer Aktivitäten ebenso aus wie über die Erfahrungen, die sie in den vergangenen 14 Tagen gewonnen haben. Damit die Teammitglieder bereit sind, die Verantwortung für ihr Tun zu übernehmen und sich ihr in diesen Meetings zu stellen, braucht es Offenheit und Vertrauen. Es ist eine Frage des Teamgeistes, ob man das, was in einer Periode gemacht und erreicht wurde, offen diskutieren kann. In Straßwalchen funktioniert das gut, da in der Bank ein vertrauensvolles Klima herrscht. So wird jedes Teammitglied sichtbar und berichtet von den eigenen Aktivitäten, Erfolgen oder Fehlversuchen. Je besser das einem Team gelingt, desto erfolgreicher ist es. Den Abschluss dieser kurzen Besprechungen bildet stets ein Ausblick auf die bevorstehenden zwei Wochen. Ist man unter den Erwartungen, lohnt es sich über alternative Aktivitätsziele nachzudenken und diese zu erproben. Ist das Team jedoch „auf Kurs", werden die Erfolge entsprechend gefeiert. „Wer geht mit zum Wirt?" ist die Frage, die in Straßwalchen häufig gestellt wird.

In größeren zeitlichen Abständen treffen sich in der Raiffeisenbank alle 21 Mitarbeiter um sich auszutauschen. Die drei Gruppen berichten über ihre Siege und Niederlagen und holen sich den verdienten Applaus der anderen

Teams ab. So können sie voneinander lernen und die Strategien zur Umsetzung stets verbessern.

Natürlich wird irgendwann die Frage gestellt, wann man das alles tun soll, man sei ohnehin vom Tagesgeschäft eingedeckt. Jörg fragt zurück, ob jemand von Zeitmanagement gehört habe. Als viele der Mitarbeiterinnen und Mitarbeiter zustimmen, fordert er sie auf, diesen Begriff aus dem Wortschatz zu streichen. Man kann Zeit nicht managen, das ist unmöglich. Man kann nur festlegen, was man mit der Zeit, die einem zur Verfügung steht, anfangen möchte. Jörg schlägt vor, sämtliche Termine daraufhin zu prüfen, ob sie in das Tagesgeschäft oder zum Biermodell 2.0 gehören, und sich an der 80:20-Regel zu orientieren. So werden die Schaumaufgaben am Ende der regelmäßigen Meetings geplant und in die vielen Terminkalender eingetragen. Die verbleibende Arbeitszeit gehört dem Tagesgeschäft.

Wenn ein Team längere Zeit mit dem Biermodell 2.0 arbeitet, entstehen neue Gewohnheiten und die Mitglieder lernen, das „neuronale Gitterbett", ihre Komfortzone, immer wieder zu verlassen, um Neuland zu betreten und besondere Erfolge zu erringen.

> ### Eine erfolgversprechende Strategie entwickeln – fünf wichtige Gedanken
>
> 1. Eine erfolgversprechende Strategie setzt sich aus dem Ziel, den Ressourcen und einem Handlungsplan zusammen.
> 2. Reflektieren Sie die Funktionen, Positionen und Rollen in Ihrem Team.
> 3. Berücksichtigen Sie den Entwicklungsstatus Ihres Teams – nutzen Sie die Teamuhr.
> 4. Arbeiten Sie mit dem Biermodell 2.0 und haben Sie den Mut, neue Wege zu beschreiten.
> 5. Bedenken Sie auch Strategien für etwaige Misserfolge oder erarbeiten Sie gar Ausstiegsszenarien.

# 4.5   Das Team aktiv führen

Die Entwicklung eines Meisterteams beginnt mit einem gemeinsamen, übergeordneten Ziel oder mit einer großen Idee und wird durch eine aktive Führung abgesichert. Den Ansatz, den wir Ihnen dafür vorstellen, hat Jörg Ende der 1990er Jahre für sein Buch *Balance als Führungsstrategie. Werkzeuge für gutes Management* entwickelt und in der Zwischenzeit an Tausende Führungskräfte vermittelt. Adi hat sich 2012 in seiner Diplomarbeit für die Uefa-Pro-Lizenz *Mein Weg vom Spieler zum Trainer* [73], die Jörg begleitet und Adi mit Auszeichnung abgeschlossen hat, intensiv damit beschäftigt und diesen Ansatz als Basis seiner Leadership als Trainer übernommen. Sein Motto: Führe die Spieler, zeige ihnen den Weg und sie werden dich ans Ziel bringen. Seine aktive Führung, die auf den Grundsätzen unseres Buches beruht, ist eine wesentliche Basis des Frankfurter Erfolges. Am 21. Mai 2019 berichtet die *Bild Zeitung* über das Voting von 520.246 Lesern, das Adi mit 42 % vor Friedhelm Funkel (29 %) zum Trainer des Jahres, die Eintracht mit 44 % vor Bayern München (22 %) zur Mannschaft des Jahres und Luka Jović zum Aufsteiger des Jahres gewählt hat.

**Führen bedeutet**
Führung wirkt und erreicht Menschen dann, wenn sie das menschliche Betriebssystem und eine Balance der drei großen Motivsysteme berücksichtigt und wenn ihr humanistische Überzeugungen zugrunde liegen. Deshalb besteht die erste Aufgabe von Führung nicht – wie viele glauben – darin, Menschen zu verändern, sondern ihnen positiv zu begegnen und das zu fördern und zu entwickeln, was diese an Potenzialen und Stärken in sich „angelegt" haben. Drei Schlüsselbegriffe beschreiben

**Abb. 4.30**   Führen bedeutet. (© Claudia Styrsky)

unseren Ansatz: steuern, wertschätzen und verstärken. Konkret bedeutet führen (Abb. 4.30):

1. **Mitarbeiter dorthin zu bringen, wo sie alleine nicht hingelangen: steuern**
   Dieser Aspekt stellt die Leistung des Führenden in den Vordergrund. Durch das Verhalten ihrer Vorgesetzten sollen Mitarbeiter sich so entwickeln, wie sie es alleine nicht geschafft hätten. Dieser erste Faktor beschreibt

das steuernde, eingreifende und unter Umständen korrigierende Verhalten des Teamleaders. Es repräsentiert machtmotivierte Handlungen, Menschen und Situationen zu dominieren, und stammt aus dem Bedrohungssystem. Schon im November 2018 zitiert die *Frankfurter Neue Presse* Jonathan de Guzmann: „Hütter hat die Spieler besser gemacht" [74].

2. **Sich dabei mit jedem Einzelnen individuell auseinandersetzen: wertschätzen**

   Diese Forderung stellt die Wertschätzung, die ein Leader seinen Teammitgliedern entgegenbringt, in den Mittelpunkt. Weiter heißt es im zitierten Artikel der *Frankfurter Neuen Presse:* „Wer keine Anerkennung sät, wird auch keine besondere Leistung ernten." Dabei gilt es, jeden als einzigartiges Individuum wahrzunehmen und herauszufinden, wie die Einzelnen „ticken" und worin der bestmögliche Umgang untereinander und der optimale Einsatz im Arbeitsbereich bestehen. Deshalb sieht Adi nicht nur den Fußballer in seinen Profis, sondern bemüht sich auch den privaten, familiären Kontext zu kennen und darauf einzugehen. So sagt etwa Stürmer Sébastien Haller (Abb. 4.31): „Hütter interessiert, wie es uns Spielern geht, wie wir uns fühlen" [75]. Dadurch werden bindungsmotivierte Verhaltensweisen aus dem Beruhigungs- und Versöhnungssystem repräsentiert.

3. **Erfolgserlebnisse ermöglichen und vermitteln: verstärken**

   Dieser dritte Aspekt schließlich beschreibt unsere Überzeugung, dass Menschen durch positive Verstärkung besser lernen und sich entwickeln können. Wir halten es für bedenklich, nach dem Motto „Das Gelingen setze ich voraus, über das Misslungene reden wir gleich" zu agieren. Es bereitet niemandem Spaß, in der Hauptsache die Schwächen seiner Leute im Blick zu haben. So

**Abb. 4.31** Adi Hütter im Gespräch mit Sébastien Haller. (© Holger Sà)

macht man Menschen klein, unselbständig und kaputt. Allerdings: Wir rufen hier ausdrücklich nicht dazu auf, grobe Fehler oder kritisches Verhalten zu übersehen oder nicht anzusprechen. Die besondere Leistung eines Teamleaders besteht darin, die vielen positiven Verhaltensweisen, Bemühungen und Ergebnisse anzuerkennen, die in der Hektik des Alltags oft untergehen. Deshalb verbindet Adi in den Gesprächen zur Vorbereitung auf ein Spiel stets die individuellen Stärken seiner Jungs mit den Aufträgen, die er ihnen mitgibt. Auch in der Öffentlichkeit verstärkt und bestärkt er die positiven Seiten, die seine Spieler auszeichnen. Hinter diesem dritten Element von Führung stehen leistungsmotivierte Verhaltensweisen, die aus dem Antriebssystem stammen.

Unser Ansatz verdeutlicht, dass es nicht darum geht, als Führungskraft selbst der Beste zu sein, sondern darum, die Menschen, für die man im Team verantwortlich ist, besser zu machen. Wenn ein Leader die Entwicklung seines Teams ernsthaft betreiben möchte, dann sieht man das unter anderem daran, dass er bei sich selbst beginnt, sein eigenes Verhalten reflektiert und sich selbst weiterentwickeln möchte. Vielleicht ist das ein Teil des Erfolgsgeheimnisses von Adi, der an sich hohe Ansprüche stellt, sein Handeln und seine Entscheidungen von Zeit zu Zeit hinterfragt und stets dazulernen möchte. Dies setzt eine besondere Führungsmentalität voraus, die unserer Überzeugung nach aus fünf Grundsätzen besteht.

## 5 Grundsätze einer starken Führungsmentalität
### Grundsatz 1: Optimistisch und positiv sein

Dieser Grundsatz drückt sich unter anderem in der Freude und der Leidenschaft aus, die der Leader ausstrahlt und auf das Team überträgt. Den Geist zu stimulieren und das Tun mit Begeisterung zu verknüpfen, löst nicht nur beim Handelnden selbst, sondern auch im gesamten Umfeld positive Gefühle und Reaktionen aus. Es macht eben einen Unterschied, ob Adi zu seinen Spielern sagt, „spiel den Ball nicht zurück oder quer", oder ob er ausdrückt, was er will und sagt, „spiel den Ball direkt nach vorne". Deshalb achten gute Leader auf ihre Sprache. Damit sie das schaffen, benötigen sie selbst eine positive Grundstimmung und ausreichend Kenntnis über die mit ihrer Emotionalität verbundenen Möglichkeiten. Wir denken, dass Führungskräfte die Verpflichtung haben, sich selbst positiv zu stimmen, ehe sie in Kontakt mit ihren Leuten treten. Daher empfehlen wir, den eigenen Optimismus und die eigene Positivität von Zeit zu Zeit zu reflektieren und daran im Sinne einer emotionalen Intelligenz zu arbeiten.

Wie begeistert und mit welcher Leidenschaft Adi seine Aufgabe als Trainer wahrnimmt, zeigt eine Episode aus dem Jahr 2014. Im Dezember 2013 wird das Bundesligaspiel zwischen Wiener Neustadt und Red Bull Salzburg wegen Unbespielbarkeit des Bodens abgesagt und auf den 2. Februar 2014 verschoben, eine Woche vor dem regulären Start der Frühjahrsrückrunde. Adi trainiert zu dieser Zeit den SV Grödig und will diese Gelegenheit nutzen, um den nächsten Gegner, Red Bull Salzburg, zu beobachten. Also beschließen wir nach Wiener Neustadt zu fahren. Knapp 300 km und zweieinhalb Stunden Fahrzeit. Als wir das vereinbaren, erzählt Adi in einem Nebensatz, dass er im Auto Jörg etwas zeigen möchte. Wie vereinbart holt Jörg am Sonntagmorgen Adi ab, der ja in derselben Kleinstadt wohnt. Als er aus dem Haus kommt, hat er eine Flipchart-Rolle in der Hand. Wieder sagt Adi, ich muss Dir dann was zeigen, und wir starten los. Es herrscht wenig Verkehr, es ist kalt an diesem Morgen, aber die Autobahn ist trocken. Also fahren wir mit einem gut ausgestatteten Mercedes R-320 zügig in Richtung Wiener Neustadt und unterhalten uns über dies und das. Zu Adis Füßen liegen die Flipcharts. Ab dem Voralpenkreuz wird die Westautobahn bis Linz dreispurig, wir sind beinahe alleine auf der A1. Dann greift Adi nach den Flipcharts und rollt das erste aus. Jörg wirft einen fragenden Blick auf Adi, der zu erzählen beginnt, wie er die Mannschaftsbesprechung für das erste Frühjahrsspiel anlegen möchte. Adi spricht leidenschaftlich darüber, wie er seine Spieler pushen will und welche Schlagworte er dafür auf jeweils ein Flipchart geschrieben hat. Während er seine Ideen begeistert vorstellt, breitet er zunächst das erste Flipchart aus und drückt es an die Windschutzscheibe, damit Jörg sehen kann, was darauf steht. Bald ist Jörgs Sicht am Steuer etwas eingeschränkt, er möchte Adi aber nicht unterbrechen, weil er gerade wirklich gute Gedanken formuliert. Als Adi dann jedoch das zweite Chart auch noch an die Windschutzscheibe hält, kann Jörg nur noch durch einen schmalen Sichtstreifen die Straße erspähen. Ein paar Sekunden vergehen, dann wird Adi bewusst, dass die Charts Jörgs Sicht einschränken, und er gibt sie weg. Wir haben fast bis Linz gelacht.

Wir erinnern uns an diesen 2. Februar 2014 aber auch wegen eines zweiten Ereignisses gut. Als wir nach dem Spiel zum Auto schlendern, fährt der Bus der roten Bullen im Schritttempo an uns vorbei. Jörg fragt Adi, ob er wohl mitgenommen werden würde, wenn er den Daumen nach oben strecke, und meint dann, dass es nicht lange dauern werde, bis Adi in diesem roten Bus reise. Ein paar Monate später ist das der Fall – und Adi trainiert Red Bull Salzburg.

Diese Episode zeigt, dass sich Optimismus und Positivität in einem spielerischen Verhalten äußern, das durch eine gehobene Gestimmtheit geprägt ist. Aber auch in einer positiven Grundeinstellung sich selbst gegenüber, die wir als Voraussetzung dafür sehen, andere zu begeistern. Adis Team kann nur dann leidenschaftlich spielen, die Fans begeistern und die Commerzbank Arena Woche für Woche füllen, wenn er selbst mit gutem Beispiel vorangeht. Dabei hilft eine hohe Selbstwirksamkeit, die Überzeugung, etwas beeinflussen und bewirken zu können, aber auch die Offenheit, Neues zu wagen und zu lernen. Es ist eine tiefe Überzeugung von Adi, in Lösungen zu denken und die Herausforderungen mit Zuversicht und Glauben an den Erfolg anzugehen. Das lebt er seinen Fußballprofis täglich vor – und viele übernehmen dankbar diese Mentalität. Das verlangt jedoch den Mut, zu sich selbst zu stehen und über scheinbare Grenzen zu sehen.

## Grundsatz 2: Mutig führen

In einem Interview der *Frankfurter Allgemeinen Zeitung* wird Adi über unser erstes Buch *Die 11 Gesetze der Motivation im Spitzenfußball* befragt. Die Journalisten wollen wissen, welches für ihn das wichtigste ist [76]. Schnell, wie aus der Pistole geschossen kommt seine Antwort: „Mut zum Risiko. Das begleitet mich bis heute." Er weiß, dass man auch wegen seines Mutes scheitern kann, ist aber davon überzeugt, dadurch weiter zu kommen als durch passives und zu vorsichtiges Verhalten.

Wenn wir von Mut sprechen, dann meinen wir die „Fähigkeit zur Überwindung von Handlungsblockaden infolge tatsächlicher, potenzieller oder subjektiver Bedrohung" [77], also eine Kompetenz, die in das Bedrohungssystem fällt, zur Machtmotivation zählt. Mut bezeichnet folglich ein Handeln, dass jemand unternimmt – obwohl es mit einem Risiko verbunden ist –, um ein lohnendes Ziel zu erreichen. Dieses Prinzip haben wir bereits im Zusammenhang mit dem „neuronalen Gitterbett" beschrieben. Entwicklung und Wachstum bleiben überschaubar ohne den Mut, etwas Neues zu wagen. Wir glauben nicht, dass Mut und Angst grundsätzlich Gegenspieler sind, wir denken vielmehr, dass mutig sein bedeutet, etwas zu wagen, obwohl man davor Angst hat. Mut hat seine Grenzen dort, wo das Verhalten übermütig oder leichtsinnig wird.

Für uns ist Mut in der Führung so bedeutsam, weil dahinter das mentale Konzept „Wir sind, was wir denken" steckt. Gedanken und Einstellungen haben eine große Macht, die speziell im Profisport durch mentale Trainingstechniken genutzt wird [78]. Unsere Muskeln regieren sehr sensibel auf die bewussten oder unbewussten Bilder im Gehirn. „Hat man Angst, verkrampfen sie" [79]. Hinzu kommt, dass Angst unsere kognitiven Handlungsmöglichkeiten einschränkt und wenig Platz bleibt,

Herausforderungen spielerisch und kreativ anzugehen. Wir denken, dass Angst ein schlechter Lehrmeister ist. Deshalb ist es für jeden Teamleader wichtig, sich der diesbezüglichen Modellwirkung bewusst zu sein. Wer selbst mutig agiert, wird auch seine Mitarbeiter dazu bewegen. Wenn das Topmanagement genau das vorlebt, kann sich dies auf die gesamte Organisation übertragen. Wie in Frankfurt im Frühjahr 2019. Die *Zeit* schreibt: „Die Eintracht-Verantwortlichen sind mutig. Sie äußern sich und agieren politisch, was viele andere, in Zeiten, in denen das Land gespalten wird, nicht wagen" [80]. Gemeint sind Präsident Peter Fischer, der sich gegen AfD-Mitglieder im Verein positioniert, und Sportdirektor Fredi Bobic, der sich via Twitter zu einem starken Europa bekennt. „Die Eintracht traut sich was. Und das nicht nur neben dem Feld. Auf dem Platz spielen sie auch einen mutigen Fußball. Einen voller Eigenschaften, die wie aus der Klischeekiste des Sports klingen, die richtig zusammengerührt aber die Menschen bewegen können: Leidenschaft, Hingabe, Mumm."

Mut als zweiter Grundsatz einer starken Führungsmentalität drückt sich für uns in mehreren Aspekten aus. Den wichtigsten sehen wir darin, so zu führen, wie es für einen selbst richtig und sinnvoll ist; zu jenen Werten und Überzeugungen zu stehen, die man mit einer humanistischen und guten Führung assoziiert; die eigene Meinung zu entwickeln und zu vertreten. „Das Wichtigste ist, dass ich so entscheiden kann, wie ich denke. Und dass ich authentisch sein kann. Ich bin jemand, der in den Spiegel schaut und sich dabei wiedererkennen will", sagt Adi im zitierten *FAZ*-Interview. Diese Gedanken beschreiben ein Verhalten, das lange Zeit fälschlicherweise kein gutes Image hatte, nämlich als Eigensinnigkeit abgetan wurde.

Ein eigensinniger Mensch verfügt über den Mut, sich für seine Überzeugungen und Interessen einzusetzen, ohne

**Abb. 4.32** Adi Hütter führt seine Mannschaft mit Mut zum Risiko. (© Holger Sà)

dabei die Rechte und Gefühle anderer zu verletzen. Aktuelle Forschungen zeigen, dass eigensinnige Menschen seltener krank sind und sogar länger leben [81]. Anders als egoistische Personen halten sie sich nicht für das Zentrum der Welt, erkennen die Leistungen anderer an und respektieren deren Rechte. Das ist der Unterschied zu einem egoistischen Verhalten, das in einer guten Führung keinen Platz hat. Eigensinniges Verhalten jedoch wollen wir forcieren (Abb. 4.32).

Den zweiten Aspekt von Mut sehen wir darin, etwas Neues zu wagen, Schaumaufgaben zu definieren und diese anzugehen. Adi ist von einer offensiven Art Fußball zu spielen überzeugt. Er ist der Ansicht, wer nach vorne verteidigen will, braucht vorne auch Spieler. Er will seine besten Fußballer spielen lassen und nicht einen oder zwei für eine Formation opfern. Das ergibt seine 3-5-2-Grundordnung. In einer Pressekonferenz taucht eines Tages die

Frage auf, ob man nicht alle drei Topstürmer – Jović, Rebić und Haller – aufbieten könnte. Adi findet diese Idee interessant, denkt darüber nach und hat den Mut, sein Sturmtrio beim Hinrundenspiel gegen den VfB Stuttgart am 2. November 2018 gemeinsam auf das Feld zu schicken. Zwei der drei Offensivkräfte treffen: Sébastien Haller und Ante Rebić. Für das dritte Tor sorgt Nicolai Müller.

Für den CEO der Rondo Ganahl AG, Hubert Marte, stellt Mut ebenfalls eine Basis für eine erfolgreiche Führung dar. Das Unternehmen beschäftigt in fünf europäischen Ländern knapp 1500 Menschen und erstellt zu 100 % recyclingfähige Verpackungen aus Wellpappe. Eine großartige Alternative zu den Bergen an Plastik, die unseren Planeten zumüllen. Marte, der seit 2017 an der Spitze des Top-Unternehmens steht, holt sein Managementteam zwei- bis dreimal im Jahr zu besonderen Meetings zusammen, die von Jörg begleitet werden. Um von Anfang an zu verdeutlichen, welchen Stellenwert Mut in der Führung haben soll, gibt er seinem Team einen Namen: „Magellan-Runde". Damit spielt er auf den besonderen Mut des portugiesischen Seefahrers Ferdinand Magellan an, der Ende 1520 die Verbindung zwischen dem Atlantischen und dem Pazifischen Ozean entdeckt und damit den endgültigen Beweis liefert, dass die Erde eine Kugel ist. Hubert Marte verlangt von seinen Managern – in der Magellan-Runde ist mit Sigrid Rauscher nur eine Frau –, den Mut zu haben, querzudenken und neue Wege zu beschreiten.

Der Topmanager verbindet mit Magellans Mut einen weiteren wesentlichen Aspekt: selbst dann ruhig und überzeugt aufzutreten und die Mitarbeiter davon zu überzeugen, auf dem richtigen Weg zu sein, wenn innerlich Unsicherheit und Unruhe herrschen. Als Beispiel beschreibt Hubert Marte das Erlebnis von Ferdinand Magellan und seinen Gefolgsleuten, als sie in Patagonien eines Nachts in eine Meerenge segeln und an den Ufern zahlreiche Feuer brennen. In der Mannschaft bricht Panik aus, die Männer haben Angst. Obwohl Magellan ebenfalls verunsichert ist, strahlt er Ruhe und Zuversicht aus und führt seine Leute durch diese Nacht. Wir nennen dieses Merkmal Durchhaltevermögen. Damit meinen wir, an den eigenen Überzeugungen festzuhalten und sie nicht bei den ersten Schwierigkeiten oder Rückschlägen über Bord zu werfen. Gerade in Phasen, in denen es nicht besonders läuft, ist es dieser Mut, der dem Team hilft, die Ruhe zu bewahren und optimistisch zu bleiben.

Ein weiterer Aspekt von Mut, den Hubert Marte mit Adi und vielen von Jörgs Betreuten verbindet, ist die Offenheit, das eigene Umfeld nicht als selbstverständlich gegeben zu erachten und Sichtweisen von außen zu integrieren. Wer diese Offenheit aufbringt, vermag scheinbar fixe Grenzen zu überschreiten. Hilfreich dabei ist, *die konstruktiv kritische Außensicht* eines Coaches zu nutzen. Wer sagt: „Mein Bereich ist eben so!" –, der verstellt sich neue Entwicklungsmöglichkeiten.

### Grundsatz 3: Vertrauen gewinnen und geben

„Es gibt etwas, das alle Menschen, alle Beziehungen, alle Teams, alle Familien, alle Organisationen auf der ganzen Welt gemeinsam haben. Wenn man es zerstört, wird dies das erfolgreichste Unternehmen, die einflussreichste Führung, die größte Freundschaft oder die tiefste Liebe zu Fall bringen. Wenn man es aber pflegt und klug einsetzt, kann es in allen Lebensbereichen bisher nie erreichte Erfolge bringen. Und trotzdem wird es heute immer weniger verstanden und immer mehr unterschätzt: Vertrauen!" So beginnt Stephen M.R. Coveys empfehlenswertes Buch *Schnelligkeit durch Vertrauen* [82].

Wir sehen Vertrauen als die große Klammer, die unsere fünf Teammerkmale zusammenhält. Dabei sprechen wir nicht vom – in unserem Zusammenhang – oft zitierten „blinden Vertrauen". Wir sprechen von jenem kritischen Vertrauen, das die emotionale Sicherheit gibt, den anderen im Team offen entgegenzutreten und sich selbst etwas zuzutrauen, an die eigene Selbstwirksamkeit zu glauben. Vertrauen ist die notwendige Ergänzung zu Mut, denn es braucht beides, um etwas Neues zu lernen und sich zum Meisterteam zu entwickeln. Deshalb ist es für uns ein wesentlicher Teil der Mentalität, die Leader auszeichnen sollte.

Vertrauen erlangt man, wenn man sich öffnet und von sich etwas hergibt, die Anderen als Individuen mit all ihren Facetten wahrnimmt und aktiv miteinander kommuniziert. Der österreichische Wirtschaftswissenschaftler und „Managementlehrer" Fredmund Malik nennt als wichtigsten Faktor, um Vertrauen zu gewinnen, die „charakterliche Integrität" [83]. Wir übersetzen diese Beschreibung mit authentischem Handeln. Erleben das die Anderen im Team so, dann können sie das Verhalten ihres Leaders in verschiedenen Situationen verlässlich voraussagen. Das wiederum gibt jene emotionale Sicherheit, die wir schon angesprochen haben. Wenn die Mitglieder eines Teams ihrem Leader vertrauen, dann glauben sie an seine Verlässlichkeit und seine Fähigkeiten. Dann ist ihre Beziehung untereinander stabil genug, um auch Fehler und Niederlagen verkraften zu können.

Ein Beispiel: Eintracht Frankfurt verliert in der Europa League auswärts in Unterzahl gegen Benfica Lissabon mit 2:4. Das darauffolgende Bundesligamatch in der Commerzbank Arena gegen Augsburg geht mit 1:3 verloren. Mit Mittelfeldspieler Gelson Fernandes sieht wieder ein „Adlerträger" die rote Karte – und das Team muss erneut mit einem Mann weniger spielen, dieses Mal für 45 Minuten. Adi sieht und spürt nach dieser Partie, dass sich die Spieler Gedanken machen und die Lockerheit, die sein Team lange Zeit ausgezeichnet hat, verloren gehen könnte. Also spricht er am Montag, den 15. April 2019, mit seinen Jungs. Dabei wird schnell klar, dass das Band, das die Kicker und den Trainer verbindet, nach wie vor stark ist. Es geht eher um das Selbstvertrauen, das unter den beiden Niederlagen leidet. Adi spricht explizit den Glauben an und das Vertrauen auf die eigenen Stärken sowie die Disziplin seiner Schützlinge. Er gibt ihnen das Gefühl, es schaffen zu können. Seine Worte zeigen die gewünschte Wirkung. Eintracht Frankfurt gewinnt das Viertelfinalrückspiel gegen Benfica in der Commerzbank Arena am 18. April nach einem großartigen Fight mit 2:0 und steigt in das Europa-League-Halbfinale auf.

Der Wirtschaftswissenschaftler Stephen M.R. Covey führt zwei Dimensionen des Vertrauens an: erstens den Charakter, der wie bei Fredmund Malik die Integrität eines Menschen erfasst, aber auch seine Motive gegenüber anderen, zweitens die Kompetenz. Sie beinhaltet die Fähigkeiten, Fertigkeiten, Ergebnisse und Erfolge einer Persönlichkeit. Jörg und Franz Striemitzer, die seit zwanzig Jahren zusammenarbeiten, erleben das immer wieder, wenn sie Outdoor-Trainings mit Teams durchführen und beispielsweise den Auftrag für einen Seilsteg geben, der über eine kleine Schlucht führen soll. Die Teammitglieder verhalten sich zunächst skeptisch, manche sogar ängstlich. Wenn sie dann allerdings erfahren, dass Franz unter anderem Bergführer und -retter in Lienz ist, wird ihm eine Kompetenz zugeschrieben, die Vertrauen schafft. Die meisten Teilnehmer zeigen sich erleichtert und beginnen unter Aufsicht von Franz, die Seile aufzulegen und zu spannen. Allerdings ist das eine formale Ebene von Vertrauen, die nur kurz währt. Deshalb muss der Bergretter im Team von Jörg beweisen, dass er tatsächlich über diese Kompetenz verfügt, indem er beispielsweise Seilschlingen um einen Baum legt oder die Seile mittels einer Ratsche richtig spannt. Da er das perfekt beherrscht, richten die Teammitglieder schon nach einer kurzen Arbeitsphase ihr Vertrauen nicht mehr auf die Titel, die Franz führt, sondern auf seine Fähigkeiten, mit Seilen, Seilbremsen und Klettergeschirr umzugehen. Das ist die Ebene, die letztlich zählt.

Stephen M.R. Covey beschreibt in seinem Buch 13 Vertrauensregeln. Das ist ambitioniert – und widerspricht unseren Erfolgsgrundsätzen des Priorisierens und Fokussierens. Daher haben wir die wichtigsten fünf ausgewählt und durch eigenen Gedanken ergänzt.

1. **Schaffen Sie Transparenz**
   Sagen Sie die Wahrheit, und zwar so, dass die Menschen das nachvollziehen und überprüfen können. Seien Sie lieber zu offen als nicht offen genug und nennen Sie die Dinge beim Namen. Immer wieder begegnen uns Führungskräfte, die schwierige Situationen, die auf ein Team oder ein Unternehmen zukommen, herunterspielen und verniedlichen. Bei vielen Mitarbeitern stellt sich das Gefühl ein, nicht ernst genommen und wie Kinder behandelt zu werden. Wir halten Transparenz für die Grundlage gegenseitigen Vertrauens.
2. **Erwartungen klären**
   Wir haben darauf hingewiesen, dass das menschliche Glücksempfinden weniger von objektiven Kriterien als vielmehr von subjektiven Erwartungen abhängt. Erfüllen sich diese, geht es den meisten Menschen gut. Sorgen Sie deshalb dafür, dass im Team offen darüber gesprochen wird, und vermeiden Sie den Fehler zu glauben, dass die vorherrschenden Erwartungen allen klar sind. Besprechen Sie, was Ihre Mitarbeiterinnen und Mitarbeiter von Ihnen erwarten und umgekehrt. Reflektieren Sie von Zeit zu Zeit auch, was Sie von

Ihren Leuten und diese von Ihnen tatsächlich erhalten. Sorgen Sie dabei für klare und konkrete Aussagen und hören Sie aktiv zu, um unerwünschte Missverständnisse zu vermeiden.

3. **Zusagen einhalten**
Immer wieder beobachten wir Leader, die Zusagen machen und diese dann nicht erfüllen (können). Motive dafür sehen wir darin, sich vor Auseinandersetzungen zu drücken und die Mitarbeiter nicht ernst zu nehmen. Leicht verspricht man etwas und hält die Betroffenen damit ruhig. Das ist eine kurzfristige Denkweise. Viele Menschen lassen sich nicht für dumm verkaufen und reagieren auf leere Versprechungen mit Frustration, Resignation und Rückzug. Agieren Sie deshalb nach dem Motto „Walk what you talk". Sagen Sie Ihren Leuten, was Sie tun wollen, – und machen Sie es dann auch. Kluge Teamleader versprechen nur, was sie in eigener Kompetenz und Verantwortung halten können und wollen. Stephen M.R. Covey schlägt vor, es zur Ehrensache zu erklären, Versprechen zu halten. Wir nennen es „Handschlagqualität".

4. **Liefern Sie gute Ergebnisse**
Sorgen Sie dafür, dass Sie möglichst gute Ergebnisse vorweisen können. Zeigen Sie Engagement und übernehmen Sie Verantwortung. Tun Sie das, was man von Ihnen erwartet. Halten Sie sich an die Regeln und Standards und verbessern Sie sich stetig. Lassen Sie Ihre Teammitglieder wissen, dass Sie Ihre Fähigkeiten ausbauen und durch ein paar wenige Schaumaufgaben immer wieder Neues lernen.

5. **Zeigen Sie Ihr Vertrauen**
Vertrauen in die einzelnen Teammitglieder zu setzen, ist eine der wichtigsten Investitionen, die ein Leader tätigen kann. Menschen spüren, ob man ihnen vertraut

oder nicht, und entsprechend reagieren sie. Zeigen Sie Ihr Vertrauen, indem sie Ihren Leuten zutrauen, die ihnen gestellten Aufgaben innerhalb des vorgegebenen Rahmens nach ihren eigenen Vorstellungen erfolgreich durchzuführen. Zeigen Sie, dass jeder Einzelne Ihres Teams wichtig ist und seinen Teil zum gemeinsamen Erfolg beiträgt. Besprechen Sie die Leistungen Ihrer Leute und würdigen Sie diese entsprechend. Schenken Sie neuen Teammitgliedern einen Vertrauensvorschuss und geben sie ihnen die Möglichkeit, diesen zu rechtfertigen.

Jeder Leader braucht ein paar Personen im Team, zu denen ein besonderes Vertrauensverhältnis besteht. Günstig ist es, wenn die Stellvertreterin oder der Stellvertreter in dieser kleinen Gruppe ist. Bei Adi ist das unter anderem sein Co-Trainer Christian Peintinger. Die beiden kennen sich seit Langem, sind befreundet und arbeiten seit mehreren Jahren zusammen. Immer wieder zieht Adi „Peinti" zu Rate.

Normalerweise erkennt man das besondere Vertrauensverhältnis, das die beiden verbindet, gar nicht. Nach Adis Sperre wegen des Flaschentritts beim Europa-League-Heimspiel gegen Inter Mailand wird dieses Band jedoch plötzlich sichtbar. Adi überträgt Christian Peintinger das Coaching für das Rückspiel in Italien, er selbst muss schließlich mit einem Platz auf der Tribüne vorliebnehmen. Das ist aber noch nicht das Außergewöhnliche an dieser Geschichte. Das besondere Vertrauen zeigt sich darin, dass „Peinti" sowohl die Pressekonferenz vor, als auch nach dem Spiel bestreitet – eine hohe öffentliche Wertschätzung, die Adi damit gegenüber seinem langjährigen „Co" ausdrückt (Abb. 4.33).

**Abb. 4.33** Adi Hütter mit seinem Freund und „Co" Christian Peintinger. (© Holger Sà)

## Grundsatz 4: Sich auf das Wesentliche fokussieren

Im Herbst 2017 wird Jörg von einem Schweizer Unternehmen engagiert, um mit dem Management das Thema „Fokussierung" zu bearbeiten. In den Gesprächen zur Vorbereitung des Workshops mit dem Human Resources Direktor fällt folgender Satz: „Ich frage mich, wofür wir unsere Zeit in den Meetings verwenden. Da sind Effizienzthemen eine Randerscheinung. Wir sprechen stundenlang über die Hardware unserer Telefonie, aber nicht einmal die Hälfte der Zeit über die wirklich wichtigen Themen."

So wie diesen Managern aus der Schweiz geht es unserer Erfahrung nach vielen Führungskräften im Alltag. Wir sehen hauptsächlich zwei Gründe dafür. Der erste liegt in einer Selbstüberschätzung hinsichtlich der eigenen Kapazität. Viele Chefinnen und Chefs verfallen dem Irrtum, sie müssten sich um möglichst viele Themen selbst kümmern, und begründen das mit der Komplexität, der Dynamik und der Flexibilität des Geschäftslebens. In einigen Fällen steckt mangelndes Vertrauen in die Leistungsfähigkeit der Mitarbeiter hinter dieser „Alles-über-meinen-Schreibtisch-Mentalität". Den zweiten Grund sehen wir darin, dass die Themen zu selten nach ihren Auswirkungen auf den Erfolg geprüft werden und man blindlings losstartet, ohne nachzudenken. Dabei besteht die Kunst des Erfolges darin, jenen Vorhaben Vorrang einzuräumen, mit denen die größte Wirkung erzielt werden kann.

Jörg hat besagten Managern im Workshop in Zürich unter anderem folgende Aufgabe gestellt. Sie sollten sich möglichst schnell folgende Buchstabenfolge merken: HNOCIAAEGIOCUPS. Für die meisten war dies solange eine kniffelige Aufgabe, bis sie merkten, dass diese Reihe aus fünf bekannten Abkürzungen besteht: HNO für das Hals-Nasen-Ohren-Fach in der Medizin, die CIA und das IOC sind Organisationen, AEG und UPS Unternehmen. Diese Aufgabe bildet den Einstieg, sich mit der Miller'schen Zahl und der eigenen Aufnahmefähigkeit auseinanderzusetzen.

Der amerikanische Psychologe George Miller entdeckte 1956, dass im Langzeitgedächtnis zwar Zehntausende Sachverhalte gespeichert sein können, das Kurzzeitgedächtnis jedoch einer Beschränkung von sieben plus/minus zwei Informationen unterliegt. Im Jahr 2001 korrigierte Nelson Cowan, ebenfalls ein amerikanischer Psychologe, diese Kapazität sogar noch nach unten auf vier Sachverhalte [84].

Wenn wir diesbezüglich also eingeschränkt sind, dann stellt sich die Frage, worauf sich ein Leader konzentrieren soll, worin das Wesentliche zu sehen ist. Der erste Teil unserer Antwort liegt auf der Hand. Sich auf das Wesentliche zu fokussieren, bedeutet, das menschliche Betriebssystem in der Führung zu berücksichtigen und für eine Balance von leistungs-, bindungs- und machtmotivierter Bedürfnisbefriedigung zu sorgen. Das ist die

Basis unseres Führungsansatzes. Was wir brauchen, sind mehr Führungskräfte und weniger Manager. Der zweite Teil unserer Antwort fällt schwerer, weil das Wesentliche ja auch subjektiv betrachtet werden kann. Deshalb haben wir ein besonderes Kriterium gewählt. Unserer Überzeugung nach sind es jene Themen, die man tatsächlich selbst beeinflussen kann. Wir stützen uns dabei auf das Opfer-Gestalter-Modell. Viele kennen die Idee, die diesem Ansatz zugrunde liegt, durch ein Zitat des amerikanischen Theologen und Ethikers Reinhold Niebuhr:

> „Gott gebe mir die Gelassenheit, Dinge hinzunehmen, die ich nicht ändern kann,
> den Mut, Dinge zu ändern, die ich ändern kann,
> und die Weisheit, das eine vom anderen zu unterscheiden" [85; sic].

Das Opfer-Gestalter-Modell geht auf die Arbeiten des Wirtschaftswissenschaftlers Stephen M.R. Covey zurück [86]. Es wurzelt in der Annahme, dass alle Ereignisse, die um uns herum geschehen und einen Einfluss auf unser Leben nehmen, in zwei verschiedene Bereiche eingeteilt werden können, in den Betroffenheits- und den Einflussbereich.

In den Betroffenheitsbereich gehören alle Umstände und Ereignisse, die direkten Einfluss auf unser Leben haben, ohne dass wir sie beeinflussen können. Dazu zählen beispielsweise die Erhöhung des Benzinpreises, ein regnerisches Wetter oder eine Entscheidung des Vorstandes über die Schließung eines Standortes. In den Einflussbereich hingegen fällt sämtliches Verhalten, das man selbst setzen kann oder durch das man andere zum Handeln bewegt. So kann man, wenn der Benzinpreis steigt, auf öffentliche Verkehrsmittel umsteigen oder Fahrgemeinschaften bilden. Wenn das Wetter schlecht ist, kann man

Regenbekleidung oder einen Regenschirm nutzen, und wenn der Vorstand einen Standort aufgibt, kann man sich entscheiden, ob man den Schließungsprozess mitmacht oder sich einen neuen Standort sucht und dafür Argumente erarbeitet.

Viele Menschen neigen dazu, ihren Einflussbereich zu unterschätzen. Sie erleben sich als stark abhängig von den Umständen und bemerken so ihre Einflussmöglichkeiten gar nicht, sie sehen sich als Opfer und nehmen in der Hauptsache Ereignisse wahr, die sie nicht ändern können. Achtet man auf die Sprache, hört man Sätze wie „Andere haben das entschieden, nun muss ich das ausbaden", „Da kann ich ja sowieso nichts machen" oder „Da wird sich nie was ändern, das brauchen wir erst gar nicht zu versuchen". Das hat zur Folge, dass die eigenen Handlungsspielräume vermindert wahrgenommen, eigene Handlungsimpulse weniger verfolgt werden und die Verunsicherung und der Glaube zunimmt, dass negative Erwartungen eintreten.

Das Wesentliche jedoch befindet sich im Einflussbereich, denn dort liegen die zur Verfügung stehenden Handlungsspielräume. Menschen, die sich auf die eigenen Ressourcen konzentrieren, verstehen sich als Gestalter. Der Leader eines Teams konzentriert sich deshalb auf jene Themen, die das Team einen, und auf die Möglichkeiten des Miteinanders. Dadurch entstehen aktivierende Impulse. Je pro-aktiver man seine Umwelt gestaltet, desto stärker entwickelt sich der tatsächliche Einflussbereich. Dieses Agieren verlangt jedoch zum einen den Mut, Verantwortung für das eigene Handeln zu übernehmen, zum anderen die Kenntnis über die persönlichen Stärken und Ressourcen. Sich auf das Wesentliche zu fokussieren, bedeutet nicht, für alle Themen eine schnelle Lösung parat zu haben, sondern eine konkrete Vorstellung davon zu entwickeln, was man in einer bestimmten Situation selbst tun kann und will. Folgende Fragen helfen Ihnen, sich auf das Wesentliche zu konzentrieren:

- Wie kann ich auf Ereignisse und Probleme, die im Betroffenheitsbereich liegen, reagieren?
- Welche Aktivitäten (Handlungen) in meinem Einflussbereich haben Priorität?
- Worauf soll ich mich im Sinne eines pro-aktiven Handelns konzentrieren?
- Welche Ressourcen stehen mir zur Verfügung?
  - In meiner Person? (Fähigkeiten, Erfahrungen, Know how …)
  - In meinem Umfeld? (Bezugspersonen, Bücher, Umweltfaktoren …)

**Grundsatz 5: Konsequent und klar sein**
Ein guter Leader führt sein Team mit Klarheit und beispielgebender Konsequenz. Seine Mitarbeiter wissen nicht nur, was er von ihnen erwartet und welche Grenzen ihre Handlungs- und Entscheidungsspielräume definieren, sondern auch, dass er dies beobachtet und kontrolliert. Dazu ist jedoch eine Eigenschaft Voraussetzung, die zwar historisch kontaminiert, trotzdem aber von elementarer Bedeutung ist: Disziplin, genauer gesagt Selbstdisziplin, die wir keinesfalls als „Gehorsam" verstanden wissen wollen. Vielmehr assoziieren wir damit die Fähigkeit, die eigenen Handlungen kontrollieren und dadurch die Konzentration und die Anstrengungen für ein zielgerichtetes Tun aufrechterhalten zu können. Es ist für die Mitglieder eines Teams einfach zu beobachten, ob ihr Leader die Werte und Ziele, die er kommuniziert, auch konsequent lebt und verfolgt, gegebene Zusagen erfüllt, sich an allgemeingültige Regeln hält und auch von seinen Teammitgliedern einfordert, diese einzuhalten. Wir beobachten mancherorts einen Mangel

an Glaubwürdigkeit und Vorbildverhalten und immer wieder Vorgesetzte, die, vom Generaldirektoren-Syndrom [87] angesteckt, sich inkonsequent verhalten und sich ihre eigenen Regeln machen.

Was aber braucht man für eine stabile und ausreichend hohe Selbstdisziplin? Wir greifen dabei auf das Konzept der Handlungskontrolle des Motivationsforschers und Professors für differenzielle Psychologie Julius Kuhl zurück [88]. Es beschreibt, dass „die tatsächliche Umsetzung zielgerichteter Handlungen von der Willenskraft der handelnden Person sowie ihrer Selbstregulationsstrategien abhängt". Willensstärke wird dabei als die Fähigkeit gesehen, die Aufmerksamkeit, Motivation und Energie sowie das Wissen und die Fähigkeiten so zu koordinieren, dass grundsätzlich realisierbares Verhalten tatsächlich verwirklicht wird.

Julius Kuhl beschreibt vier Dimensionen, die einen starken Willen unterstützen. Erstens die Aufmerksamkeitskontrolle. Sie besteht darin, das angestrebte Verhalten mental permanent vor Augen zu haben und alle nicht zielunterstützenden Gedanken zurückzustellen. Da niemand störende Gedanken verhindern kann, liegt die Kunst darin, wie man fokussiert bleibt und mit Ablenkungen mental umgeht. Adi gelingt das in seinem Traineralltag, indem er sich äußerst genau und sorgfältig mit seinen Herausforderungen beschäftigt und diese angeht. Er arbeitet akribisch an seinen Aufgaben und schafft es so, seine Konzentration hochzuhalten. Dabei kommen ihm die unmittelbaren Erfolgsrückmeldungen, die der Fußball mit sich bringt – das Ergebnis des Spiels, der aktuelle Tabellenplatz oder diverse statistische Auswertungen – zugute. Wie Leader in anderen Branchen das nutzen können, haben wir im Biermodell 2.0 dargestellt.

Eine hilfreiche Technik, die Adi für seine Selbstregulation nutzt und so seine Aufmerksamkeit über einen längeren Zeitraum aufrechterhält, ist das positive

Selbstgespräch. In der ersten Dimension sollte es Antworten auf folgende Fragen geben:

- Was konkret will ich tun und was gewinne ich dabei?
- Womit muss ich rechnen, wenn ich aufgebe?
- Wie viel habe ich schon investiert und wie nahe bin ich meinem Ziel schon gekommen?
- Wie reagiere ich, wenn mich eine impulsive Reaktion von meinem Vorhaben wegbringen möchte?

Die Technik des positiven Selbstgesprächs ist so stark, dass sie auch in belastenden Stresssituationen hilft, negative Stimmungen oder Angst zurückzudrängen und die eigene emotionale Verfassung günstig zu beeinflussen. Das ist die zweite Dimension, die Emotionskontrolle. Freilich sollte das Selbstgespräch, das in stark belastenden Situationen zum Einsatz kommt, gut vorbereitet sein. Einfache Rituale wie beispielsweise die Verwendung unseres Motto-Armbandes „Schaffe positive Momente" unterstützen diesen inneren Dialog. Vielen Leadern hilft diesbezüglich das Wissen um die Bedeutung ihrer Vorbildrolle. Im Sinne des Imitationslernens bietet jede Führungskraft durch ihr Verhalten ein Modell, das Auswirkungen auf die Mitarbeiter hat [89]. Deshalb sendet Adi aus der Coachingzone in der Hauptsache bewusst positive Signale – auch in schwierigen Situationen. Er weiß, dass seine Spieler seine körpersprachlichen Botschaften zumindest unbewusst aufnehmen und darauf reagieren.

Julius Kuhl beschreibt als dritte Dimension die Motivationskontrolle, deren Aufgabe darin besteht, den Antrieb auf das Ziel zu forcieren, ausreichend Energie zur Verfügung zu stellen und die verlockende Stimme der inneren Couch, die Bequemlichkeit und Einfachheit verspricht, im Zaum zu halten. Hier dreht sich das positive Selbstgespräch vor allem um den Wert und den Sinn eines konsequenten Handelns, sowie um den Glauben, das Ziel erreichen zu können. Je stärker diese Überzeugung ist, desto leichter fällt es, die Motivation aufrechtzuerhalten und dranzubleiben.

Adi verfolgt seit vielen Jahren das große Ziel, eine Mannschaft in der deutschen Bundesliga zu trainieren. Das haben wir bereits bei unseren Spaziergängen besprochen, als Adi noch in Österreich tätig war. Gegen Ende der Herbstsaison 2018, als Adi mit Young Boys Bern in der Schweizer Liga für Furore sorgt und das langersehnte Ziel, Schweizer Meister zu werden, erreichbar scheint, erhält er ein äußerst lukratives Angebot von Werder Bremen. Sein persönliches großes Ziel ist plötzlich zum Greifen nahe und die Verlockung groß. Adi befindet sich in einem Dilemma. Auf der einen Seite ist sein großes Vorhaben, auf das er jahrelang hingearbeitet hat, auf einmal in Griffweite, zum anderen hat er in Bern eine Zusage gegeben, mit den Young Boys Meister werden zu wollen. Eine schwierige Entscheidung?

Nein. Nach kurzem Nachdenken entscheidet Adi sich, in Bern zu bleiben und konsequent am unmittelbaren Ziel dranzubleiben. „Ich habe den Spielern, den Mitarbeitern im Verein und den Fans mein Wort gegeben. Ich stehe dazu und will ein Zeichen setzen." In Telefonaten in dieser Zeit bemühen wir des Öfteren die Metapher, dass nach dem Schweizer Meistertitel weitere Türen aufgehen werden, an die wir heute noch gar nicht denken. Wir sollten Recht behalten. Adis Konsequenz und Klarheit zeigen im Winter 2017/2018 in Bern erhebliche Auswirkungen auf die Spieler. Einigen liegen ebenfalls äußerst interessante Angebote von ausländischen Vereinen vor, die aber allesamt abgelehnt werden. Die Spieler führen stets den gleichen Grund an: Wenn unser Trainer bleibt, dann bleiben wir auch.

Die Umweltkontrolle ist schließlich die vierte Möglichkeit, die Willensstärke zu forcieren und abzusichern.

Sie besteht darin, sich eine ermöglichende und ermächtigende Umgebung aufzubauen. Adi nützt diese Erkenntnis seit Langem. In seinem nächsten Umfeld gibt es, neben seiner Familie ein paar wenige Menschen, denen er besonders vertraut und auf deren Expertise er bei Bedarf jederzeit zurückgreifen kann. Das gibt ihm eine zusätzliche Sicherheit und unterstützt seine Entwicklung.

Ein weiterer Faktor, der eine große Willensstärke beeinflusst, ist die eigene Einschätzung über die Möglichkeiten der Selbstregulation, der Glaube an die Selbstwirksamkeit. Zu dieser Erkenntnis kommt eine Studie am Leibniz-Institut für Arbeitsforschung in Dortmund. Bislang galt die These, dass die Willenskraft eine begrenzt verfügbare Ressource ist, die sich während der Selbstkontrolle verbraucht und nicht schnell nachgeliefert werden kann. Die neue deutsche Studie zeigt jedoch ein anderes Bild. „Wer davon ausgeht, dass Willenskraft nicht leicht erschöpfbar ist, sondern uns unlimitiert zur Verfügung steht, schneidet bei anhaltenden mental anstrengenden Aufgaben besser ab, als Personen, die von einer nur begrenzt verfügbaren Ressource der Willenskraft ausgehen" [90]. Das Besondere an diesem Ergebnis liegt darin, dass es sich nicht, wie bisher üblich, auf Laborexperimente bezieht, sondern erstmals für den Arbeitsalltag bestätigt werden konnte. Wer also davon ausgeht, über eine (beinahe) unbegrenzte Willenskraft zu verfügen, hat tatsächlich mehr Energie zur Verfügung, fühlt sich länger kraftvoll und nicht so schnell erschöpft. Für uns ist das ein wichtiges Forschungsergebnis, propagieren wir doch seit Langem die Macht der selbsterfüllenden Prophezeiungen. Und diese sind ein Grund dafür, dass die Spieler der Eintracht ihren Gegnern selbst in Unterzahl zu schaffen machen. Ein besonderes Beispiel dafür ist Sebastian Rode (Abb. 4.34). Er gilt als Dauerläufer im Team der Eintracht. Sein außergewöhnlicher Einsatz und seine starke

**Abb. 4.34**   Dauerläufer Sebastian Rode. (© Holger Sà)

physische und mentale Verfassung versetzen die Fans gleichermaßen in Erstaunen und Begeisterung.

Damit Leader ihre Teams mit hoher Konsequenz und Klarheit führen können, braucht es jedoch nicht nur eine enorme Willenskraft, sondern auch die klare Vorstellung dessen, was erreicht werden, wohin es gehen soll. Deshalb fällt es Adi eher leicht, konsequent und klar seinen Weg zu gehen und seine Mannschaften zu Meisterteams zu entwickeln. Sowohl in unserem ersten Buch *Die 11 Gesetze der Motivation im Spitzenfußball* als auch in seiner Diplomarbeit *Mein Weg vom Spieler zum Trainer* hat er seine wesentlichen Überzeugungen definiert. Entlang dieses roten Fadens entwickelt er sich Schritt für Schritt weiter. Dabei wird sichtbar, welche besondere Wirkung ein langfristig angelegtes, konsequentes Streben erzielen kann und wie ohnmächtig dagegen kurzfristige, (mangels einer soliden Basis) spontane Aktionen sind (Abb. 4.35).

**Abb. 4.35** Fünf Grundsätze einer starken Führungsmentalität. (© Claudia Styrsky)

**Das Team aktiv führen – fünf wichtige Gedanken**

1. Führen Sie Ihr Team mit Begeisterung und Leidenschaft.
2. Zeigen Sie Mut, beziehen Sie Stellung und wagen Sie etwas Besonderes.
3. Bauen Sie Vertrauen zu Ihren Teammitgliedern auf und trauen Sie diesen Großes zu.
4. Konzentrieren Sie sich auf jene Themen und Herausforderungen, die Sie selbst beeinflussen und verändern können.
5. Stehen Sie zu Ihren Zielen und Überzeugungen und nutzen Sie die Macht von selbsterfüllenden Prophezeiungen.

# 5

# Der Teamgeist-Fragebogen©

## 5.1 Der Nutzen des Teamgeist-Fragebogens©

Ein Team zeichnet sich also durch fünf besondere Merkmale aus. Die Mitglieder spüren in der Regel, wie sich diese im Alltag darstellen, was gut, was weniger gut funktioniert und worin diesbezüglich die Stärken, aber auch die Schwächen liegen. Dieses intuitive Empfinden und implizite Wissen sollten von Zeit zu Zeit durch eine Erhebung geprüft werden. Das ist die Idee des Teamgeist-Fragebogens©. Er macht sichtbar, wie sich die fünf Merkmale im Alltag darstellen (Abb. 5.1). Dieser Selbstkundgabe-Fragebogen ist zwar kein wissenschaftlich-diagnostisches Verfahren, er bietet jedoch die Möglichkeit, den aktuellen Teamstatus als Trend und im Sinne von Verteilungen sichtbar zu machen, die kumulierten Ergebnisse zu diskutieren und festzulegen, woran das Team in seiner Entwicklung arbeiten möchte.

© Springer-Verlag GmbH Deutschland, ein Teil von Springer Nature 2019
J. Zeyringer und A. Hütter, *Teamgeist*,
https://doi.org/10.1007/978-3-662-59523-7_5

**Abb. 5.1** Der Teamgeist-Fragebogen© macht die 5 Merkmale sichtbar. (© Claudia Styrsky)

Um ein repräsentatives Ergebnis zu erhalten, braucht es die Antworten von allen Teammitgliedern. Selbstverständlich füllt auch der Teamchef einen Fragebogen aus. Der Erhebungszeitraum sollte mit maximal 14 Tagen eher kurz gewählt sein. Zuvor informiert der Teamleader über Sinn und Zweck sowie über die wichtigsten Modalitäten. Der Teamgeist-Fragebogen© besteht aus insgesamt 60 Aussagen, die sich auf die fünf Teammerkmale beziehen. Es gilt bei jeder, auf einer Prozentskala zu entscheiden, inwieweit diese aus dem subjektiven Empfinden und Erleben aktuell zutrifft.

10 % 20 % 30 % 40 % 50 % 60 % 70 % 80 % 90 % 100 %

Es erweist sich in der Regel als günstig, die fünf Kriterien im Vorfeld nicht explizit darzustellen und zu besprechen. Die Verlässlichkeit der Antworten hängt freilich von der Bereitschaft und Offenheit der Mitarbeiter ab. Deshalb sollte der Teamleader seine Leute auffordern, die Fragen so zu beantworten, wie sie diese Themen im Alltag erleben. Das Motto dazu könnte lauten: „So wie es ist, so ist es."

Während der 14 Tage, in denen die Mitglieder diesen Fragebogen ausfüllen, steht für alle gut erreichbar eine geschlossene Schachtel bereit, in die durch einen Schlitz die ausgefüllten Antwortblätter des Teamgeist-Fragebogens© geworfen werden; zugleich wird ein Vermerk an der Urne angebracht (zum Beispiel ein Strich mit einem an der Urne befestigten Stift). So erhält man einen Überblick, wie viele Bögen bereits ausgefüllt sind beziehungsweise wie viele noch fehlen. In den meisten Teams finden sich Personen, die sich gerne um die Auswertung kümmern und eine Präsentation der Ergebnisse vorbereiten.

## 5.2 Der Teamgeist-Fragebogen©

1. Wir verfolgen ein übergeordnetes Ziel, das wir gemeinsam erarbeitet haben.

10 % 20 % 30 % 40 % 50 % 60 % 70 % 80 % 90 % 100 %

2. In unserer Kommunikation sind deutlich mehr positive Elemente zu beobachten als kritische beziehungsweise negative.

10 % 20 % 30 % 40 % 50 % 60 % 70 % 80 % 90 % 100 %

3. Ich weiß ganz genau, wofür ich zuständig und verantwortlich bin.

| 10 % | 20 % | 30 % | 40 % | 50 % | 60 % | 70 % | 80 % | 90 % | 100 % |

4. Wir verfolgen eine Strategie, die sich auf unser
gemeinsames, übergeordnetes Ziel bezieht.

| 10 % | 20 % | 30 % | 40 % | 50 % | 60 % | 70 % | 80 % | 90 % | 100 % |

5. Unser/e Teamchef/in nimmt sich ausreichend Zeit für
mich.

| 10 % | 20 % | 30 % | 40 % | 50 % | 60 % | 70 % | 80 % | 90 % | 100 % |

6. Ich bringe meine Stärken voll in das Team ein.

| 10 % | 20 % | 30 % | 40 % | 50 % | 60 % | 70 % | 80 % | 90 % | 100 % |

7. Wir besprechen immer wieder die Auswirkungen
unseres Tuns.

| 10 % | 20 % | 30 % | 40 % | 50 % | 60 % | 70 % | 80 % | 90 % | 100 % |

8. Ich habe ein klares Bild von unserem großen Teamziel
im Kopf.

| 10 % | 20 % | 30 % | 40 % | 50 % | 60 % | 70 % | 80 % | 90 % | 100 % |

9. Jede und jeder Einzelne im Team wird von den Anderen gesehen und als Individuum wahrgenommen.

| 10 % | 20 % | 30 % | 40 % | 50 % | 60 % | 70 % | 80 % | 90 % | 100 % |

10. Wir haben Vertretungsregelungen, die uns gut über die Abwesenheit von Kolleginnen/en hinweghelfen.

10 % 20 % 30 % 40 % 50 % 60 % 70 % 80 % 90 % 100 %

11. Unser/e Teamchef/in bindet uns immer wieder in den Führungsprozess ein.

10 % 20 % 30 % 40 % 50 % 60 % 70 % 80 % 90 % 100 %

12. Unser gemeinsames, übergeordnetes Ziel, unsere große Idee, haben wir in ein physisches Bild übersetzt, das ich regelmäßig sehe.

10 % 20 % 30 % 40 % 50 % 60 % 70 % 80 % 90 % 100 %

13. Jede/r Einzelne im Team macht sich durch ihr/sein Verhalten sichtbar.

10 % 20 % 30 % 40 % 50 % 60 % 70 % 80 % 90 % 100 %

14. Ich kenne unsere Strategie, mit der wir unser gemeinsames, übergeordnetes Ziel erreichen wollen.

10 % 20 % 30 % 40 % 50 % 60 % 70 % 80 % 90 % 100 %

15. Wir tauschen uns regelmäßig über organisatorische Themen und Fragen aus.

10 % 20 % 30 % 40 % 50 % 60 % 70 % 80 % 90 % 100 %

16. Unser/e Teamchef/in trifft in der Regel nachvollziehbare Entscheidungen.

10 % 20 % 30 % 40 % 50 % 60 % 70 % 80 % 90 % 100 %

17. Unser gemeinsames, übergeordnetes Ziel inspiriert mich.

| 10 % | 20 % | 30 % | 40 % | 50 % | 60 % | 70 % | 80 % | 90 % | 100 % |

18. Wir unternehmen auch außerhalb unserer Arbeitszeit etwas miteinander.

| 10 % | 20 % | 30 % | 40 % | 50 % | 60 % | 70 % | 80 % | 90 % | 100 % |

19. Ich glaube fest daran, dass wir unser großes Teamziel realisieren können.

| 10 % | 20 % | 30 % | 40 % | 50 % | 60 % | 70 % | 80 % | 90 % | 100 % |

20. Ich erlebe, dass sich jede/r für das Klima und unsere Leistungen verantwortlich fühlt.

| 10 % | 20 % | 30 % | 40 % | 50 % | 60 % | 70 % | 80 % | 90 % | 100 % |

21. Unsere organisatorischen Regeln lassen eigenverantwortliches Arbeiten zu.

| 10 % | 20 % | 30 % | 40 % | 50 % | 60 % | 70 % | 80 % | 90 % | 100 % |

22. Unser/e Teamchef/in nimmt sich meiner Themen, Sorgen, … an.

| 10 % | 20 % | 30 % | 40 % | 50 % | 60 % | 70 % | 80 % | 90 % | 100 % |

23. Unser/e Teamchef/in vertritt unsere Interessen gut nach außen beziehungsweise „oben", sie/er tritt für uns ein.

| 10 % | 20 % | 30 % | 40 % | 50 % | 60 % | 70 % | 80 % | 90 % | 100 % |

24. Wir achten stets darauf, wie wir unsere Ressourcen einsetzen.

10 % 20 % 30 % 40 % 50 % 60 % 70 % 80 % 90 % 100 %

25. Wir haben klare Regeln, an die sich jede/r hält.

10 % 20 % 30 % 40 % 50 % 60 % 70 % 80 % 90 % 100 %

26. Ich erlebe, dass jede/r ihre/seine Stärken voll ins Team einbringt

10 % 20 % 30 % 40 % 50 % 60 % 70 % 80 % 90 % 100 %

27. Wir tauschen uns immer wieder über unsere Motive und Antreiber, in diesem Team zu arbeiten, aus.

10 % 20 % 30 % 40 % 50 % 60 % 70 % 80 % 90 % 100 %

28. In unserer Kommunikation verwenden wir „Ich-Botschaften".

10 % 20 % 30 % 40 % 50 % 60 % 70 % 80 % 90 % 100 %

29. Das große Ziel, das wir im Team gemeinsam verfolgen, motiviert mich.

10 % 20 % 30 % 40 % 50 % 60 % 70 % 80 % 90 % 100 %

30. Ich erlebe, dass mir die Anderen im Team gut zuhören.

10 % 20 % 30 % 40 % 50 % 60 % 70 % 80 % 90 % 100 %

31. Ich identifiziere mich mit unserem großen Ziel.

10 % 20 % 30 % 40 % 50 % 60 % 70 % 80 % 90 % 100 %

32. Unser/e Teamchef/in zeigt und vermittelt Begeisterung.

10 % 20 % 30 % 40 % 50 % 60 % 70 % 80 % 90 % 100 %

33. Die einzelnen Funktionen im Team sind klar verteilt.

10 % 20 % 30 % 40 % 50 % 60 % 70 % 80 % 90 % 100 %

34. Ich weiß, dass ich für das Team eine Mitver-antwortung trage.

10 % 20 % 30 % 40 % 50 % 60 % 70 % 80 % 90 % 100 %

35. Von Zeit zu Zeit legen wir im Team Rechenschaft über das ab, was wir im Alltag tun.

10 % 20 % 30 % 40 % 50 % 60 % 70 % 80 % 90 % 100 %

36. Ich erlebe, dass sich jede/r von uns um ein gutes Teamklima bemüht.

10 % 20 % 30 % 40 % 50 % 60 % 70 % 80 % 90 % 100 %

37. Ich erlebe, dass es unser/e Teamchef/in interessiert, wie es mir und den Anderen im Team geht.

10 % 20 % 30 % 40 % 50 % 60 % 70 % 80 % 90 % 100 %

38. Wir sind optimistisch und denken in Möglichkeiten.

10 % 20 % 30 % 40 % 50 % 60 % 70 % 80 % 90 % 100 %

39. Bei uns wird kaum gejammert und genörgelt.

10 % 20 % 30 % 40 % 50 % 60 % 70 % 80 % 90 % 100 %

40. Jede/r im Team fühlt sich für das Gesamte verantwortlich.

10 % 20 % 30 % 40 % 50 % 60 % 70 % 80 % 90 % 100 %

41. Unser/e Teamchef/in gibt in der Hauptsache positive Rückmeldungen, ohne auf wichtige Kritik zu vergessen.

10 % 20 % 30 % 40 % 50 % 60 % 70 % 80 % 90 % 100 %

42. Ich erkenne, dass sich alle Mitglieder unseres Teams mit unserem großen Ziel identifizieren.

10 % 20 % 30 % 40 % 50 % 60 % 70 % 80 % 90 % 100 %

43. Wir tun im Team das Richtige, um unser gemeinsames, übergeordnetes Ziel zu erreichen.

10 % 20 % 30 % 40 % 50 % 60 % 70 % 80 % 90 % 100 %

44. Ich erlebe, dass sich alle Mitglieder unseres Teams für unser großes Ziel einsetzen.

10 % 20 % 30 % 40 % 50 % 60 % 70 % 80 % 90 % 100 %

45. Unser/e Teamchef/in sorgt dafür, dass jede/r Einzelne im Team besser werden kann.

10 % 20 % 30 % 40 % 50 % 60 % 70 % 80 % 90 % 100 %

46. Unser/e Teamchef/in begegnet jeder/m von uns individuell.

10 % 20 % 30 % 40 % 50 % 60 % 70 % 80 % 90 % 100 %

47. Jede/r von uns tut genau das, wofür sie/er bezahlt wird.

10 % 20 % 30 % 40 % 50 % 60 % 70 % 80 % 90 % 100 %

48. Ich spüre, dass wir tatsächlich eine starke Gemeinschaft sind.

10 % 20 % 30 % 40 % 50 % 60 % 70 % 80 % 90 % 100 %

49. Im Team streben wir danach, unsere Strategie und Organisation stetig zu verbessern.

10 % 20 % 30 % 40 % 50 % 60 % 70 % 80 % 90 % 100 %

50. Wir machen uns das gemeinsame, übergeordnete Ziel im Team immer wieder bewusst.

10 % 20 % 30 % 40 % 50 % 60 % 70 % 80 % 90 % 100 %

51. Wir verfügen über jene Ressourcen, die wir für die Erreichung unserer Ziele brauchen.

10 % 20 % 30 % 40 % 50 % 60 % 70 % 80 % 90 % 100 %

52. Unser/e Teamchef/in führt mit der nötigen Klarheit und Konsequenz.

10 % 20 % 30 % 40 % 50 % 60 % 70 % 80 % 90 % 100 %

53. Wir führen immer wieder individuelle Potenzialanalysen durch, um uns zu entwickeln.

10 % 20 % 30 % 40 % 50 % 60 % 70 % 80 % 90 % 100 %

54. Die Funktion von jeder/m Einzelnen von uns ist klar.

10 % 20 % 30 % 40 % 50 % 60 % 70 % 80 % 90 % 100 %

55. Wir reflektieren und besprechen regelmäßig, wie nahe wir unserem gemeinsamen, übergeordneten Teamziel bereits gekommen sind und was zu tun ist.

10 % 20 % 30 % 40 % 50 % 60 % 70 % 80 % 90 % 100 %

56. Wenn jemand von uns einen Fehler macht, reden wir offen und konstruktiv darüber, wie wir diesen in Zukunft vermeiden.

10 % 20 % 30 % 40 % 50 % 60 % 70 % 80 % 90 % 100 %

57. In unserem Fokus steht genau das, wofür uns unsere Kunden bezahlen.

10 % 20 % 30 % 40 % 50 % 60 % 70 % 80 % 90 % 100 %

58. Jede/r im Team versteht sich als Gestalter/in und nicht als Opfer.

10 % 20 % 30 % 40 % 50 % 60 % 70 % 80 % 90 % 100 %

59. Wir bauen uns im Alltag gegenseitig positiv auf und unterstützen uns.

10 % 20 % 30 % 40 % 50 % 60 % 70 % 80 % 90 % 100 %

60. Unser/e Teamchef/in strahlt Zuversicht und Vertrauen aus.

10 % 20 % 30 % 40 % 50 % 60 % 70 % 80 % 90 % 100 %

# 5.3 Die Auswertung des Teamgeist-Fragebogens©

Sind alle 60 Aussagen des Teamgeist-Fragebogens© ausgefüllt, werden die einzelnen Antworten auf das Auswertungsblatt (Tab. 5.1) übertragen. Auf diesem sind in fünf Spalten jene Fragen zusammengefasst, die sich auf jeweils ein Teammerkmal beziehen. Sind alle Prozentsätze eingefügt, wird die Gesamtsumme jedes Merkmals, die aller Wahrscheinlichkeit nach die 100-Prozentmarke übersteigt, ermittelt und danach durch zwölf dividiert (es beziehen sich jeweils zwölf Aussagen auf ein Merkmal) (siehe Tab. 5.2). So werden die fünf Mittelwerte sichtbar. Dieses Auswertungsblatt wird danach in die dafür vorgesehene Urne geworfen. Stehen alle Bögen zur Verfügung, werden die einzelnen Ergebnisse zu einem kumulierten Teamergebnis zusammengefügt, dann wird eine Präsentation für einen Teamentwicklungsworkshop vorbereitet.

**Tab. 5.1** Auswertungsblatt des Teamgeist-Fragebogens©

| 1 | | 2 | | 3 | | 4 | | 5 | |
|---|---|---|---|---|---|---|---|---|---|
| Nr. | % | Nr. | % | Nr. | % | Nr. | % | Nr. | % |
| Frage | | Frage | | Frage | | Frage | | Frage | |
| 1 | | 2 | | 3 | | 4 | | 5 | |
| 8 | | 9 | | 6 | | 10 | | 11 | |
| 12 | | 13 | | 7 | | 14 | | 16 | |
| 17 | | 18 | | 20 | | 15 | | 22 | |
| 19 | | 27 | | 25 | | 21 | | 23 | |
| 29 | | 28 | | 26 | | 24 | | 32 | |
| 31 | | 30 | | 34 | | 33 | | 37 | |
| 42 | | 36 | | 35 | | 47 | | 41 | |
| 43 | | 38 | | 40 | | 49 | | 45 | |
| 44 | | 39 | | 54 | | 51 | | 46 | |
| 50 | | 48 | | 56 | | 53 | | 52 | |
| 55 | | 59 | | 58 | | 57 | | 60 | |
| %-Summe | | %-Summe | | %-Summe | | %-Summe | | %-Summe | |

Nun können die einzelnen Mittelwerte in die färbigen Prozentskalen der fünf Teammerkmale übertragen werden. So erhält man den aktuellen Status auf einem Blick.

### 1 = gemeinsames, übergeordnetes Ziel

| 0–10 % | 11–20 % | 21–30 % | 31–40 % | 41–50 % | 51–60 % | 61–70 % | 71–80 % | 81–90 % | 91–100 % |
|---|---|---|---|---|---|---|---|---|---|

### 2 = starker Zusammenhalt und positive Kommunikation

| 0–10 % | 11–20 % | 21–30 % | 31–40 % | 41–50 % | 51–60 % | 61–70 % | 71–80 % | 81–90 % | 91–100 % |
|---|---|---|---|---|---|---|---|---|---|

### 3 = Verantwortung sichtbar machen und übernehmen

| 0–10 % | 11–20 % | 21–30 % | 31–40 % | 41–50 % | 51–60 % | 61–70 % | 71–80 % | 81–90 % | 91–100 % |
|---|---|---|---|---|---|---|---|---|---|

### 4 = erfolgversprechende Strategie

| 0–10 % | 11–20 % | 21–30 % | 31–40 % | 41–50 % | 51–60 % | 61–70 % | 71–80 % | 81–90 % | 91–100 % |
|---|---|---|---|---|---|---|---|---|---|

### 5 = aktive Führung im Team

| 0–10 % | 11–20 % | 21–30 % | 31–40 % | 41–50 % | 51–60 % | 61–70 % | 71–80 % | 81–90 % | 91–100 % |
|---|---|---|---|---|---|---|---|---|---|

**Tab. 5.2**   Berechnung der fünf Mittelwerte

|   | %-Summe | Mittelwert in % |
|---|---|---|
| 1 | : 12 | |
| 2 | : 12 | |
| 3 | : 12 | |
| 4 | : 12 | |
| 5 | : 12 | |

**Interpretation der Ergebnisse**

Die Ergebnisse des Teamgeist-Fragebogens© werden sowohl aus individueller als auch aus kollektiver Sicht gleich interpretiert. Liegt der Mittelwert im roten Bereich, das heißt unter 50 %, stellt das Merkmal ein Defizit dar. Der orangefarbene Bereich, zwischen 51 und 80 %, repräsentiert durchschnittliche Ergebnisse, im grünen Bereich, ab 81 %, liegen die Stärken des Teams.

**Teamentwicklungsworkshop**

Ziel dieses Meetings ist es festzulegen, woran das Team in seiner Entwicklung arbeiten möchte. Zunächst werden jedoch die fünf Mittelwerte des Gesamtergebnisses vorgestellt. Ergänzt werden diese durch die jeweils niedrigsten und höchsten Einzelwerte. Dadurch wird die Streuung sichtbar. Dann kommen die Teammitglieder zu Wort, kommentieren und diskutieren die vorgestellten Ergebnisse. Wesentliche Aussagen werden notiert, damit sie für folgende Entwicklungsschritte zur Verfügung stehen. Diese gilt es nun festzulegen. Sollte eines der fünf Teammerkmale im roten Bereich liegen, empfehlen wir, dieses Defizit schwerpunktmäßig anzugehen. Zunächst wird jenes Ergebnisziel definiert, von dem sich das Team die größte Wirkung verspricht. In der Folge werden mehrere Aktivitätsziele, die in eigener Kompetenz und Verantwortung umgesetzt werden können, erarbeitet und die Zuständigkeiten festgelegt. Dabei kann es hilfreich sein, die einzelnen Aussagen im Fragebogen, die sich auf das Defizitmerkmal beziehen, genauer anzusehen und zu besprechen. Diese Aktivitäten können im Sinne des Biermodells 2.0 als Schaumaufgaben verstanden werden. Ein herausforderndes Ergebnisziel wird in einige konkrete Aktivitätsziele übersetzt.

Für durchschnittliche Ergebnisse im orangefarbenen Bereich diskutiert das Team die Frage, worauf es sich konzentrieren möchte, und legt wiederum ein besonderes Ergebnis- und mehrere Aktivitätsziele für seine Entwicklung fest. Im grünen Bereich stellt sich die Fragestellung etwas anders dar. Diese Ergebnisse repräsentieren ja die Stärken des Teamgefüges, deshalb schlagen wir vor zu erarbeiten, wie dieses höchste Niveau gehalten werden kann. Dies drückt sich wiederum in einem Ergebnisziel und in einzelnen Aktivitätszielen aus.

So setzt sich eine Mannschaft, die mit dem Teamgeist-Fragebogen© arbeitet, für ihre Entwicklung stets einen thematischen Schwerpunkt, den sie konsequent verfolgt. Nach einer erfolgreichen Evaluierung gönnt sich das Team eine Regenerationsphase, in der die neuen Verhaltensweisen, Standards und Methoden als Automatismen in den Alltag integriert und so zum Tagesgeschäft werden. Erst danach setzt sich ein Meisterteam für seine Entwicklung den nächsten Schwerpunkt.

---

**Der Teamgeist-Fragebogen© – fünf wichtige Gedanken**

1. Machen Sie den Status der fünf Teammerkmale von Zeit zu Zeit sichtbar.
2. Nutzen Sie die Ressourcen Ihres Teams. Es finden sich meist Personen, die bereit sind, den Teamgeist-Fragebogen© auszuwerten und eine Präsentation vorzubereiten.
3. Diskutieren Sie die Ergebnisse offen und konstruktiv im Team und entscheiden Sie gemeinsam, an welchem Merkmal Sie arbeiten wollen.
4. Setzen Sie sich ein Ergebnisziel, das Sie – ganz im Sinne des Biermodells 2.0 – in einige Aktivitätsziele übersetzen.
5. Evaluieren Sie nach einiger Zeit Ihren Erfolg.

# 6

# Für den Fall, dass es nicht gut läuft

Auch Meisterteams erleben schwierige Phasen und Niederlagen. Die Mitglieder wissen, dass es große Erfolge ohne
Niederlagen nicht gibt und keine Mannschaft immer
gewinnen und erfolgreich sein kann. Weder im Sport,
noch in der Wirtschaft und auch nicht im Gesundheitswesen. Selbst die großartige Saison 2017/2018, als Young
Boys Bern nach 32 Jahren vorzeitig wieder Schweizer Fußballmeister wird, endet mit einer schmerzlichen Niederlage. Das Finale im Cup geht am 27. Mai gegen den FC
Zürich im Stade de Suisse, dem Heimstadion der Young
Boys, vor 30.000 Zusehern mit 2:1 verloren und beendet
den Traum vom Double. Auch die vielen Teams, die
Jörg betreut, können nicht permanent Höchstleistungen
erbringen. Kein Mensch schafft das. Daher empfehlen wir Teams, sich an einem Gedanken von Antoine de
Saint-Exupery zu orientieren:

© Springer-Verlag GmbH Deutschland, ein Teil von Springer
Nature 2019
J. Zeyringer und A. Hütter, *Teamgeist,*
https://doi.org/10.1007/978-3-662-59523-7_6

„Bewahre mich vor dem naiven Glauben, es müsste im Leben alles gelingen

Schenke mir die nüchterne Erkenntnis, dass Schwierigkeiten, Niederlagen, Misserfolge,

Rückschläge eine selbstverständliche Zugabe zum Leben sind, durch die wir wachsen und reifen" [91].

Dieses „… wachsen und reifen" sehen wir diesbezüglich als das entscheidende Kriterium, das ein Meisterteam auszeichnet (Abb. 6.1). Dahinter stecken ganz besondere Verhaltensweisen in schwierigen Phasen sowie Niederlagen und im Umgang mit ihnen. Das betrifft jedes einzelne Teammitglied und den Leader in besonderen Maßen. Es kommt darauf an, wie ein Team in schwierigen Zeiten agiert.

## 6.1    Eine heiße Phase in Frankfurt

Die erste dieser herausfordernden Zeiten erlebt Adi gleich zu Beginn seines Engagements in Frankfurt. Die Eintracht verliert das Eröffnungsspiel in die Saison 2018/2019 – den Supercup – am 12. August gegen Bayern München mit 0:5 und scheidet sechs Tage später im deutschen Cup gegen den krassen Außenseiter SSV Ulm durch eine unglückliche 2:1-Niederlage aus. In einigen Medien liest man bereits Schlagzeilen wie „Wett-Quoten: Frankfurts Adi Hütter wird als erster Bundesliga-Trainer gefeuert" [92]. Die Eintracht gewinnt dann zwar das erste Meisterschaftsspiel in Freiburg am 25. August durch Tore von Nicolai Müller und Sébastien Haller mit 2:0, die folgenden Partien gegen Werder Bremen und Borussia Dortmund gehen jedoch erneut verloren. Das erste Auftreten in der Europa League, das Geisterspiel in Marseille am 20. September, endet mit einem 2:1-Auswärtssieg, obwohl die

**Abb. 6.1** Teams wachsen und reifen an besonderen Herausforderungen. (© Claudia Styrsky)

Adlerträger nach der gelb-roten Karte gegen Jetro Willems eine halbe Stunde in Unterzahl spielen. Nach dem, zu diesem Zeitpunkt unerwarteten Erfolgserlebnis bringen die beiden folgenden Spiele in der Bundesliga jedoch wieder nur einen bescheidenen Zähler. Die Eintracht liegt in der Tabelle mit vier Punkten aus fünf Spielen an 15. Stelle, nur einen Platz vor dem Relegationsrang. Es ist eine wirklich heiße Phase und eine besonders herausfordernde Zeit für Adi, sein Trainerteam und seine Spieler.

Trotz dieser Belastung gelingt es ihm, gelassen zu bleiben. Adi schafft das, weil er ruhig und geduldig von seiner Idee, wie die Eintracht Fußball spielen soll, überzeugt ist, weil er an ihr festhält und dabei von Sportvorstand Fredi Bobic und Sportdirektor Bruno Hübner das notwendige Vertrauen erhält. Und weil er gelernt hat, dass zu hoher Druck, zu viel Stress und Angst jeden Verbesserungsprozess behindern. Er weiß, dass seine Spieler jetzt klare Ansagen und viel Wohlwollen brauchen. Durch sein Verhalten strahlt er Zuversicht und Optimismus aus, nimmt den Spielern einiges der mentalen Belastung ab und gibt so dem gesamten Team Sicherheit. Das überträgt sich auf den Trainerstab und die Spieler, die ebenfalls in Ruhe den eingeschlagenen Weg fortsetzen. Adi sieht die Niederlagen und Rückschläge zu Beginn seiner Zeit in Frankfurt nicht bloß als Misserfolge, sondern als Teil des Neuanfangs, der mit seiner Bestellung zum Cheftrainer und den personellen Veränderungen im Kader vollzogen wurde. Er setzt auf die Kraft der positiven Kommunikation, denn er weiß, dass sie gerade in schwierigen Zeiten von besonderer Bedeutung ist. In den Spielanalysen sucht Adi gezielt nach jenen Szenen, die er positiv hervorheben kann, auch wenn zunächst wenige Beispiele dafür vorhanden sind. Er ist nahe an seinen Spielern, führt viele individuelle Gespräche und lernt seine Jungs schnell kennen. Er macht klar, wie das Spiel der Eintracht aussehen soll, bindet die Profis ein, indem er hinterfragt, wie sie seine Ideen sehen und welche Vorschläge sie haben. Dadurch überträgt er seinen Spielern eine Mitverantwortung, die sie bereitwillig übernehmen.

Durch seine ruhige, geduldige und optimistische Art, sich den Themen und den Herausforderungen zu stellen, gelingt es ihm, sein Umfeld damit anzustecken, sodass alle bei der Eintracht zuversichtlich bleiben. Und sie behalten Recht. Mit dem Spiel gegen Hannover 96, das am 30. September durch Tore von Evan Ndicka, Ante Rebić, Jonathan de Guzman und Luka Jović mit 4:1 gewonnen wird, starten die Adlerträger einen Höhenflug und bleiben bis 2. Dezember 2018 sowohl in der Bundesliga als auch in der Europa League ungeschlagen.

Als am Jahresende wieder Spiele verloren gehen, reagieren sowohl die Verantwortlichen im Verein und der Trainerstab als auch die Spieler mit einer noch größeren Gelassenheit wie im Sommer, denn sie wissen, dass Misserfolge ab und zu unvermeidbar sind und sie schon bald in die Erfolgsspur zurückfinden werden. Erneut erweist sich diese Zuversicht als richtig, die nächste Erfolgsphase beginnt, entzückt viele Fußballfans in ganz Deutschland und führt bis in das Halbfinale der Uefa Europa League, in dem sich die Spieler von Adi Anfang Mai nach zwei großartigen Spielen dem englischen Spitzenclub Chelsea erst im Elfmeterschießen unglücklich geschlagen geben müssen. Diese Niederlage schmerzt alle in der großen Eintracht-Familie. Trotzdem werden Spieler und Trainer nach dem Schlusspfiff von den mitgereisten Fans noch frenetisch gefeiert, besungen und getröstet, als die englischen Zuseher das Stadion bereits lange verlassen haben. Dies vor allem deshalb, weil man gesehen hat, dass die Spieler und Betreuer ihr Bestes gegeben haben. Das ist entscheidend. Diese Einstellung hilft in schwierigen Situationen und über Niederlagen hinwegzukommen. Der ehemalige Basketballprofi Marius Nolte, der zwischen 2009 und 2012 bei den Skyliners in Frankfurt spielt, drückt es so aus: „Wenn wir schon untergehen, dann will ich mir später nicht vorwerfen müssen, ich hätte nicht alles versucht, um es zu vermeiden" [93].

Wir erleben immer wieder Teams, die in schwierigen Zeiten hektisch werden und dazu neigen, ihre Grundsätze und Überzeugungen über Bord zu werfen. Das ist eine schlechte Entscheidung, die eher zu Aktionismus als zu tatsächlichen Verbesserungen führt. Freilich sind in Phasen, in denen es nicht gut läuft, Veränderungen zu initiieren. Meist hilft es nicht, vom Gleichen noch mehr zu investieren, also noch mehr Einsatz zu leisten, noch freundlicher zu sein oder noch genauer zu arbeiten. So stößt man irgendwann an Grenzen. Die Neuerungen sollten aber eher bescheiden gesetzt werden, denn es sind oft die Kleinigkeiten wie Missverständnisse, Unaufmerksamkeit, Schlamperei, Pech oder geringfügige Fehler, die ein Team aus der Erfolgsspur werfen können. Gerade in solchen Phasen kommt es darauf an, die Geschehnisse miteinander offen und konstruktiv zu besprechen. Gelingt dies nicht, setzt sich eine Abwärtsspirale in Gang, die sich zunächst in Streitereien zeigt. Wird diese negative Dynamik nicht gestoppt, wenden sich die ersten Teammitglieder vom übergeordneten, gemeinsamen Ziel und von der großen Idee ab. Es folgt unweigerlich die Suche nach Schuldigen. Dieser in unserem Kulturkreis weiterverbreitete Mechanismus bringt jedoch keine Besserung. Im Gegenteil, weitere Personen im Team ziehen sich zurück, da sie Angst bekommen, zu versagen und als nächste auf der Schuldigenliste zu stehen. Die Folgen sind Pessimismus und Passivität, die Verunsicherung steigt weiter und die Einzelnen trauen sich immer weniger zu, bis das gesamte Team schließlich erstarrt. Denn wer sehr verunsichert ist, glaubt besonders daran, dass sich die negativen Erwartungen erfüllen.

In solchen Phasen sind nicht nur der Leader und die Alphatypen gefordert, die ja eine informelle Führungskompetenz besitzen, sondern alle Mitglieder eines Teams. Manche Mannschaften reagieren nach dem Motto „Augen zu und durch". Das kann im Einzelfall durchaus funktionieren, das hängt von der jeweiligen Vorgeschichte, den einzelnen Persönlichkeiten und der Situation ab. Wir empfehlen jedoch kurz innezuhalten, nachzudenken, was konkret passiert ist, welche Auswirkungen es nach sich zieht, die Geschichte danach abzuhaken und die Gedanken und Gefühle wieder in die Zukunft zu richten. Und zu besprechen, an welchen kleinen Rädchen das Team und jeder Einzelne drehen kann und will, um neu zu starten. Allein das Besprechen dieser kleinen Veränderungen aktiviert und wird meist als motivierend empfunden.

Eine weitere typische Reaktion und eine Gefahr in Zeiten, in denen es nicht gut läuft, sehen wir im Nörgeln und Kritisieren der Rahmenbedingungen – auch wenn diese freilich eine Rolle spielen. Darüber schreibt der Wirtschaftswissenschaftler Fredmund Malik in seinem empfehlenswerten Buch *Führen Leisten Leben*. Er kritisiert, dass es viel zu viele Menschen gibt, die aus der Begrenztheit der Rahmenbedingungen „eine Berechtigung abzuleiten scheinen, selbst auch nur begrenzte oder gar keine Leistungen zu erbringen" [94].

Jörg erlebt in seiner Praxis kaum Situationen, in denen Teams „aus dem Vollen schöpfen können". Im Gesundheitswesen wird drastisch gespart und immer weniger Mitarbeiterinnen und Mitarbeiter stehen vor der Herausforderung immer mehr leisten zu müssen. In der Bankenwelt sehen sich Teams mit administrativen Aufgaben und Regularien konfrontiert, deren Sinnhaftigkeit manchmal verborgen bleibt und die trotzdem einen Großteil des Arbeitspensums ausmachen. In der Industrie herrschen ebenfalls ein strikter Sparkurs und enormer Konkurrenzdruck. Das alles soll und kann an den verantwortlichen Stellen berechtigt kritisiert werden. Verfängt sich eine Mannschaft jedoch darin wie in einem Netz, läuft sie Gefahr, zum Opfer zu werden und das Wesentliche aus den Augen zu verlieren. Dies zeigt sich an Aussagen wie „Das hat der Vorstand entschieden, nun müssen wir das ausbaden", „Da kann ich, da können wir ja sowieso nichts machen" oder „Da wird sich nie was ändern, das brauchen wir erst gar nicht zu versuchen".

Dies hat zur Folge, dass die eigenen Handlungsspielräume vermindert wahrgenommen und immer seltener eigene Handlungsimpulse gesetzt werden. Es geht also darum, mit den Ressourcen, die zur Verfügung stehen, das zu tun, was man in eigener Kompetenz und Verantwortung tun kann.

Adi hat dieses Prinzip seit Langem durchschaut. Ihn interessiert nicht, was nicht möglich ist und was man alles aufgrund der Rahmenbedingungen nicht tun kann. Er hat sich entschlossen, in Lösungen zu denken und zu fragen, was er, seine Trainer und Spieler tun können. Im Finish der Meisterschaft ist Adi im Frühjahr 2019 diesbezüglich besonders gefordert. Von vielen Seiten erreicht ihn die Botschaft, dass die Spieler wegen der Doppelbelastung ausgelaugt sind und die Gefahr besteht, dass ihnen gerade jetzt die Kraft ausgehen könnte. Medien, die immer wieder darauf hinweisen, erweisen den Adlerträgern einen schlechten Dienst, weil sie die Spieler und Betreuer permanent mit diesen Bildern konfrontieren. Selbstverständlich sind die Profis, aber auch die Trainer, nach einer langen Saison mit so vielen Highlights und harten Fights müde, das ist ein Faktum. Die Frage, die Adi jedoch beschäftigt, ist, was er, sein Trainerstab und die Spieler tun können, um noch mal Energie für die letzten Spiele zu gewinnen. Wir haben bereits dargestellt, dass die eigene Einschätzung über die Möglichkeiten, sich selbst zu regulieren, den zur Verfügung stehenden Willen beeinflusst. Gerade in besonders herausfordernden Situationen ist der Glaube an die Selbstwirksamkeit von besonderer Bedeutung. Dabei spielt die Auseinandersetzung mit positiv besetzten Begriffen eine besondere Rolle, weil sie Verhaltensoptionen positiv beeinflussen. Das Denken in Lösungen forciert die Selbstwirksamkeit, es ist ein typisches Merkmal von Gestaltern in Meisterteams.

## 6.2   Eine Woche Zeit, um das Team aufzurichten

Emotionen bleiben im Gedächtnis hängen, ob wir das wollen oder nicht [95]. Das ist zum einen positiv, weil es dadurch die Möglichkeit gibt, sich an schöne, erfolgreiche Szenen im Leben zu erinnern, sich durch diese Bilder aufzubauen und sie mental zu nutzen. Es gibt aber auch die andere Seite der Medaille, denn negative Gefühle werden ebenfalls gespeichert. Für die meisten Menschen gilt wohl, dass negative Emotionen – ausgelöst durch unangenehme oder drastische Erlebnisse –, die nicht besprochen und verarbeitet oder gar vermieden oder bekämpft werden, blockieren, indem die entsprechenden Erinnerungen immer wieder im Kopf herumgeistern. Sie tauchen gerade dann auf, wenn man sie am wenigsten gebrauchen kann. Sie lenken ab, rauben Energie, verhindern eine starke Fokussierung und dämmen die Kreativität ein. Erlebt ein Team etwas besonders Negatives, ist es hilfreich, darüber zu reden. Das wirkt wie ein Ventil, durch das die gedrückte Stimmung – zumindest teilweise – entweichen kann.

So ein Ereignis gibt es beim SV Grödig Mitte November 2013, als bekannt wird, dass ein Profi in Matchmanipulationen verwickelt ist und ein zweiter davon wusste. Die beiden Spieler werden sofort freigestellt. Das Thema sorgt tagelang für Schlagzeilen in den österreichischen Medien. Vieles ist unklar, niemand weiß zunächst, wie viele Spieler tatsächlich am Betrug beteiligt sind. Der Vertrauensbruch der beiden Kollegen, Gerüchte und Vermutungen sowie die mediale Berichterstattung sorgen für eine große Verunsicherung im Team von Adi. Da gerade eine Länderspielpause ansteht, hat er eine Woche Zeit, dieses unangenehme Thema mit seinen Spielern zu bearbeiten, die Köpfe frei zu machen, sodass sich die Jungs wieder auf Fußball in der österreichischen Bundesliga konzentrieren können.

Wir sitzen lange zusammen, um verschiedene Möglichkeiten zu besprechen, wie Adi und seine Spieler mit dieser Situation umgehen können. Schließlich finden wir einen Ansatz, der Adi überzeugt, sodass er ihn umsetzt. Im folgenden Teammeeting wird zunächst allgemein über das Ereignis gesprochen. Danach fordert Adi jeden Einzelnen auf zu notieren, welche belastenden Gedanken und negativen Gefühle im Kopf herumschwirren. Diese schreiben die Spieler in die linke Spalte eines vorbereiteten Flipcharts und nehmen dazu Stellung. Jeder kommt zu Wort, auch wenn sich manche Inhalte wiederholen. Für manche wirkt das Gespräch tatsächlich entlastend, bei anderen merkt man, dass sie sich schwer tun, ihre Gedanken und Gefühle konkret zu benennen. Adi gibt ihnen Zeit, er sorgt für Ruhe und Aufmerksamkeit. Als jeder an der Reihe war, macht Adi auf die rechte Spalte auf dem Flipchart aufmerksam und fordert seine Spieler auf, zu überlegen, welche positiven Erkenntnisse sie aus dieser Geschichte für die bevorstehenden Aufgaben ziehen können. Wieder denken die Fußballer nach, manche unterhalten sich leise. Es vergehen einige Minuten, ehe der Coach sie auffordert, diese positiven Gedanken und Gefühle zu verbalisieren und diesmal in die rechte Spalte des Flipcharts zu schreiben. Adi macht dabei den Abschluss. Danach schaut er seinen Jungs in die Augen, nur langsam geht sein Blick von einem zum anderen. Dann spricht er darüber, wie wichtig es ist, die Gedanken und Gefühle der linken Spalte zu benennen. Dass man diese jetzt aber abschließen will, um sich nur noch auf die positiven Erkenntnisse der rechten Spalte konzentrieren zu können. Während er die kraftgebenden Möglichkeiten dieser Gedanken und die Übersetzung in den Alltag betont, trennt Adi die linke Spalte vom Flipchart, knüllt sie zusammen und wirft sie in den Papierkorb. Danach wird nur noch über die Gedanken der rechten Spalte gesprochen. Mit diesen Eindrücken beendet Adi diese außergewöhnliche Mannschaftsbesprechung. Ein paar Tage später steht das Auswärtsspiel in Wiener Neustadt auf dem Programm, das durch zwei Treffer von Philipp Zulechner souverän mit 2:0 gewonnen wird, ehe das schwierige Heimspiel gegen den Championsleague-Teilnehmer und hohen Favoriten Austria Wien ansteht. Der Dorfclub SV Grödig gewinnt durch ein Tor von Stefan Nutz mit 1:0. Unsere Intervention hat gewirkt.

## 6.3  Eine paradoxe Intervention bei den jungen Bullen

Red Bull Salzburg ist seit vielen Jahren der österreichische Vorzeigeclub und gewinnt, von wenigen Ausnahmen abgesehen, regelmäßig sowohl die Meisterschaft als auch den Cup. In der Nachwuchsarbeit gilt er in Österreich als maßgebend. Das Farmteam, die jungen Bullen, spielt unter dem Namen FC Liefering in der Saison 2018/2019 in der zweiten Bundesliga; es wird von Gerhard Struber betreut, der seit vielen Jahren auf das Know-how und die Erfahrung von Jörg zurückgreift. Das Team startet mit drei

Siegen in die neue Saison, ehe gegen den Titelanwärter Ried die erste Niederlage hingenommen werden muss. Nach acht Runden, am 23. September 2018, stehen fünf Siege, ein Remis sowie zwei Niederlagen zu Buche. Zwar ist die Vereinsführung mit den jungen Kickern und der Arbeit der Betreuer zufrieden, danach folgt jedoch eine Serie von Niederlagen, die man in der Welt von Red Bull nicht kennt. Fünf Spiele in Folge gehen verloren, das Torverhältnis von 4:13 spricht Bände. Eine schwierige Phase für alle im Team. Gerhard Struber, der über ein gutes Repertoire an Möglichkeiten verfügt, versucht alles gegen diesen Negativlauf, es gelingt jedoch nicht. „Diese Niederlagen haben etwas angerichtet in den Köpfen der Spieler", sagt der Cheftrainer. Sie sind in sich gekehrt und unsicher. Das zeigt sich sowohl im Training als auch in den Matches. Banale Abläufe, die normalerweise funktionieren, greifen nicht mehr, sodass die Spieler plötzlich mit vielen Mängeln konfrontiert sind. Gerade in Ballbesitz zeigt sich das deutlich. Kaum einer übernimmt noch Verantwortung, Fehler häufen sich. Das nagt am Selbstwertgefühl der jungen Männer, von denen kaum einer älter als 18 Jahre ist. Mit jeder Niederlage schwindet die Hoffnung, dass sie sich selbst aus dieser Misere befreien können. Es wird kaum noch miteinander gesprochen und auf einmal werden Themen infrage gestellt, die bislang als selbstverständlich galten. Gerhard Struber sieht sich mit seinen Möglichkeiten am Ende, er wendet sich an Jörg.

Die beiden treffen sich in der Red Bull Arena. Sie ziehen sich in eine Skybox zurück, wo der Trainer erzählt, was in den letzten Wochen passiert ist und was er unternommen hat, um sein Team auf die Erfolgsspur zurückzuführen. Jörg hört zunächst zu und stellt viele Fragen, ehe er erkennt, dass die konventionellen Methoden ausgeschöpft sind: Es hat keinen Sinn, mehr vom Gleichen zu versuchen. Also schlägt er etwas Außergewöhnliches vor.

Eine Methode, die – wohlüberlegt und gezielt eingesetzt – zu erstaunlichen Ergebnissen führen kann: eine paradoxe Intervention. Diese Gedanken versetzen den Red-Bull-Trainer zunächst in zweifelndes Erstaunen. Jörg erklärt, es sei ja das Ziel, die Negativspirale zu unterbrechen, und dieses Potenzial trage eine paradoxe Intervention in sich. Da Gerhard Struber schon lange auf die Expertise von Jörg vertraut, lässt er sich auf die Methode ein, die beide dann gemeinsam für einen Teamworkshop vorbereiten.

Als der Cheftrainer das Meeting eröffnet und den Arbeitsauftrag formuliert, sieht er die Überraschung in den Gesichtern der Spieler. Er erkennt Blicke, die prüfen, ob seine Fragestellung ernst gemeint ist. Damit hat keiner der jungen Fußballer gerechnet: Sie sollen – zunächst einzeln – erarbeiten, was sie alles konkret tun können, um das nächste Spiel so richtig zu „verkacken". Die Spieler kennen ihren Trainer lange, zwischen ihnen besteht ein gutes, stabiles Vertrauensverhältnis, also lassen sie sich, zunächst zögerlich, aber doch auf diese Aufgabe ein und ziehen sich zurück. Als sie sich wieder treffen, tragen einige schon ein vorsichtiges Schmunzeln im Gesicht. Nun werden drei Kleingruppen gebildet. Die Möglichkeiten, das nächste Spiel so richtig zu „verkacken", sollen ausgetauscht, besprochen und auf ein Flipchart geschrieben werden. Schon nach kurzer Zeit hört man das erste Lachen seit vielen Wochen, die Jungs merken, dass es richtig Spaß macht. Sie „schmeißen sich voll auf diese Aufgabe drauf", wie der Trainer sagt. Als die Antworten präsentiert werden, ist die Stimmung gelöst. Die Vorschläge sind sehr kreativ. Innerhalb kürzester Zeit ist eine Lockerheit in die Mannschaft zurückgekehrt. Die jungen Männer wirken seit Wochen wieder entspannt.

Zum Abschluss erteilt Gerhard Struber einen weiteren Arbeitsauftrag. Seine Spieler sollen nun aus den Ergebnissen der Gruppenarbeit einen positiven emotionalen

Anker – einen Gedanken oder ein Stichwort, möglichst bildhaft – definieren, den sie mental mitnehmen können und der ihnen für das nächste Spiel Kraft, Lockerheit und Zuversicht gibt. Wieder werden diese Energiespender auf ein Flipchart geschrieben, diesmal jedoch auf ein gemeinsames (Abb. 6.2). Als der 18-jährige Mohamed „Mo" Camara an der Reihe ist, stellt er sich in die Mitte des Mannschaftskreises. Dort hält er eine höchst emotionale und bewegende kurze Ansprache, obwohl er nicht besonders gut Deutsch spricht. Dabei berührt er jeden seiner Kameraden an der Schulter, während er seine positiven Gedanken vorstellt. Es ist ein ganz besonderer Moment, den die Spieler erleben, sie sind im Hier und Jetzt und saugen die positiven Botschaften gierig auf.

Drei Tage später steht das Spiel gegen das Farmteam von Wacker Innsbruck in der Red Bull Arena auf dem

**Abb. 6.2** Zahlreiche positive Gedanken dienen als emotionale Anker: das Ergebnis einer paradoxen Intervention bei den jungen Bullen. (© Gerhard Struber)

Programm. Als der französische Nachwuchsnationalspieler Mahamadou Dembele in seiner Ansprache an den Worten von Mo Camara anknüpft, ist der positive Geist, der im Teammeeting entstanden ist, sofort wieder spürbar und „von der ersten Sekunde auf dem Platz zu sehen", erzählt Gerhard Struber. „Die Jungs waren mit Power und Überzeugung am Werk, hatten keine Angst vor Fehlern und spielten mit einer Leichtigkeit und Lust, es war unglaublich. Jeder ist für den anderen gelaufen, hat Verantwortung übernommen und wir hätten noch höher gewinnen können." Das Farmteam von Red Bull Salzburg siegt mit 4:1. Die *Salzburger Nachrichten* schreiben: „Der FC Liefering hat sich nach fünf Niederlagen in Folge eindrucksvoll aus der Krise geschossen. Die Jungbullen fertigten am Freitag Wacker Innsbruck II im letzten Herbstheimspiel der 2. Liga mit 4:1 (2:1) ab" [96].

Ab Juni 2019 fungiert Gerhard Struber als Cheftrainer des Bundesligavereins Wolfsberger AC, der Europa League spielt. Jörg begleitet und coacht ihn auch dort.

Diese drei Beispiele zeigen, wie ein Team mit schwierigen Situationen umgehen kann. Der Leader spielt dabei eine besondere Rolle. Zunächst muss er die Lage richtig einschätzen, um dann günstige Verhaltensweisen und Interventionen zu wählen. Dabei kommt es darauf an, dass sich die angewandten Methoden nicht zu oft wiederholen. Die Emotionen, die sie auslösen, stumpfen von Mal zu Mal ab, folglich wird die Wirkung geringer. Daher steht jeder Teamleader vor der Herausforderung, sich von Zeit zu Zeit neue Techniken zu überlegen, kleine Veränderungen in den Interventionen vorzunehmen und in sein Repertoire aufzunehmen. Viele Führungskräfte in Top-Unternehmen und Trainer aus dem Profisport vertrauen deshalb auf das Know-how von Sport- und Motivationspsychologen.

Ein renommierter Psychologe für Persönlichkeitsentwicklung ist Jens Corssen. Er beschreibt ein Modell, das die Entwicklung von einer resignierten Opferhaltung zum Gewinnerverhalten unterstützt. Wir greifen auf diese Gedanken in unserer Arbeit in Teams speziell dann zurück, wenn schwierige Phasen, Niederlagen oder schmerzhafte Fehler zu verdauen sind, haben das Vorgehen ein wenig adaptiert und nützen folgenden Leitfaden [97]: Zunächst unterstützen wir die Menschen dabei, ihren Emotionen freien Lauf zu lassen. Es ist wichtig, dass Gefühle – in diesem Fall negative – verbalisiert werden. Dafür eignet sich beispielsweise die dargestellte „Ich-Botschaft". Danach besprechen wir einen Grundsatz der mentalen Stärke und Widerstandsfähigkeit, nämlich die Annahme dessen, was geschehen ist. „Es ist, wie es ist", lautet die Devise. Wer annehmen kann, was geschehen ist, und dies als Episode seines Lebens sieht, kann schneller und effektiver auf seine Selbstwirksamkeit zurückgreifen und gewinnt dadurch Handlungskontrolle. Dies erleichtert die Suche nach einem für die Situation günstigen Verhalten. Wir empfehlen, stets mehrere Möglichkeiten durchzudenken und am Ende dieses Prozesses zu entscheiden, mit welcher Variante man die Situation wieder unter Kontrolle bringt. Meisterteams sind in der Lage, diese vier Schritte ebenso offen wie konstruktiv zu besprechen, und schaffen es deshalb immer wieder, sich aus Phasen, in denen es nicht so läuft, zu befreien.

## 6.4  Abschied nehmen – Auflösung eines Teams

Neben jenen Phasen, in denen es nicht gut läuft, gibt es ein weiteres Szenario, das für die Menschen in Kollektiven emotional noch herausfordernder ist: die Auflösung ihres Teams. Diese kann aus unterschiedlichen

Gründen erfolgen, beispielsweise weil der Standort eines Unternehmens geschlossen wird. Wie 2014 in einem Geriatriezentrum in Niederösterreich. Das Unternehmen bietet zwar vergleichbare Tätigkeiten in neuen Standorten in Wien an. Für die meisten Menschen, die seit vielen Jahren in dem kleinen Ort arbeiten, stellt die Schließung jedoch eine Gefahr dar. Viele haben Angst, haben sie doch ihr Leben rund um ihren Arbeitsort aufgebaut und diesen zu ihrem Lebensmittelpunkt erklärt. Durch das Ende des Geriatriezentrums steht ihnen die tägliche, knapp einstündige Fahrt in die Bundeshauptstadt bevor. Das Bedrohungssystem im Gehirn ist aktiviert und trübt bei vielen Betroffenen den Blick auf hilfreiche Alternativen. Dementsprechend emotional ist die Stimmung in den verschiedenen Teams, die auf den Stationen gute Arbeit leisten und dennoch sukzessive aufgelöst werden. Manche verleugnen das bevorstehende Aus und klammern sich sprichwörtlich an jeden Strohhalm, meist in der Form von Gerüchten. Andere wiederum sind wütend, machen ihre Vorgesetzten am Standort verantwortlich, und einige zeigen aufgrund ihrer Trauer beinahe ein depressives Verhalten. Die Unternehmensleitung in Wien beauftragt Jörg, den Schließungsprozess zu begleiten und ein Konzept auszuarbeiten.

Dieses sieht unter anderem so genannte Abschiedsworkshops vor, die von den Teams genutzt werden können. Kein Team muss, jedes kann diese Intervention nutzen. Ziel ist es, den Mitgliedern die Möglichkeit zu geben, ihre Zusammenarbeit in Würde zu beenden (Abb. 6.3).

Die erste Aufgabe in dieser eintägigen Veranstaltung besteht darin, die gemeinsame Zeit in einer Einzelarbeit zu reflektieren und die besonderen Ereignisse und Erlebnisse im Team in einer Zeitleiste auf einem Flipchart darzustellen. Dabei bringt jedes Teammitglied zwei Fotos mit. Das erste stammt aus jener Zeit, in der die Person

**Abb. 6.3** Abschied nehmen – eine besondere Herausforderung. (© Claudia Styrsky)

zum Team gestoßen ist, und wird an den Beginn der Zeitleiste geklebt, das zweite aus der Gegenwart und beendet diese Linie. Anschließend wird jede Teamverlaufskurve im Plenum vorgestellt und die gemeinsame Zeit im Schnelldurchlauf nochmal erlebt. Dabei stehen folgende Gedanken im Fokus, die die Menschen manchmal zum Lachen, manchmal zum Weinen bringen:

- So habe ich beim Eintritt in dieses Team ausgesehen – das hat mich damals ausgezeichnet …, war mir besonders wichtig …, daran habe ich geglaubt …
- Dieses kritische Ereignis möchte ich ansprechen …

- An diese schönen Erlebnisse kann ich mich heute noch erinnern …
- So habe ich mich fachlich und persönlich weiterentwickelt – das bin ich heute …
- Das ist für mich offen, das möchte ich im Team noch ansprechen …

Nach diesem ersten wichtigen Schritt ist die Stimmung in den meisten Teams spürbar entlastet und es fällt leichter, über die Zukunft zu sprechen. Dabei stehen drei Gedanken im Mittelpunkt, die zunächst wiederum individuell beantwortet und anschließend im Team vorgestellt werden.

- Nach der Schließung unserer Station werde ich …
- Diese Gedanken und Gefühle begleiten mich dabei …
- Für meine Zukunft nach der Schließung unserer Station ist mir wichtig …

Die vorletzte Übung nennt Jörg „Ge(h)-danke". Dabei definiert jedes Mitglied einen starken Gedanken, der beim Abschied von diesem Team mitgeht, schreibt ihn auf ein größeres Blatt und lässt es sich mit einem Kreppband auf den Rücken hängen. Dann hat jede und jeder im Team die Möglichkeit, allen anderen ebenfalls einen starken Gedanken auf das Blatt zu schreiben und sich so für die Zusammenarbeit zu bedanken. Danach gibt es ausreichend Zeit, um die Formulierungen zu lesen und das eine oder andere Gespräch unter vier Augen zu führen, das die meisten zuversichtlicher macht.

Zum Abschluss dieses Workshops schreibt jedes Teammitglied einen ganz besonderen Brief: Einen Brief an sich selbst, in dem die Erkenntnisse und Antworten, Eindrücke und Anregungen aus diesem Tag ebenso festgehalten werden wie die wichtigsten Gedanken an eine erfolgreiche und zufriedenstellende Zukunft. Dafür steht wiederum ausreichend Zeit zur Verfügung, die Einzelnen ziehen sich zurück und formulieren ihre Gedanken. Die Briefe werden zugeklebt, mit einer Adresse versehen und an Jörg übergeben, der sie eine Zeit lang aufhebt, ehe er sie per Post an die Urheber schickt.

Das Team einer Station wählt eine andere Form. Sie besorgen sich eine Urne, gehen mit ihren Briefen ins Freie und verbrennen sie. Damit wollen sie zeigen, dass sie sich von ihrem Team und Standort lösen, um etwas Neues zu beginnen.

---

**Für den Fall, dass es nicht gut läuft – fünf wichtige Gedanken**

1. Rückschläge und Misserfolge sind ein Teil des Lebens, ein Meisterteam weiß das und stellt sich ihnen.
2. Der Teamleader strahlt Ruhe und Gelassenheit, Zuversicht und Überzeugungskraft aus.
3. In schwierigen, herausfordernden Zeiten braucht das Team klare Ansagen und eine wohlwollende, präsente Führung.
4. Ein emotional belastendes Ereignis oder sogar die Auflösung des Teams wird ebenso offen wie konstruktiv besprochen, damit sich die Mitglieder möglichst rasch wieder mit neuer Energie aufladen und der Zukunft zuwenden können.
5. Meisterteams sind in ihren Interventionen, schwierige Situationen und Misserfolge zu überwinden, mutig und wählen auch unübliche Methoden.

# 7

# Und dann gibt es noch den Zufall

Im Frühjahr 1994 läutet bei Jörg, der mit seiner Familie in einer Doppelhaushälfte in Seekirchen nahe Salzburg wohnt, das Telefon. Der Nachbar sagt, dass er den zweiten Hausteil an den Fußballclub Austria Salzburg vermietet habe und in den nächsten Tagen ein Spieler einziehen werde. So machen wir Bekanntschaft mit Adi und Sabine; der Zufall hat uns zusammengeführt. Sechs Jahre lang wohnen wir Wand an Wand. Wir lernen uns näher kennen, fighten hart in vielen Tennispartien, beginnen miteinander zu arbeiten und es entwickelt sich eine Freundschaft. Anfang der 2000er Jahre unterzeichnet Adi einen Vertrag beim GAK und übersiedelt mit Sabine und Tochter Celina nach Graz. Jörg zieht mit seiner Familie zur gleichen Zeit von Waldprechting an den anderen Stadtrand von Seekirchen. In unmittelbarer Nachbarschaft steht zufällig ein Rohbau zum Verkauf. Allerdings nicht lange, denn Adi erfährt davon und kauft die Immobilie. Wir sind bis heute Nachbarn und Freunde. Hätte der Zufall nicht

© Springer-Verlag GmbH Deutschland, ein Teil von Springer Nature 2019
J. Zeyringer und A. Hütter, *Teamgeist,*
https://doi.org/10.1007/978-3-662-59523-7_7

Regie geführt, wir hätten uns – mit einer hohen Wahrscheinlichkeit – nie kennengelernt, kein Benefizspiel für die Salzburger Kinderkrebshilfe veranstaltet, und dieses Buch wäre ebenso wenig geschrieben worden wie unser erstes, *Die 11 Gesetze der Motivation im Spitzenfußball.*

Wir beschreiben in diesem Buch nicht nur, was man alles tun kann, um ein Meisterteam zu entwickeln, sondern auch unsere tiefe Überzeugung, dass Menschen in der Lage sind, selbst zu wirken, frei zu entscheiden und somit über sich zu bestimmen (Abb. 7.1). Ganz im Sinne von Viktor Frankl:

> „Zwischen Reiz und Reaktion gibt es einen Raum.
>
> In diesem Raum haben wir die Freiheit und die Macht, unsere Reaktion zu wählen.
>
> In unserer Reaktion liegen unser Wachstum und unsere Freiheit" [98].

Dennoch glauben wir nicht, dass man alles schaffen kann, wenn man nur will. Ebenso wenig denken wir, dass man

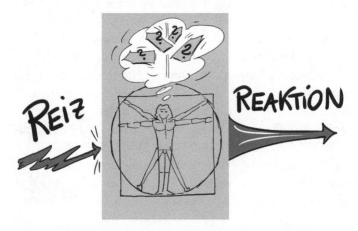

**Abb. 7.1** Zwischen Reiz und Reaktion liegt der Bereich der freien Entscheidung. (© Claudia Styrsky)

sich nur etwas mehr anstrengen müsse, wenn man an einem Vorhaben gescheitert ist. Diese Denkrichtung überschätzt die menschlichen Möglichkeiten – die wir für sehr groß halten – und schließt einen wesentlichen Faktor aus, den Zufall. Damit meinen wir jene Ereignisse, die nicht vorhersagbar und nicht determiniert sind [99].

Der Zufall stellt sich als günstige oder als ungünstige Konstellation dar. Im Sprachgebrauch des Alltags nennen wir es Glück oder Pech. Im Buch *Vom Traum zum sportlichen Erfolg* haben Jörg und Martin Hettegger eine Formel für erfolgreiches Verhalten beschrieben, die sie aus Ansätzen der Attributionstheorie ableiten. Das ist jener Zweig der Psychologie, der sich mit „der Wahrnehmung von Kausalität bzw. wahrgenommenen Ursachen für das Eintreten eines bestimmten Ereignisses" beschäftigt [100].

Erfolg setzt sich demnach aus drei Kriterien zusammen: erstens aus den Fähigkeiten und Talenten, zweitens der vorhandenen Motivation und drittens der jeweiligen Situation [101]. „Oder, wie Napoleon Bonaparte einmal bemerkte: ‚Fähigkeit zählt wenig ohne Möglichkeit'" [102]. Während die ersten beiden Faktoren im Kompetenzbereich der handelnden Person liegen, stellt sich das bei situativen Einflüssen anders dar.

Um dies in unserer Arbeit mit Teams zu verdeutlichen, greifen wir auf ein Modell des österreichischen Psychologen Fritz Heider zurück, das wir sowohl in der Vorbereitung auf große Ziele als auch in Analysen nach besonderen Ereignissen einsetzen [103].

## 7.1 So erklären wir Verhalten

Es sind vier Faktoren, die wir zur Erklärung von Verhalten sowohl in pro- als auch in retrospektiver Hinsicht nutzen. Zum einen unterscheiden wir personen- von situationsbezogenen

Kriterien und eher stabile von eher variablen. So entstehen vier verschiedene Felder, wie Abb. 7.2 verdeutlicht.

Demnach kann die besondere Leistung bei einer Segelregatta sowohl den Fähigkeiten und Talenten sowie der Geschicklichkeit, aber auch der mental starken Verfassung der Crew und des Skippers zugeschrieben werden. Sie kann aber auch durch die Schwierigkeit der Strecke oder durch günstige Windverhältnisse erklärt werden.

Wir sind überzeugt davon, dass sich über einen längeren Zeitraum betrachtet beim Segeln und im Fußball, in

|  | EHER **STABIL** | EHER **VARIABEL** |
|---|---|---|
| **PERSONEN-BEZOGEN** | Grundsätzliche Fähigkeiten einer Person; Talente; Anzahl vergangener Erfolge | Vorstellungen und Überzeugungen Gedanken zur Tätigkeit; Arbeitseinsatz; Fleiß und Ausdauer |
| **SITUATIONS-BEZOGEN** | Schwierigkeit der konkreten Aufgabe | Situative Faktoren und Zufall im Sinn von günstigen (Glück) oder ungünstigen Konstellationen (Pech) |

**Abb. 7.2** Wie wir Verhalten erklären. (© Claudia Styrsky)

der Bankenwelt und der Industrie sowie im Gesundheitswesen und anderen Branchen meist jene Teams durchsetzen, die über die größeren Fähigkeiten und Talente
verfügen, mental stärker sind und härter arbeiten. Manchmal jedoch gewinnt einfach die Mannschaft, die mehr
Glück hat.

Adi und die Eintracht erleben das im Halbfinale der
Europa League in London. Chelsea ist nach dem 1:1 in
Frankfurt zwar zu favorisieren und bestimmt auch die
erste Hälfte. In den zweiten 45 Minuten und der Ver-
längerung jedoch dominieren die Adlerträger das Spiel
und haben bei zwei Torchancen ebenso Pech wie im entscheidenden Elfmeterschießen.

## 7.2 Weshalb die Berücksichtigung des Zufalls wichtig ist

Weshalb ist es uns wichtig, die Rolle des Zufalls im Sinne
günstiger oder ungünstiger Konstellationen zu erwähnen?
Weil wir beobachten, dass es eine Tendenz gibt, diesen
Einfluss herunterzuspielen oder gar zu ignorieren, und das
hat Auswirkungen.

Jörg erlebt dieses Phänomen bei einem Laufausflug auf
der Wiener Donauinsel. Er joggt fünf Kilometer fluss-
aufwärts, ehe er umkehrt. Dabei fällt ihm auf, dass er
den ebenen Weg zurück viel schneller bewältigt. Er freut
sich, dass er auf den zweiten fünf Kilometern so zulegen
kann und unterbietet die Zeit der ersten Teilstrecke deutlich. Erst später, als er das erzählt, wird er auf die für die
Donauinsel typischen Windverhältnisse aufmerksam
gemacht. Da erkennt Jörg, dass es nicht seine physische
oder mentale Verfassung und auch nicht ein besonderer

Einsatz waren, die für die schnellere Zeit auf dem Retour-
weg verantwortlich ist, sondern der starke Rückenwind.

Der US-amerikanische Ökonom Robert Frank, der
auch als Kolumnist für die *New York Times* tätig ist,
beschäftigt sich intensiv mit den Auswirkungen des
Zufalls. Er kommt zu folgendem Schluss:

> „Je älter Menschen werden und je erfolgreicher sie sind,
> desto mehr verstärkt sich in ihnen das Gefühl, ihr Erfolg
> sei irgendwie unausweichlich gewesen. Sie wollen nicht
> zugeben, welch große Rolle der Zufall in ihrem Leben
> gespielt hat" [104].

In der Psychologie nennt man dieses Phänomen
den „Rückschaufehler" [105]. Worin liegen nun die
angesprochenen Auswirkungen? Zum Ersten sind Misserfolge leichter zu ertragen, wenn situative Faktoren
berücksichtigt werden. Sie können schneller verarbeitet
werden, wenn man in einer Reflexion zur Erkenntnis gelangt, all seine Möglichkeiten in die Waagschale
geworfen und einfach Pech gehabt zu haben. Diese
Erklärung wirkt sich auf das Selbstwertgefühl günstig aus,
vorausgesetzt man hat die eigenen Ressourcen tatsächlich voll ausgeschöpft. Zum Zweiten schützt die Berück-
sichtigung des Zufalls im Sinne günstiger Konstellationen
davor, sich zu überschätzen und „abzuheben". Zum Dritten, und das ist uns besonders wichtig, gehen wir davon
aus, dass Menschen, „die sich der Rolle von Glücksfällen
in ihrem Leben stärker bewusst sind, ebenfalls mit höhe-
rer Wahrscheinlichkeit für alle Erfolge dankbar sind, die
ihnen gelungen sind" [106]. Wir messen der Emotion
der Dankbarkeit deshalb eine große Bedeutung bei, weil
sie mit einer höheren Wahrscheinlichkeit dazu führt, die
Früchte des Erfolges mit anderen zu teilen, andere Menschen zu unterstützen und weil sie soziale Bindungen

stärkt. Das würde unserer Gesellschaft gut tun. Diese Fähigkeiten sind es schließlich, die einen starken Teamgeist ausmachen.

**Und dann gibt es noch den Zufall – fünf wichtige Gedanken**

1. Der Zufall zeigt sich in günstigen oder ungünstigen Konstellationen, in Glück oder Pech.
2. Verhalten erklärt sich durch Fähigkeiten und Talente, Überzeugungen und Einsatz, Aufgabenschwierigkeit und situative Einflüsse.
3. Nutzen Sie diese vier Kriterien sowohl in der Vorbereitung auf große Vorhaben mit Ihrem Team, als auch in der Reflexion danach.
4. Seien Sie dankbar für Ihre Erfolge und die Ihres Teams.
5. Teilen Sie Ihre Erfolge und unterstützen Sie Andere – tragen Sie einen starken Teamgeist in unsere Gesellschaft. Das ist eine große Möglichkeit, unsere Welt zu einem wunderbaren Ort für alle Menschen zu machen.

# 8

# Zum Abschluss – die kurze Geschichte eines besonderen Teams

Stellen Sie sich vor, Sie besuchen ein Seminar über Teamentwicklung bei Jörg. Sie befinden sich in einem angenehmen, hellen Seminarraum mit großen Fensterfronten, hinter denen grüne Wiesen zu sehen und in dem die zwölf Stühle in einem Halbkreis aufgestellt sind. Tische gibt es nicht. Sie suchen sich Ihren Platz und warten gespannt auf den Beginn. An der Front des Raumes stehen zwei Flipcharts. Das Linke mit der Überschrift „Ein besonderes Team" sieht folgendermaßen aus (Abb. 8.1).

Nun stellt sich Jörg zum Flipchart, das Seminar beginnt. Er erzählt Ihnen, dass es zum Thema Teamentwicklung viel zu sagen gäbe. Deshalb habe er die wichtigsten Informationen als Bild auf dieses Flipchart gezeichnet (in Wahrheit hat das Heidi Rettenbacher gemacht, seine Assistentin). Er fragt Sie und die anderen Teilnehmer, was Sie denn sehen. Schnell kommt die Antwort: ein „V". Jörg reagiert und stellt die nächste Frage: „Wenn es ein ‚V' wäre, was hätte es mit Team und Teamentwicklung

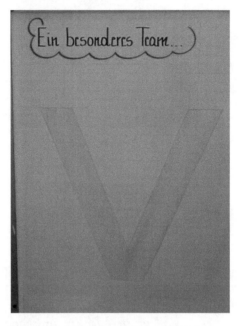

**Abb. 8.1** Mit diesem Bild beginnt das Seminar – was sehen Sie?

zu tun?". Jetzt kommen viele Vorschläge: „Vertrauen", „Verbundenheit", „Verschiedenheit", „Vollkommenheit", „Verbalisieren", „Verfügen", „Verbessern", „Vorteil", „Versöhnen". Bei jedem Begriff fragt Jörg nach, worin der Zusammenhang zum Thema bestehe. Sie und die anderen Teilnehmer argumentieren sehr engagiert. Jörg hört aufmerksam zu, nickt und bestätigt Ihre Wortmeldungen. Dann sagt er: „Es ist aber kein ‚V'". Einen Moment ist es ganz still im Seminarraum. Dann fragt er, was es denn sonst sein könne. Nun tippen Sie und die anderen Teilnehmer auf einen Trichter, in dem man etwas hineingeben könne, oder eine Verbindung zwischen zwei Elementen. Sie sehen in Jörgs Gesichtsausdruck, dass auch diese Ideen nicht der Lösung entsprechen. Er versichert Ihnen, dass jeder dieses Bild kenne, weil Sie es in der Natur – am

Himmel – oder in einer Zeichentrickserie, die auf einer Geschichte von Selma Lagerlöf basiert, gesehen haben. Plötzlich wird es Ihnen klar: Zugvögel fliegen in einem „V". Jörg bestätigt das und zeichnet mit einem schwarzen Flipchartstift die Umrisse von mehreren Vögeln in das „V". Er beginnt über die Besonderheiten des Flugs der Wildgänse zu erzählen. Dabei konfrontiert er Sie mit neuen Fragen.

Was ist für jedes einzelne Tier klar, wenn es sich zum Abflug auf einem abgemähten Feld einfindet? Ja natürlich, jede Wildgans weiß, wohin die Reise geht, und ist einverstanden, in den Süden zu fliegen. Sie haben ein gemeinsames, übergeordnetes Ziel. Jörg übersetzt das in die Welt der Menschen. Wenn Menschenteams das große Ziel erarbeiten, dann gibt es immer jemanden, der nicht in den Süden, sondern lieber in Richtung Südosten fliegen möchte, und ein anderer meint, im Süden sei es sowieso zu heiß, er wolle in den Norden. Das sei jedoch die entscheidende Voraussetzung für die Entwicklung eines Teams: das gemeinsame, übergeordnete Ziel, die große Idee.

Schon kommt die nächste Frage: Was haben die Tiere davon, dass sie in einem „V" fliegen? Schnell ruft jemand aus Ihrer Runde „Windschatten". Jörg bestätigt und verdeutlicht auf dem Plakat, dass die jeweils dahinter fliegenden Vögel durch Ihre Vordertiere einen Auftrieb erfahren. Wann immer eine Gans aus der Formation fällt, fühlt sie den Widerstand des Alleinflugversuches und begibt sich schnell zurück in den Verband, um vom Auftrieb des Vogels direkt vor ihm zu profitieren. Fliegen fällt so viel leichter. Alle Teilnehmer nicken, kennen sie doch diesen Effekt vom Radfahren oder aus dem Motorrennsport. Wieder übersetzt Jörg in den Kontext Mensch. Wenn jedes Teammitglied mit hoher Verlässlichkeit genau das tun würde, worin seine Aufgaben bestehen, würde der Arbeitsalltag für alle viel einfacher sein. Jedes Team braucht eine erfolgversprechende Strategie und Organisation, die auf das große Ziel ausgerichtet ist.

Dann zeigt Jörg auf die Wildgans, die er an die Spitze des „V" gezeichnet hat. „Was ist mit diesem Tier?", fragt er. Es müht sich ab, gibt sowohl Richtung als auch Tempo vor, bekommt keinen Auftrieb, dafür den Gegenwind mit aller Wucht ins Gesicht. Jemand ruft, „das ist der Leader". So ist es. Die Leitgans führt ihren Schwarm mit hoher Aktivität. An der Spitze ist sie allein. Das hält sie jedoch nicht lange aus. Was machen die Wildgänse? Genau: Sie wechseln sich ab. Nach einiger Zeit reiht sich das Tier, das an der Spitze geflogen ist, rechts oder links hinten im „V" ein und eine andere Wildgans übernimmt die Führung. Wenn bei Menschen jemand gesucht wird, der für einen anderen einspringt oder eine besondere Aufgabe übernimmt, dann löst das oft große Debatten aus, sagt Jörg: „Warum ich, ich war doch letztes Mal dran", „Soll doch der ‚XY', der ist schon lange nicht mehr eingesprungen". In Teams stehen sich die Mitglieder bei und unterstützen sich in schwierigen Phasen.

Jetzt fragt Sie Jörg, ob es beim Flug der Wildgänse eher leiser oder doch lauter zugehe. Sie denken kurz nach. Es fällt Ihnen ein, dass Gänse schnattern, also ist es laut. So ist es. Wildgänse haben ein spezifisches Kommunikationssystem. Jörg zeichnet nun von jedem Tier zum vorderen einen Pfeil und fügt ein „Plus" ein. Das Interessante sei, dass die Verständigung im Schwarm eine Richtung hat. Die Tiere „hupen" jeweils zum vorderen. Jörg erzählt Ihnen, wie Sie sich das vorstellen können. Er breitet seine Arme aus und ahmt damit Flügel nach. „Hallo, du da vor mir. Du siehst von hinten toll aus. Und Du fliegst großartig. Dein Flügelschlag passt, das Tempo auch und die Richtung sowieso. Mach weiter so." Sie erkennen, dass sich Wildgänse ständig ermuntern und bestärken. Jörg fragt, wie das bei uns Menschen sei. Es werde gejammert und kritisiert, ganz nach dem Motto „Das Gute setzen wir voraus, über das, was nicht funktioniert, reden wir gleich". Teams zeichnen sich durch eine positive Kommunikation aus. Sich gegenseitig zu bestärken und aufzubauen, ist ein besonderes Merkmal von Meisterteams.

Jetzt sehen Sie, dass Jörg neben dem „V", in das er die schwarzen Umrisse von mehreren Wildgänsen gezeichnet hat, einen einzelnen Vogel zeichnet. Manchmal wird ein Tier flugunfähig, muss zu Boden und kann nicht weiter-fliegen. „Wie reagiert der Schwarm?". Jemand aus Ihrer Runde sagt, dann würden alle stoppen. Jörg erwidert, dass das ziemlich unökonomisch wäre. Daraufhin kommt Ihnen in den Sinn, dass es genügt, wenn ein paar wenige Tiere mit zu Boden gehen würden. Sie formulieren Ihren Gedanken. Richtig. Wenn eine Gans flugunfähig ist und ausfällt, scheren zwei weitere Gänse aus dem Verband aus, helfen und schützen sie. Sie bleiben zusammen, bis die Gans, entweder verendet ist oder wieder fliegen kann. Dann machen sie sich zu dritt in einem „V" auf den Weg, um ihren Schwarm einzuholen. Wenn wir das auf Menschenteams übersetzen, sagt Jörg, dann müssen wir oft feststellen, dass viele gar nicht merken, wenn es jeman-dem schlecht geht und diese Person Hilfe brauchen würde. Ein wesentliches Merkmal eines Meisterteams besteht in einem starken Zusammenhalt. Sich gegenseitig beizu-stehen und zu helfen, ist etwas Alltägliches.

Nun sehen Sie auf dem Flipchart ein „V", in das die Umrisse von Vögeln gezeichnet sind, Pfeile, mehrere Plus-Symbole und innerhalb der beiden Flügel folgende Begriffe:

- Gemeinsamer Süden
- Auftrieb
- Abwechseln
- Hupen
- Helfen

Sie und die meisten Ihrer Kolleginnen und Kollegen im Sesselhalbkreis nicken zustimmend und Jörg blickt jedem von Ihnen in die Augen. Dann formuliert er eine weitere Frage: „Was hat der Schwarm davon, dass er ein gemeinsames, übergeordnetes Ziel verfolgt, für Auftrieb sorgt, dass sich die Tiere an der Spitze abwechseln, sie sich permanent aufbauen, bestärken und sie sich gegenseitig helfen?" In einem größeren Schwarm gibt es ja junge Flieger und alte, dünne und dicke, gute und schlechte, erfahrene und unerfahrene. Was haben die Wildgänse davon?

Jörg zieht um das „V" einen großen Kreis, während er diese Frage stellt, und schreibt dann die Zahl 71 an die Spitze des „V". Man habe herausgefunden, dass der gesamte Schwarm durch diese fünf besonderen Merkmale eine um mindestens 71 % größere Reichweite schafft als einzelnen Gänse allein.

Das gilt für uns Menschen ebenso. Persönlichkeiten, die in Meisterteams arbeiten und sich eine gemeinsame Richtung und das Gefühl einer Gemeinschaft teilen, kommen schneller und sicherer an ihr gemeinsames, übergeordnetes Ziel, weil sie der gegenseitige Ansporn stetig nach vorne bringt.

# 9

# Dankeschön

**Abb. 9.1** „Dankeschön". (© Friederike Zeyringer)

Auf dem Buchcover stehen unsere beiden Namen, Jörg
Zeyringer und Adi Hütter (Abb. 9.1). Wir haben aber
nicht alleine an diesem Buch gearbeitet. Deshalb möchten wir uns bei jenen Menschen bedanken, die uns dabei
unterstützt haben und deren Namen auf dem Cover nicht
zu finden sind.

© Springer-Verlag GmbH Deutschland, ein Teil von Springer
Nature 2019
J. Zeyringer und A. Hütter, *Teamgeist*,
https://doi.org/10.1007/978-3-662-59523-7_9

Ein Dankeschön an jene Menschen und Teams, die uns erlaubt haben, ihre Geschichten zu veröffentlichen.

Marion Krämer und Janina Krieger vom Springer Verlag waren von Anfang an von unserem Projekt überzeugt und standen uns hilfreich und geduldig zur Seite. Dankeschön.

Ein ebenso herzliches Danke richten wir an Cornelia Reichert, unsere Lektorin, die uns mit wertvollen Tipps unterstützt hat.

Ein Danke an Thomas Hodel, Holger Sà und Jan Hübner, die uns mit Bildmaterial versorgt und schöne Fotos zur Verfügung gestellt haben.

Claudia Styrsky ist die Künstlerin, die mit Ihren Cartoons unseren Text erfrischt und optisch unterstützt. Danke für Ihre tollen Zeichnungen.

Riki und Klaus Zeyringer waren unsere Wegbegleiter und Testleser. Sie haben mit wichtigen und kreativen Rückmeldungen unseren Text stetig verbessert. Danke für die Zeit, die Ihr Euch genommen habt und für die wertvolle Hilfe.

# Literatur & Quellen

1. Dieser Abschnitt bezieht sich in der Hauptsache auf: Harrer H (2005) Die weiße Spinne, 9. Aufl. Ullstein Taschenbuch, Berlin.
2. Salzburger Nachrichten, 17. Apr. 2019
3. Dieser Abschnitt stützt sich in der Hauptsache auf: Harari YN (2015) Eine kurze Geschichte der Menschheit, 24. Aufl. Verlagsgruppe Random House, München, S 32 ff.
4. Diesen Begriff haben wir etabliert, nachdem wir über die drei emotionalen Systeme gelesen haben, die Paul Gilbert von der University of Derby beschreibt. Psychologie Heute, 12, 2017, S 39
5. https://de.wikipedia.org/wiki/Betriebssystem. Zugegriffen: 28. Okt. 2018
6. Zeyringer J (2010) Balance als Führungsstrategie. Haufe Verlag, Freiburg
7. Schäfer A (2015) Gemeinsam glücklich. Warum Gruppen unser Leben bereichern. Psychologie Heute 6, 2015, S 18 ff.

© Springer-Verlag GmbH Deutschland, ein Teil von Springer Nature 2019
J. Zeyringer und A. Hütter, *Teamgeist*,
https://doi.org/10.1007/978-3-662-59523-7

8. Harari YN (2015) Eine kurze Geschichte der Menschheit, 24. Aufl. Verlagsgruppe Random House, München, S 37

9. Zeyringer J (2014) Wie Geld wirkt. BusinessVillage Verlag, Göttingen, S 30 ff.

10. https://www.bing.com/videos/search?q=robbers+cave+experimente&view=detail&mid=62F1A790EA04C-3DAF95162F1A790EA04C3DAF951&FORM=VIRE. Zugegriffen: 11. Nov. 2018

11. Harari YN (2015) Eine kurze Geschichte der Menschheit, 24. Aufl. Verlagsgruppe Random House, München, S 35 f.

12. Hüther G (2014) Die Macht der inneren Bilder. Vandenhoeck & Ruprecht, Göttingen, S 88

13. Strasser A, Rawolle M, Kehr H (2011) Wie Visionen wirken – Wissenschaftler untersuchen Motivation durch mentale Bilder. Wirtschaftspsychologie aktuell, 2, 2011, S 9 ff.

14. Spitzer M (2013) Gespräch in Wien, 25. Juni 2013

15. Brodbeck FC et al (2006) Gruppenleistung. In: Bierhoff HW, Frey D (Hrsg) Handbuch der Sozialpsychologie und Kommunikationspsychologie. Hogrefe, Göttingen, S 640

16. Vision der Raiffeisenbank Wagrain-Kleinarl

17. Wegner M, Mohr JO (2010) Zielkonflikte im Amateurfußball. Z Sportpsychologie 17(3):87 ff.

18. In diesem Abschnitt orientieren wir uns in der Hauptsache an: Roth G (2001) Fühlen, denken, handeln – wie das Gehirn unser Verhalten steuert. Suhrkamp, Frankfurt a. M., sowie: Eismann G, Lammers CH (2017) Therapie-Tools Emotionsregulation. Psychologie Verlags Union. Weinheim

19. Fredrickson BL (2011) Die Macht der guten Gefühle. Wie eine positive Haltung Ihr Leben dauerhaft verändert. Campus, Frankfurt a. M., S 36

20. Fredrickson BL (2011) Die Macht der guten Gefühle. Wie eine positive Haltung Ihr Leben dauerhaft verändert. Campus, Frankfurt a. M., S 33

21. https://de.wikipedia.org/wiki/Angewandte_Kinesiologie. Zugegriffen: 29. Dez. 2018

22. Neumann R (2006) Emotionale Ansteckung. In: Bierhoff HW, Frey D (Hrsg) Handbuch der Sozialpsychologie und Kommunikationspsychologie. Hogrefe, Göttingen, S 510 ff.

23. Kastler U (2017) Wer erregt ist, denkt einspurig. Salzburger Nachrichten, 17. Nov. 2017

24. Corssen J (2017) Persönlichkeit. Ihr Weg zu beruflichem und privatem Erfolg. Zeit Akademie Business, Hamburg, S 18

25. Westerhoff N (2010) Gemeinsam sind wir anders. Gehirn und Geist, 6, 2010, S 49

26. Bauer J (2006) Beziehungen: Der Motor unseres Lebens. Psychologie Heute, 10, S 23

27. https://de.wikipedia.org/wiki/%C3%96konomie_der_Aufmerksamkeit. Zugegriffen: 15. Febr. 2019

28. Zeyringer J (2014) Wie Geld wirkt Faszination Geld – wie es uns motiviert und antreibt. BusinessVillage Verlag, Göttingen

29. Bauer J (2006) Beziehungen: Der Motor unseres Lebens. Psychologie Heute, 10, S 23

30. Neumann R (2006) Emotionale Ansteckung. In: Bierhoff HW, Frey D (Hrsg) Handbuch der Sozialpsychologie und Kommunikationspsychologie. Hogrefe, Göttingen, S 510 ff.

31. Streit P (2017) Gespräch in Graz im Rahmen der zertifizierten Ausbildung zum Anwender der Positiven Psychologie.

32. Zeyringer J (1999) Motivation an österreichischen Arbeitsplätzen. Dissertation in Pädagogischer Psychologie/Motivationspsychologie an der Universität Salzburg

33. Helm F (2018) Wie Rituale uns helfen können, bessere Leistungen zu erzielen. Z Sportpsychologie 25(2):90

34. Harari YN (2015) Eine kurze Geschichte der Menschheit, 24. Aufl. Verlagsgruppe Random House, München, S 52 f.

35. Süddeutsche Zeitung (2019) Frankfurt vermittelt einen Team-geist, als seien alle Spieler im selben Dorf aufgewachsen. https://www.sueddeutsche.de/sport/eintracht-frankfurt-europa-lea-gue-benfica-lissabon-1.4415244-2. Zugegriffen: 19. Apr. 2019

36. Klaminger O (2014) Red Bull Salzburg suspendiert Sadio Mane. Bei: Salzburg 24. https://www.salzburg24.at/sport/fussball/red-bull-salzburg-suspendiert-sadio-mane-45688636. Zugegriffen: 19. Juni 2919

37. Heute (2018) Sadio Mane entschuldigt sich für Salz-burg-Abgang.    https://www.heute.at/sport/wm2018/story/Sadio-Mane-entschuldigt-sich-fuer-Salzburg-Ab-gang-49142247. Zugegriffen: 19. Juni 2019

38. Aus Körpersprache: Seminar bei Samy Molcho 2006; Ins-titut für Management und Leadership Hernstein

39. Fredrickson BL (2011) Die Macht der guten Gefühle. Wie eine positive Haltung Ihr Leben dauerhaft verändert. Campus, Frankfurt a. M., S 149 ff.

40. Blickhan D (2015) Positive Psychologie. Ein Handbuch für die Praxis. Junferman Verlag, Paderborn, S 65

41. van Quaquebeke N (2018) Psychologie der Führung: Menschen verstehen. Menschen bewegen. ZEIT Akade-mie, Hamburg, S 74

42. Diesem Ritual liegt die „Was gut gelaufen ist"-Übung von Martin Seligman zugrunde

43. Blickhan D (2015) Positive Psychologie. Ein Handbuch für die Praxis. Junferman Verlag, Paderborn, S 253 ff.

44. Goscinny R, Uderzo A (2001) Streit um Asterix. Egmont Ehapa Verlag GmbH, Berlin (Nachdruck 2001).

45. Der Brockhaus Psychologie. Brockhaus Verlag, Mannheim 2001, S 324

46. Jarrett C (2018) Psychologie in 30 Sekunden. Librero Ver-lag, Kerkdriel, S 70

47. Zeyringer J, Hütter A (2006) Die 11 Gesetze der Motiva-tion im Spitzenfußball. Orell Füssli, Zürich, S 43

48. In diesem Abschnitt stützen wir uns in der Haupt-sache auf: Zeyringer F (2017) Individuelle moralische Verantwortung und ihre Grenzen. Unveröffentlichte Bachelorarbeit an der Universität Salzburg, Salzburg

49. In diesem Abschnitt stützen wir uns in der Hauptsache auf: Zeyringer F (2017) Individuelle moralische Verantwortung und ihre Grenzen. Unveröffentlichte Bachelorarbeit an der Universität Salzburg, Salzburg, S. 11

50. In diesem Abschnitt stützen wir uns in der Hauptsache auf: Zeyringer F (2017) Individuelle moralische Verantwortung und ihre Grenzen. Unveröffentlichte Bachelorarbeit an der Universität Salzburg, Salzburg, S. 20

51. Wirtschaftspsychologie aktuell: Ein Stärkentraining verhilft zur Fähigkeit, persönlich zu wachsen. 16. März 2015. https://www.wirtschaftspsychologie-aktuell.de/strategie/strategie-20150316-ein-staerkentraining-verhilft-zur-faehigkeit-persoenlich-zu-wachsen.html. Zugegriffen: 30. Juni 2015

52. Blickhan D (2015) Positive Psychologie. Ein Handbuch für die Praxis. Junfermann Verlag, Paderborn, S 173

53. www.charakterstaerken.org. Zugegriffen: 19. Juni 2019

54. Blickhan D (2015) Positive Psychologie. Ein Handbuch für die Praxis. Junfermann Verlag, Paderborn, S 173

55. Malik F (2014) Führen Leisten Leben. Wirksames Management für eine neue Welt. Campus, Frankfurt a. M., S 23

56. Der Leiter des Teams, Marco Borer, hat uns dankenswerter Weise die gesamte Dokumentation der Teamstrategie zur Verfügung gestellt

57. Weinert AB (2004) Organisations- und Personalpsychologie, 5. Aufl. Belz Verlag, Weinheim

58. Frankfurter Neue Presse, 19. Nov. 2018

59. https://de.wikipedia.org/wiki/Gruppendynamik. Zugegriffen: 19. Juni 2019

60. Birrer D, Seiler R (2008) Gruppendynamik und Teambuilding. In: Beckmann J, Kellmann M (Hrsg) Anwendungen der Sportpsychologie. Hogrefe, Göttingen, S 330 f.

61. Birrer D, Seiler R (2008) Gruppendynamik und Teambuilding. In: Beckmann J, Kellmann M (Hrsg) Anwendungen der Sportpsychologie. Hogrefe, Göttingen, S 331

62. Csikszentmihalyi M (1985) Das Flow-Erlebnis. Jenseits von Angst und Langeweile: Im Tun aufgehen. Klett-Cotta, Stuttgart

63. Herber HJ (1999) Unveröffentlichtes Gutachten über die Dissertation von Mag. Jörg Zeyringer an der Geisteswissenschaftlichen Fakultät der Universität Salzburg, 9. November 1999.

64. Zeyringer J (2010) Balance als Führungsstrategie. Werkzeuge für gutes Management. Haufe Verlag, Freiburg

65. Corssen J (2017) Persönlichkeit. Ihr Weg zu beruflichem und privatem Erfolg. Begleitbuch zur Vorlesung. Zeit Akademie, Hamburg, S 37

66. Corssen J (2017) Persönlichkeit. Ihr Weg zu beruflichem und privatem Erfolg. Begleitbuch zur Vorlesung. Zeit Akademie, Hamburg, S 36

67. https://juttas-zitateblog.blogspot.com/2011/06/man-entdeckt-keine-neuen-weltteile-ohne.html. Zugegriffen: 19. Juni 2019

68. https://www.habitgym.de/fokus-zitate/zitat-fokus-konfuzius-derjenige-der-zwei-hasen-gleichzeitig-jagt-wird-keinen-davon-fangen/. Zugegriffen: 17. Okt. 2018

69. Schäfer A (2019) Die Kunst des Aufgebens. Psychologie Heute, 3, 2019

70. Zeyringer J (2010) Der neue Treppenläufer. Wie man sich und andere motiviert. Haufe Verlag, Freiburg, S 169 f.

71. Zeyringer J (2010) Der neue Treppenläufer. Wie man sich und andere motiviert. Haufe Verlag, Freiburg, S 34

72. Zeyringer J (2010) Der neue Treppenläufer. Wie man sich und andere motiviert. Haufe Verlag, Freiburg, S 170

73. Hütter A (2012) Mein Weg vom Spieler zum Trainer. Unveröffentlichte Diplomarbeit an der Bundesanstalt für Leibeserziehung, Wien

74. Frankfurter Neue Presse: Hütter hat die Spieler besser gemacht, 19. Nov. 2018

75. Frankfurter Allgemeine Zeitung, 19. Nov. 2018

76. Frankfurter Allgemeine Zeitung, 30. März 2019

77. Der Brockhaus Psychologie: Fühlen, Denken und Verhalten verstehen. Brockhaus Verlag, Mannheim 2001, S 386

78. Zeyringer J, Hettegger M (2016) Vom Traum zum sportlichen Erfolg. Mit mentaler und körperlicher Stärke sowie einer gefestigten Persönlichkeit an die Spitze. Haufe Verlag, Freiburg

79. Piepgras I (2017) Du bist, was du denkst. Zeitmagazin 2. Juni 2016. In: Corssen J (Hrsg) Persönlichkeit. Hamburg, Zeit Akademie, S 86

80. Spiller C (2019) Sie machen einfach alles richtig. ZEIT online. https://www.zeit.de/sport/2019-04/europa-league-eintracht-frankfurt-benfica-lissabon-halbfinale. Zugegriffen: 19. Apr. 2019

81. Nuber U (2016) Eigensinn erhöht die Widerstandsfähigkeit. Psychologie Heute, 3, 2016

82. Covey SMR (2011) Schnelligkeit durch Vertrauen. Die unterschätzte ökonomische Macht, 3. Aufl. Gabal Verlag, Offenbach, S 15

83. Malik F (2014) Führen Leisten Leben. Wirksames Management für eine neue Welt. Campus, Frankfurt a. M., S 142

84. Jarrett C (2018) Psychologie in 30 Sekunden. Librero Verlag, Kerkdriel, S 148

85. http://zitate.net/reinhold-niebuhr-zitate. Zugegriffen: 21. Apr. 2019

86. Covey SR (1994) Die sieben Wege zur Effektivität. Ein Konzept zur Meisterung Ihres beruflichen und privaten Lebens, 4. Aufl. Campus, Frankfurt a. M, S 68 ff.

87. Zeyringer J (2010) Balance als Führungsstrategie. Werkzeuge für gutes Management. Haufe Verlag, Freiburg, S 120 f.

88. Zeyringer J, Hettegger M (2016) Vom Traum zum sportlichen Erfolg. Mit mentaler und körperlicher Stärke sowie einer gefestigten Persönlichkeit an die Spitze. Haufe Verlag, Freiburg, S 49 f.

89. Der Brockhaus Psychologie. Fühlen, Denken und Verhalten verstehen. Brockhaus Verlag, Mannheim 2001, S 378

90. www.wirtschaftspsychologie-aktuell.de. Zugegriffen: 24. Jan. 2019

91. https://1000-zitate.de/5784/Bewahre-mich-vor-dem-naiven-Glauben.html. Zugegriffen: 13. Mai 2019

92. Sportbuzzer (2018) Wett-Quoten: Frankfurts Adi Hütter wird als erster Bundesliga-Trainer gefeuert. https://www.sportbuzzer.de/artikel/wett-quoten-eintracht-frankfurt-adi-hutter-bundesliga-trainer-gefeuert/. Zugegriffen: 13. Mai 2019

93. Nolte M (2014) Abstieg oder Klassenerhalt – sich selbst und das Team in Krisenzeiten motivieren. In: Saller T, Sattler J, MacKenzie B (Hrsg) Führen live. 30 Praxisfälle in der Analyse. Haufe Verlag, Freiburg, S 21

94. Malik F (2014) Führen Leisten Leben. Wirksames Management für eine neue Welt. Campus, Frankfurt a. M, S 159 f.

95. Eismann G, Lammers H (2017) Therapie-Tools Emotionsregulation. Beltz, Weinheim, S 19

96. Salzburger Nachrichten, Salzburg Ausgabe, 10. Nov. 2018, S 24

97. Corssen J, Gröner S (2017) Der Team-Entwickler. Gemeinsam gewinnen lernen. Knaur Verlag, München, S 144 f.

98. https://www.psychologischepraxis-thun.ch/psychologische-praxis/logotherapie-und-existenzanalyse/zitate-viktor-frankl/. Zugegriffen: 16. Mai 2019

99. https://www.phyx.at/was-ist-zufall/. Zugegriffen: 16. Mai 2019

100. Weiner B (1994) Motivationspsychologie, 3. Aufl. Beltz, Weinheim, S 220

101. Zeyringer J, Hettegger M (2016) Vom Traum zum sportlichen Erfolg. Mit mentaler und körperlicher Stärke sowie einer gefestigten Persönlichkeit an die Spitze. Haufe Verlag, Freiburg, S 23 f.

102. Frank RH (2018) Ohne Glück kein Erfolg. Der Zufall und der Mythos der Leistungsgesellschaft. Dtv-Verlagsgesellschaft, München, S 27

103. Weiner B (1994) Motivationspsychologie, 3. Aufl. Beltz, Weinheim, S 259 ff.

104. Frank RH (2018) Ohne Glück kein Erfolg Der Zufall und der Mythos der Leistungsgesellschaft. Dtv-Verlagsgesellschaft, München, S 12

105. Frank RH (2018) Ohne Glück kein Erfolg Der Zufall und der Mythos der Leistungsgesellschaft. Dtv-Verlagsgesellschaft, München, S 45

106. Frank RH (2018) Ohne Glück kein Erfolg Der Zufall und der Mythos der Leistungsgesellschaft. Dtv-Verlagsgesellschaft, München, S 135